教育部职业教育与成人教育司推荐教材
中等职业教育技能型紧缺人才教学用书

施工组织设计

(建筑施工专业)

本教材编审委员会组织编写

王立霞　刘天萍　编
张道平　任　军　审

中国建筑工业出版社

图书在版编目（CIP）数据

施工组织设计/本教材编审委员会组织编写；王立霞，刘天萍编. —北京：中国建筑工业出版社，2006
　教育部职业教育与成人教育司推荐教材. 中等职业教育技能型紧缺人才教学用书. 建筑施工专业
　ISBN 978-7-112-08588-0

Ⅰ. 施… Ⅱ. ①本…②王…③刘… Ⅲ. 施工组织-施工设计-专业学校-教材　Ⅳ. U415

中国版本图书馆 CIP 数据核字（2006）第 089395 号

教育部职业教育与成人教育司推荐教材
中等职业教育技能型紧缺人才教学用书
施工组织设计
（建筑施工专业）
本教材编审委员会组织编写
王立霞　刘天萍　编
张道平　任　军　审

*

中国建筑工业出版社出版、发行（北京西郊百万庄）
各地新华书店、建筑书店经销
霸州市顺浩图文科技发展有限公司制版
北京市密东印刷有限公司印刷

*

开本：787×1092 毫米　1/16　印张：12½　插页：1　字数：310 千字
2006 年 11 月第一版　2016 年 5 月第十次印刷
定价：**18.00** 元
ISBN 978-7-112- 08588- 0
（15252）

版权所有　翻印必究
如有印装质量问题，可寄本社退换
（邮政编码　100037）

本教材结合我国当前实际情况，突出职业教育，以就业为导向，岗位和学校的教育相结合，打破学科体系，缩小知识与工作岗位的距离，以学生的自身条件为主，体现教学组织的科学性和灵活性，注重学生实际操作能力的培养。

本书共分四个单元，主要内容包括：施工组织设计基础知识、施工组织设计技术知识、单位工程施工组织设计的编制、分部工程作业计划等。

本书可作为中等职业学校技能紧缺型人才教学用书，也可作为专业技术人员参考材料。

* * *

责任编辑：朱首明　李　明
责任设计：董建平
责任校对：邵鸣军　王金珠

本教材编审委员会名单
（建筑施工专业）

主 任 委 员：白家琪

副主任委员：胡兴福　诸葛棠

委　　　员：（按姓氏笔画为序）

丁永明	于淑清	王立霞	王红莲	王武齐	王宜群
王春宁	王洪健	王 琰	王 磊	方世康	史 敏
冯美宇	孙大群	任 军	刘晓燕	李永富	李志新
李顺秋	李多玲	李宝英	李 辉	张永辉	张若美
张晓艳	张道平	张 雄	张福成	邵殿昶	林文剑
周建郑	金同华	金忠盛	项建国	赵 研	郝 俊
南振江	秦永高	郭秋生	诸葛棠	鲁 毅	廖品槐
缪海全	魏鸿汉				

出 版 说 明

为深入贯彻落实《中共中央、国务院关于进一步加强人才工作的决定》精神，2004年10月，教育部、建设部联合印发了《关于实施职业院校建设行业技能型紧缺人才培养培训工程的通知》，确定在建筑（市政）施工、建筑装饰、建筑设备和建筑智能化四个专业领域实施中等职业学校技能型紧缺人才培养培训工程，全国有94所中等职业学校、702个主要合作企业被列为示范性培养培训基地，通过构建校企合作培养培训人才的机制，优化教学与实训过程，探索新的办学模式。这项培养培训工程的实施，充分体现了教育部、建设部大力推进职业教育改革和发展的办学理念，有利于职业学校从建设行业人才市场的实际需要出发，以素质为基础，以能力为本位，以就业为导向，加快培养建设行业一线迫切需要的技能型人才。

为配合技能型紧缺人才培养培训工程的实施，满足教学急需，中国建筑工业出版社在跟踪"中等职业教育建设行业技能型紧缺人才培养培训指导方案"（以下简称"方案"）的编审过程中，广泛征求有关专家对配套教材建设的意见，并与方案起草人以及建设部中等职业学校专业指导委员会共同组织编写了中等职业教育建筑（市政）施工、建筑装饰、建筑设备、建筑智能化四个专业的技能型紧缺人才教学用书。

在组织编写过程中我们始终坚持优质、适用的原则。首先强调编审人员的工程背景，在组织编审力量时不仅要求学校的编写人员要有工程经历，而且为每本教材选定的两位审稿专家中有一位来自企业，从而使得教材内容更为符合职业教育的要求。编写内容是按照"方案"要求，弱化理论阐述，重点介绍工程一线所需要的知识和技能，内容精炼，符合建筑行业标准及职业技能的要求。同时采用项目教学法的编写形式，强化实训内容，以提高学生的技能水平。

我们希望这四个专业的教学用书对有关院校实施技能型紧缺人才的培养具有一定的指导作用。同时，也希望各校在使用本套书的过程中，有何意见及建议及时反馈给我们，联系方式：中国建筑工业出版社教材中心（E-mail：jiaocai@cabp.com.cn）。

中国建筑工业出版社
2006 年 6 月

前 言

本书是根据教育部 2004 年颁发的《中等职业学校建设行业技能型紧缺人才培养培训指导方案》中对训练项目施工组织课程的基本教学要求，并结合中等职业教育的规律和原则编写的。

为适应职业教育的教学特点，本教材力求以实用、够用为原则，重点以建筑工程的分部工程施工组织设计为主。在内容方面，深浅适度、通俗易懂，注重学生实际操作能力的培养，使学生能应用施工组织的基础理论知识，解决初步具有编制分部工程施工作业设计的能力；同时，教材内容编排有一定的新颖性，达到直观、易懂、实用，每单元除了附有例题、思考题和习题外，并在本书的最后以填空和选择题的形式，对每个单元的主要知识点进行自测训练，以帮助学生进行系统地学习。

本书分四个单元，其主要内容及教学安排如下表：

单元	课程内容	学时数		
		合计	理论授课	综合练习
1	施工组织基础知识	4	4	
2	施工组织技术知识	20	16	4
3	单位工程施工组织设计	12	8	4
4	分部工程作业设计	10	4	6
	机动	2	2	
	合计	48	34	14

本书由河南省建筑工程学校王立霞和广州房地产管理学校刘天萍合编，由张道平，任军二位老师担任主审。王立霞负责编写单元 1、2，单元 3 的课题 4、6，单元 4 的课题 1、3、4 等；单元 3 的课题 1、2、3、5 及单元 4 的课题 2 由广州房地产管理学校刘天萍编写。由于时间仓促，书中难免有不足之处，恳切希望读者批评指正。

目 录

单元1 施工组织设计基础知识 1
 课题1 施工组织设计相关的基本概念 1
 课题2 施工组织设计文件概述 7
 课题3 施工准备工作 10
 复习思考题 19

单元2 施工组织设计技术知识 20
 课题1 流水施工基本原理 20
 课题2 网络计划基本知识 42
 课题3 流水施工应用实例 61
 复习思考题 67
 习题 68

单元3 单位工程施工组织设计的编制 71
 课题1 概述 71
 课题2 工程概况 73
 课题3 施工方案 77
 课题4 施工进度计划的编制 86
 课题5 施工平面图的设计与绘制 94
 课题6 单位施工组织设计实例 118
 复习思考题 144

单元4 分部工程作业计划 146
 课题1 深基础土方工程作业计划的设计示例 146
 课题2 框架结构主体施工作业计划 150
 课题3 多层楼房预制构件吊装工程作业计划的设计示例 ... 165
 课题4 某干部培训中心装饰工程施工组织设计 170

自我测试 186

参考文献 192

单元 1 施工组织设计基础知识

课题 1 施工组织设计相关的基本概念

1.1 建设项目及其分类

1.1.1 建设项目

建设项目是以项目业主为管理主体，以形成固定资产为目的的建设工程项目。在我国，建设项目有基本建设项目（新建、扩建、改建等扩大生产能力的项目）和更新改造项目。

基本建设项目，一般是指在一个总体设计或初步设计范围内，由一个或几个单项工程组成，在经济上进行统一核算，行政上实行统一管理的建设单位。例如：一个工厂、一座电站、一所学校、一所医院等。

更新改造项目是指企业、事业单位对原有设施进行技术改造或更新固定资产的辅助生产项目或生活福利设施项目。

1.1.2 建设项目分类

建设项目可以从不同的角度进行分类。按建设项目的规模大小可分为大型、中型和小型建设项目；按建设项目的性质可分为新建、扩建、改建、恢复和迁建项目；按建设项目的用途可分为生产性和非生产性建设项目；按建设项目的投资主体可分为国家投资、地方政府投资、企业投资、合资和独资建设项目。

为了满足建设项目分解管理的需要，一个建设项目按其复杂程度可分解为单项工程、单位工程、分部工程和分项工程。以一个学校建设项目为例，其分解可参照图 1-1 所示。

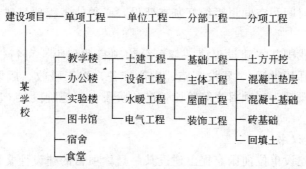

图 1-1 建设项目的分解

1. 单项工程（也称工程项目）

一个建设项目，可以是一个单项工程所组成，也可以是若干个单项工程所组成。凡具有独立的设计文件，竣工后可以独立发挥生产能力或工程效益的项目称为单项工程。例如：一个独立的生产车间或一条生产线、一座办公楼、一幢住宅楼等，这些都称为一个单项工程，其内容包括建筑工程、安装工程以及设备、机械、工具、仪器等购置。

2. 单位工程

凡具有单独设计，可以独立组织施工，但完工后不能独立发挥生产能力或效益的工程称为一个单位工程。一个复杂的单项工程可以有若干个单位工程所组成。例如：一个车间是一个单项工程，一般由土建工程、设备安装工程、工业管道工程、电气照明工程和给排水工程等单位工程组成。

3. 分部工程

分部工程一般是按单位工程的结构形式、工程部位、构件性质、使用材料、设备种类的不同而划分的工程项目。例如：房屋土建单位工程，按其房屋部位，可划分为基础工程、主体结构工程、屋面工程、装饰工程等；按照工程工种，可划分为土石方工程、桩基工程、混凝土及钢筋混凝土工程、脚手架工程、楼地面工程、防水工程、吊装工程等。又例如电气照明工程可划分为：配管安装、穿线配线安装、灯具安装等分部工程。

4. 分项工程

一个分部工程可以有若干个分项工程所组成。分项工程一般是按选用的施工方法、所使用材料及结构构件规格的不同等因素划分的，用较为简单的施工就能完成的施工项目。例如：基础工程可以划分为基础挖土、混凝土垫层、砖砌基础、防潮层、回填土等分项工程。

1.2 基本建设程序

基本建设是指利用国家预算内资金、自筹资金、国内外基本建设贷款或其他专用资金，以扩大生产能力或新增工程效益为主要目的的新建、扩建工程及其他有关工作。总之，基本建设就是固定资产的再生产。

基本建设程序，是指工程项目从计划、决策、施工到竣工验收交付使用的全过程中，各项工作必须遵循的先后顺序。这个先后顺序，既不是人为任意安排的，也不是随着建设地点的改变而改变，而是由基本建设进程，即固定资产的建造和形成过程的规律所决定的。从基本建设的客观规律、工程特点、协作关系、工作内容来看，在多层次、多交叉、多关系、多要求的时间和空间里组织好基本建设，必须使工程项目建设中各阶段和各环节的工作相互衔接。

按现行规定，我国基本建设程序一般可分为项目建议书、可行性研究报告、初步设计、建设准备（包括招投标）、建设实施、生产准备、竣工验收、后评价等八个阶段。这八个阶段可进一步概括为：项目决策阶段、准备阶段、实施阶段三个阶段。前两阶段统称为前期工作。

1.2.1 项目建议书

项目建议书是建设单位向国家提出建设某一具体项目的建设性文件，是投资决策者对拟建项目的初步设想，主要从宏观上衡量分析项目建设的必要性和可能性，即分析其建设条件是否具备，是否值得投入资金和人力。

根据建设项目的规模、特点不同，一般应包括以下五个方面：

(1) 建设项目提出的必要性和依据；

(2) 拟建工程规模和建设地点的初步设想；
(3) 资源情况、建设条件、协作关系等的初步分析；
(4) 投资估算和资金筹措的初步设想；
(5) 经济效益、社会效益及环境效益的分析评价。

项目建议书按要求编制完成后，按照建设总规模和限额报送有关部门审批。

1.2.2 可行性研究阶段

项目建议书经批准后，即可着手进行可行性研究工作。可行性研究是运用现代生产技术科学、经济学和管理工程学，对建设项目进行技术经济分析的综合性工作。我国规定，大中型项目、利用外资项目、引进技术和设备项目，都要进行可行性研究。其他项目有条件的，也要进行可行性研究。

可行性研究的任务是：通过对建设项目在技术、工程和经济上合理性进行全面分析论证和多种方案比较，提出科学的评价意见，以便写出可行性研究报告。因此，可行性研究是进行项目决策的重要依据。

可行性研究主要包括以下内容：
(1) 建设项目提出的背景和依据；
(2) 建设规模、产品方案；
(3) 技术工艺、主要设备、建设标准；
(4) 资源、原材料、燃料供应、动力、运输、供水等协作配合条件；
(5) 建设地点、场区布置方案、占地面积；
(6) 项目设计方案、协作配套工程；
(7) 环保、防震等要求；
(8) 劳动定员和人员培训；
(9) 建设工期和实施进度；投资估算和资金筹措方式；
(10) 经济效益和社会效益分析。

经批准的可行性研究报告，一般不得随意修改和变动，若确实在主要内容上需要进行修改，应经原批准单位复审同意。工程正式成立项目法人后，应按项目法人责任制实行项目管理。

1.2.3 设计阶段

可行性研究报告经批准的建设项目，一般由项目法人委托或通过招标，由相应资质的设计单位进行设计。设计是一项复杂综合的技术经济工作，设计前和设计中都要进行大量的勘测调查工作，在此基础上，按照批准的可行性研究报告内容和要求进行设计，编制设计文件。

设计是分阶段进行的。大中型建设项目，一般采用两阶段设计，即初步设计和施工图设计；重大项目和技术复杂项目，可根据不同行业的特点和需要，采用三阶段设计，即增加技术设计阶段。

1.2.4 建设准备阶段

建设项目在实施之前必须做好各项准备工作。主要内容是：
(1) 建立项目法人的管理实施工作班子。
(2) 征地拆迁、三通一平等前期工作。

(3) 编制或委托有关部门编制施工、设备、材料预算。

(4) 组织材料采购招标和项目施工招标。

(5) 报请计划部门列入年度投资计划。

(6) 到当地税务机关交纳投资方向调节税，计划部门凭纳税凭证核发投资许可证（暂免征）。

(7) 申请有关部门批准开工报告，凭批准的开工报告向当地建设主管部门（建委、建设局）核发建筑工程许可证。

1.2.5 建设实施阶段

建设实施阶段是基本建设程序中历时最长、工作量最大、资源消耗最多的阶段，实质上是对工程生产全过程进行组织与管理的关键阶段。即根据设计要求和施工规范，对建设项目的质量、进度、投资、安全、协作配合、现场布置等，进行指挥、控制和协调。

在建设实施阶段中，应遵循以下几点：

(1) 项目法人按照批准的建设文件，精心组织工程建设全过程，保证项目建设目标的实现。

(2) 项目法人或其代理机构，必须按审批权限，向主管部门提出主体工程开工申请报告，经批准后，主体工程方可正式开工。

(3) 项目法人要充分发挥建设管理的主导作用，为施工创造良好的建设条件。

项目法人是项目的组织者，在建设实施阶段起着主导作用。项目法人要按照国家有关规定，选择符合要求的监理单位，并要充分授权给工程监理单位，使之能独立负责项目建设工期、工程质量、投资的控制和现场施工的监督与协调。

(4) 在建设施工阶段，要按照"政府监督、项目法人负责、社会监理、企业保证"的要求，建立健全质量保证体系，确保工程质量。对重要建设项目，应设立项目质量监督站，行使政府对项目建设的监督职能。

1.2.6 生产准备阶段

生产准备是项目投产前所要进行的一项重要工作，是建设阶段基本完成后转入生产经营的必要条件。项目法人应按照监督结合和项目法人责任制的要求，适时做好有关生产准备工作。

生产准备应根据不同类型的工程要求确定，一般应包括以下主要内容：

(1) 生产组织准备。建立生产经营的管理机构及相应的管理制度。

(2) 招聘、培训人员。按照生产运营的要求，配备生产管理人员，并通过多种形式的培训，提高人员的综合素质，使之能满足运营的要求。生产管理人员要尽早参与工程的施工建设，参加设备的安装调试，掌握好生产技术和工艺流程，为基本建设阶段和生产经营阶段的衔接做好准备。

(3) 生产技术准备。主要包括技术咨询的汇总、运营技术方案的制定、岗位操作规程的制定和新技术的培训。

(4) 生产物资准备。主要是落实投产运营所需要的原材料、协作产品、工器具、备品备件和其他协作配合条件的准备。

1.2.7 竣工验收阶段

竣工验收是工程完成建设目标的标志，是全面考核基本建设成果、检验设计和工程质量的重要步骤，是一项严肃、认真、细致的技术工作。竣工验收合格的项目，即可转入生产或使用。

当建设项目的建设内容全部完成,并经过单位工程验收符合设计要求,工程档案资料按规定整理齐全,完成竣工报告、竣工决算等必须文件的编制后,项目法人应按照规定向验收主管部门提出申请,根据国家或行业颁布的验收规程组织验收。

竣工决算编制完成后,需由审计机关组织竣工审计,审计机关的审计报告作为竣工验收的基本资料。

对于工程规模较大、技术复杂的建设项目,可组织有关人员首先进行初步验收,不合格的工程不予验收;有遗留问题的项目,必须提出具体处理意见,落实责任人限期整改。

1.2.8 后评价阶段

建设项目的后评价阶段,是我国基本建设程序中新增加的一项重要内容。建设项目竣工投产(或使用)后,一般经过1~2年生产运营后,要进行一次系统的项目后评价。项目后评价一般分为项目法人的自我评价、项目行业的评价、计划部门(或主要投资方)的评价三个层次。建设项目后评价主要内容包括以下内容:

(1)影响评价:项目投产后对各方面的影响进行评价;

(2)经济效益评价:对项目投资、国民经济效益、财务效益、技术进步、规模效益、可行性研究深度等进行评价;

(3)过程评价:对项目的立项、设计施工、建设管理、竣工投产、生产运营等全过程进行评价。

建设项目的后评价工作,必须遵循客观、公正、科学的原则,做到分析合理、评价公正。通过建设项目的后评价,以达到肯定成绩、总结经验、研究问题、吸取教训、提出建议、改进工作,不断提高项目决策水平和投资效果的目的。

1.3 施工项目及其特点

施工项目是施工企业自施工投标开始到保修期满为止的全过程中完成的项目,是指作为施工企业的被管理对象的一次性施工任务,也可能是建设项目中的一个单项工程或单位工程的施工任务。

施工项目是项目的一种,当然要具备项目的一切特征,但它又有自己的特殊性,研究并掌握建设项目的特殊性,对于正确进行施工项目的管理是非常重要的。施工项目的特殊性,主要是从它的成果——建筑产品和建筑产品的生产过程两个方面体现出来。

1.3.1 建筑产品的特点

(1)建筑产品的固定性。一般的工业产品可以在加工场所之间、加工场所与使用地点之间流动,而建筑产品只能固定在使用地点。无论是在生产过程中,还是在使用过程中,建筑产品只能在固定的地点建造和使用,并与大地连成一体,不能随意移动。

(2)建筑产品的体积庞大、结构复杂。建筑产品一般是具有多功能的工程,从空间上看,可以容纳很多人和物;从结构上看,由多个单位或分部分项工程构成。因此,建筑产品体积庞大,结构复杂。

(3)建筑产品的使用寿命长。合格的建筑产品具有较长的使用寿命。无论是砖混结构、钢筋混凝土结构,还是钢结构工程,交付使用后,少则几十年,多则上百年才会丧失其使用功能。

(4）建筑产品的多样性。建筑产品是按照用户的特定要求生产的，而用户的要求是多种多样的。因此，建筑产品的种类繁多，很少有完全相同的。

(5）建筑产品的综合性。建筑产品的综合性表现在：它是由许多材料、半成品和成品经加工装配而形成的综合物；它是由许多个人和单位分工协作、共同劳动的总成果；它是由许多具备不同功能的建筑物组成的有机整体。

1.3.2 建筑产品生产的特点

建筑产品的特点决定了建筑产品生产的特点。

(1）生产的流动性。这是由建筑产品的固定性所决定的。建筑产品只能固定在使用地点，这样，工人和机械只能在各产品之间流动；同样，在同一件产品的生产过程中，工人也只能携带工具、机械和材料在各部位之间流动。

(2）生产周期长。由于建筑产品的总体性及体积庞大、工程量巨大，生产中要消耗大量的人力、物力和财力，由众多的人和部门相互配合、共同劳动，经过较长时间加工才能完成。再加上产品固定，要按一定的施工顺序进行生产，生产场所和作业空间受到限制。所以，建筑产品的生产周期一般较长，少则数月，多则几年甚至数十年。

(3）生产的单件性。建筑产品的多样性决定了建筑施工的单件性。建筑产品不仅体积庞大，结构复杂，而且建造时间、地点、地形、地质及水文条件、材料种类、使用目标及建设手段等各不相同，所以每一个建筑产品都必须进行单独的设计和施工，即使采用标准图集，也会因地质、气象以及各种社会条件的不同，而采用不同的施工方法和组织方式。所以，建筑产品在生产过程中只能单件进行，而不能成批量生产。

(4）生产过程的连续性和协作性。由于建筑产品具有综合性和多样性，这就要求工程建设的各阶段、各环节和各协作单位，必须按照统一的建设计划有机地组织起来，在时间上不间断，在空间上不脱节，使建设项目的生产过程顺利进行。如果某个环节产生脱节，就会导致工程窝工和停工，造成人力、物力、财力的积压和浪费，使工程拖延工期不能按时投产使用。

(5）受自然和社会条件的制约性强。由于建筑产品体积庞大和固定不动，所以工程施工多为露天高空作业。因此，工程建设受地形、地质、水文、气象等自然因素，以及材料、水电、交通、生活、经济、风俗等社会条件的制约。

1.4 施 工 程 序

施工程序是拟建工程项目在整个施工阶段中必须遵循先后次序和客观规律。不论是一个建设项目或是一个单位工程的施工，通常分为三个阶段进行，即施工准备阶段、施工阶段、竣工验收阶段。建筑施工程序一般分为五个步骤。

1.4.1 承接施工任务，签订施工合同

在市场经济条件下，施工单位承接施工任务，一般都是通过工程招投标方式承接。施工单位都要认真核查其施工项目是否有批准的正式文件，是否列入了基本建设年度计划，是否落实投资等等。

承接施工任务后，施工单位与建设单位应根据《合同法》和《建筑安装工程承包合同条例》的有关规定及要求签订施工承包合同。施工合同中应规定工程承包的内容、要求、工期、质量、造价及材料供应等，明确合同双方权利和义务及应完成的施工准备工作。施

工合同经双方法人代表签字盖章后生效，并同时具备法律效力，双方应共同遵守。

1.4.2 全面统筹安排，做好施工规划

签订施工合同后，施工单位应全面了解工程性质、规模、特点、工期、施工条件、现场情况等工程详细情况，在调查、研究的基础上，拟订施工规划或编制施工组织总设计，部署施工力量，安排施工进度，制订主要工程施工技术方案等。经批准后，施工单位应组织施工先遣人员进入现场，与建设单位密切配合，共同做好各项开工前的准备工作，为建设项目正式开工创造条件。

1.4.3 落实施工准备、提出开工报告

根据施工组织总设计的规划，对首批施工的各项（单位）工程，应抓紧落实各项施工准备工作。如在图纸会审的基础上编制单位工程施工组织设计，落实劳动力、材料构件、施工机具进场及现场"三通一平"工作，并在正式具备施工条件后，提出开工报告。经审查批准，即可正式开工。

1.4.4 精心组织施工，加强科学管理

一个工程项目，由于涉及面广、工期长、经济活动复杂，应从整个施工现场的全局出发，按照施工组织设计精心组织施工，加强各单位、各部门的配合与协作、协调解决各种问题，使施工顺利进行。

在施工过程中，应加强技术、材料、质量、安全、进度、成本等各项管理工作，按照科学管理方法，落实目标管理责任制，全面做好经济核算工作，严格执行各项技术质量检验制度，搞好各分部分项工程验收，抓紧工程收尾和竣工验收工作。

1.4.5 进行工程竣工验收，交付使用

这是施工的最后阶段。在竣工验收前，施工单位内部应先进行预验收，检查各分部分项工程的施工质量，整理各项竣工验收的技术经济资料。在此基础上，由建设单位组织竣工验收，经上级主管部门验收合格后，办理验收签证书，交付使用。

课题2 施工组织设计文件概述

2.1 施工组织设计的概念与作用

施工组织设计是指针对拟建的工程项目，在开工前针对工程本身特点和工地具体情况，按照工程的要求，对所需的施工劳动力、施工材料、施工机具和施工临时设施，经过科学计算、精心对比及合理的安排后编制出的一套在时间和空间上进行合理施工的战略部署文件。这套文件又称"三一"文件，即由一份施工组织设计说明书、一张工程计划进度表、一套施工现场平面布置图组成。

施工组织设计是用来指导整个工程实施全过程中各项活动的技术、经济和组织的综合性文件。它也是对工程实施全过程实行科学管理的重要依据，通过对施工组织设计地编制，可以全面考虑工程实施全过程中的各种施工条件，扬长避短地拟定合理的施工方案，确定施工顺序、施工方法、劳动组织和技术经济的组织措施，合理地统筹安排拟定施工进度计划，保证工程按期交付使用。可以使施工企业提前掌握人力、材料和机具使用的先后顺序，合理安排资源的供应与消耗，合理地确定临时设施的数量、规模和用途。通过施工组织的编制还可以预计施工过程中可能发生的各种情况,可能使用的各种新技术,事先做好准备、预防,为施工企业实施施工准备工作和施工计划提供依据。可以把整个过程的设计与施工、技术与经济、前方与后方和施工企业的全部安排与具体工程的施工组织工作更紧密地结合起来。

2.2 施工组织设计的分类

施工组织设计是一个总的概念,根据建设项目的类别、工程规模、编制阶段、编制对象和范围的不同,其编制深度和广度也有所不同。

2.2.1 按编制阶段的不同分类

根据设计阶段的不同,可以分为两类:一类是投标前编制的施工组织设计,即标前设计;一类是中标后编制的施工组织设计,即标后设计。两类施工组织设计的区别见表1-1。

标前与标后设计的区别　　　　　　　　表1-1

分　类	服务范围	编制时间	编制单位	主要特征	追求目标
标前设计	投标与签约	投标前	经营管理层	规划性	中标和经济效益
标后设计	施工准备至验收	投标后	项目管理层	作业性	施工效率和效益

2.2.2 按编制对象及作用不同分类

根据编制对象及编制的广度、深度和具体作用不同,施工组织设计可分为施工组织规划设计、施工组织总设计、单位工程施工组织设计和分部(分项)工程作业设计。

(1) 施工组织规划设计

施工组织规划设计是在扩大初步设计阶段编制的。其主要目的是根据具体建设条件、资源条件、技术条件和经济条件,做出一个整体轮廓的施工规划,借以肯定拟建工程在指定建设地点和规定期限内,进行建设的技术可行性和经济合理性,为审批设计文件提供参考和依据。建设单位可据此进行初步的准备工作,并可作为施工组织总设计的编制依据。

施工组织规划设计为确定分年度投资计划、组织物资供应、进行施工现场的准备工作、制定工程的开展总进度、确定主要工程的施工方法等重大问题做出全面的和原则的安排。

(2) 施工组织总设计

施工组织总设计是以整个建设项目或建筑群以及结构复杂、技术要求高、建设工期长、施工难度大的大型公用工程和高层建筑为编制对象,用以指导各项活动的技术、经济综合性文件。它是整个拟建项目施工的战略性部署安排,涉及范围广,内容概括,目的是对整个工程的施工组织进行全面规划、统筹安排,以便确定拟建工程项目的施工工期,明确施工顺序,编制施工方案以及组织施工物资供应,进行全场性布置等。它是一个全局性的施工指导文件,是施工单位编制单位工程施工组织设计和制订年度施工计划的重要依据。

施工组织总设计是根据批准的初步设计或扩大初步设计及现场施工条件,由拟建工程项目总承包单位负责,会同建设、设计、监理和有关分包单位共同编制完成。

施工组织总设计的主要内容包括：工程概况，施工部署和施工方案，施工总进度计划，施工准备工作及各项资源需要量计划，施工总平面图，主要技术组织措施及主要技术经济指标。

(3) 单位工程施工组织设计

单位工程施工组织设计是以单位工程或一个交、竣工系统的工程为对象而编制的，用以具体指导施工过程中各项活动的技术、经济文件。目的是对拟建工程的施工作一个战术性的部署，从一个具体工程项目角度出发，具体安排劳动力、物资供应，确定施工方案以及施工进度计划、施工现场准备与布置等。它是施工单位编制施工作业计划、制订月度和季度施工计划的依据。

单位工程施工组织设计一般是在施工图设计完成并交底、会审后，根据施工组织总设计要求和现场条件，由施工单位负责组织编制。

单位工程施工组织设计的主要内容包括：工程概况，施工方案与施工方法，施工进度计划，施工准备工作及各项资源需要量计划，施工平面图，主要技术组织措施及主要技术经济指标。

(4) 分部（分项）工程施工作业设计

分部（分项）工程施工作业设计是以某些特别重要的，或技术复杂的，或缺乏施工经验的分部（分项）工程为对象而编制的，用以具体指导和安排该分部（分项）工程施工作业的实施。它是直接指导现场施工和编制月、旬作业计划的依据。它所阐述的施工方法、施工进度和施工措施应详尽具体。

分部（分项）工程施工作业设计的主要内容包括：工程概况，施工方案，施工进度计划，施工平面图及主要技术组织措施。

2.3 编制施工组织设计的基本原则

作为指导施工全局的施工组织设计，要求其贯彻执行国家对基本建设方针政策及有关建筑施工的法规、规范要求，推广应用先进的科学与管理技术，保证质量与工期，降低成本提高效益。因此要遵循若干基本原则，这些原则从管理科学角度看，其实就是施工组织的原理与方法。根据建筑施工的特点及长期积累的经验，在编制施工组织设计和组织施工时，应遵循下列各项原则：

(1) 认真贯彻执行国家对基本建设的各项方针、政策和法律法规，严格执行基本建设程序和施工程序。

(2) 推广采用先进的施工技术与管理方法，科学选择施工方案，确保施工安全。

(3) 尽量采用流水作业法及网络计划技术，合理安排施工顺序，组织连续、均衡施工。

(4) 在保证质量和安全的前提下，努力提高生产效益，加快施工进度，缩短建设工期，获得最大经济效益。

(5) 加强施工总平面规划和管理，合理安排布置施工现场，节约施工用地，做好场容管理，组织文明、环保施工。

(6) 坚持质量第一，重视安全施工，认真制定保证施工质量和安全生产的措施。

(7) 加强经济核算，贯彻增产节约的方针，降低工程成本。

课题3 施工准备工作

3.1 施工准备工作的作用及分类

施工准备就是在工程开工之前基于我们对于建筑产品及其生产过程特点的认识，为保证施工顺利进行，从思想、组织、技术、物资、人力和施工活动的各方面，通过调查研究，统筹安排，为施工项目创造必要的工作条件，以便施工项目得以好、快、省、安全地进行。

3.1.1 施工准备工作的作用

施工准备工作是施工阶段的一个重要环节，是施工管理的重要内容。不管是整个的建设项目或单项工程，或者是其中的任何一个单位工程，甚至单位工程中的分部、分项工程，在开工之前，都必须进行施工准备。施工准备工作也是施工企业搞好目标管理，推行技术经济承包的重要依据。同时施工准备工作还是土建施工和设备安装顺利进行的根本保证。因此认真地做好施工准备工作，对于发挥企业优势、合理供应资源、加快施工进度、提高工程质量、降低工程成本、增加企业经济效益、赢得社会信誉、实现企业管理现代化等具有重要的作用。对单位工程和施工企业而言，其作用主要表现在以下两个方面。一为正式施工创造良好的条件，通过开工前的施工准备工作，研究和掌握工程特点、工程施工的进度要求，摸清工程施工的客观条件，合理地部署施工力量，从技术上、组织上和人力、物力等各方面为施工创造必要的条件；二能加快施工进度，避免浪费，有利于保证工程质量和施工安全，提高经济效益。

3.1.2 施工准备工作的分类

（1）按施工准备工作的范围分类

1）施工总准备（全场性施工准备）。它是以整个建设项目为对象而进行的各项施工准备，其特点是：准备工作的目的、内容都是为整个建设项目服务的，既为全场性的施工作好准备，也兼顾单位工程施工条件的准备。

2）单项（单位）工程施工条件准备。它是以一个建筑物或构筑物为对象而进行的各项施工准备工作。其特点是：准备工作的目的、内容都是为单项（单位）工程施工服务的，它不仅为单项（单位）工程的开工做好一切准备工作，同时也为分部（分项）工程的施工做好作业条件的准备。

3）分部（分项）工程作业条件准备。它是以一个分部（分项）工程或冬雨期施工项目为对象而进行的施工作业条件的准备。

（2）按拟建工程所处的施工阶段不同分类

1）开工前施工准备。它是指工程项目正式开工前所进行的一切施工准备工作，带有全局性和总体性，其目的是为拟建工程顺利开工创造必要的施工条件。

2）各阶段施工前的施工准备。它是在工程项目开工之后，每个施工阶段施工之前进行的相应施工准备工作。其目的是为各施工阶段正式开工创造必要的作业条件，带有局限性和经常性。如混合结构的民用住宅工程的施工，一般可分为基础工程、主体工程、装饰工程和屋面工程等施工阶段，每个施工阶段的施工内容不同，所需的技术条件、物质条件、组织要求和现场布置等方面也不同，因此在每个施工阶段开工之前都必须做好相应的施工准备工作。

3.1.3 施工准备工作的内容

一般工程的施工准备工作的内容分为六大部分，如图1-2。

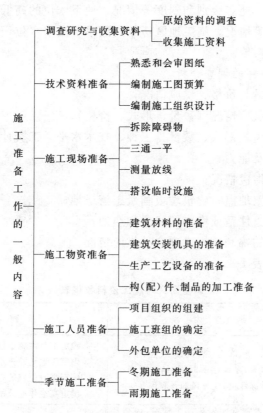

图1-2 施工准备工作的一般内容

但这六个部分只是施工准备工作的一般内容，实际工程施工中的工作内容，应视工程本身及其具体条件而异。如只有一个单位工程的施工项目和包含多个单项工程的建设项目，一般小型项目和规模庞大的大中型项目，新建项目与扩建项目等，施工准备工作的具体内容都不尽相同，应根据工程的实际需要和实际条件而对施工准备工作提出不同的具体要求。实际上上述六个方面可归纳为两个方面，即编制施工组织设计和施工具体条件的准备。

3.2 调查研究与收集资料

为了编制出一个符合实际情况、切实可行、质量较高的施工组织设计，必须做好原始资料的调查研究，了解实际情况，熟悉当地条件，掌握第一手资料。调查研究与施工资料的收集是施工准备工作的第一步。

原始资料的调查，事先应有一个明确的范围、内容和要求，一般根据拟建工程的规模、性质、复杂程度、工期以及对当地熟悉了解程度而定，对异地施工或不熟悉的地区，收集资料应全面、细致一些，重点应该做好以下两个方面的调查分析。

3.2.1 自然条件的调查分析

(1) 气象资料。如降雨量、降雨天数；气温、最高气温、最低气温；常年风向；冬雨期的时间；结冰时间、冰冻深度等。

(2) 地质地貌、水文资料。如地区水准点和绝对标高等情况；地质构造、土的性质和类别、地基土的承载力、地震级别和烈度等情况；地下水位的高低变化情况，含水层的厚度、流向、流量和水质等情况，施工地区历年的潮水、洪水水位记录；地下水的最高和最低水位、土壤的试验资料等。

3.2.2 技术经济条件的调查分析

(1) 当地材料的产量与价格、供应情况；

(2) 当地机具设备供应情况（数量、形式、价格）；

(3) 当地劳动力的组织形式、数量、工种、技术水平、工资计算方式及调动方式；

(4) 交通运输情况及能力；

(5) 水、电和动力供应情况；

(6) 借土来源和弃土地点，建筑垃圾和余土清运地；

(7) 可以利用办公、住宿或堆料的房屋和空地；

(8) 当地公用事业的福利措施，副食品供应情况。

具体内容及目的见表 1-2。

调查研究与施工资料收集表　　　　　　　　表 1-2

序号	项目	调查内容	调查目的
1	气象资料	降雨(雪)量、降雨(雪)天数；气温、最高气温、最低气温；冬雨期的时间；结冰时间、常年风向、冰冻深度；主导风向及频率	1. 确定季节性施工措施，估计混凝土、砂浆强度； 2. 确定工地地面排水、防洪方案； 3. 确定临时设施的布置方案； 4. 确定高空作业及吊装的技术安全措施
2	地质、地貌、水文资料	地区水准点和绝对标高等情况；地质构造、土的性质和类别、地基土的承载力、地震级别和烈度等情况；河流流量和水质、最高洪水水位和枯水期水位等情况；地下水位的高低变化情况，含水层的厚度、流向、流量和水质等情况	1. 布置施工平面图； 2. 场地平整及土方计算、地基土的处理； 3. 降低地下水、土方、基础施工方法的选择； 4. 复核地基承载力
3	材料及机具	品种、规格、数量到货时间	1. 确定临时设施和堆场； 2. 确定材料的储存方式和保护措施
4	给、排水	1. 工地用水的水源、可供水量、水压、水质、水费； 2. 施工排水的去向、有无洪水影响，防洪设施状况	1. 确定施工及工地生活用水方案； 2. 确定工地排水方案和防洪设施； 3. 拟定给排水设施的施工进度计划
5	供电	工地用电的电源，可供电量、电压，电费等	1. 确定施工供电方案； 2. 拟定供电设施的施工进度计划
6	交通运输	工地交通位置、路面构造宽度、允许最大载重量、载重尺寸、其他运输方式及运输效率等	确定工地的运输方式及施工道路设计
7	其他资料	可以利用办公、住宿或堆料的房屋和空地；当地公用事业的福利措施，副食品供应情况	安排临时设施

3.3 技术准备

技术准备是施工准备工作的核心内容。由于任何技术的差错或隐患都可能引起人身安全和质量事故，造成生命、财产和经济的巨大损失。因此必须认真地做好技术资料的准备工作。

3.3.1 熟悉与审查施工图纸

(1) 熟悉、审查施工图纸的依据

1) 建设单位和设计单位提供的初步设计或扩大初步设计（技术设计）、施工图设计、建筑总平面、土方竖向设计和城市规划等资料文件；

2) 调查、搜集的原始资料；

3) 设计、施工验收规范和有关技术规定。

(2) 熟悉、审查施工图纸的目的

1) 为了能够按照施工图纸的要求，顺利地进行施工，生产出符合设计要求的建筑物或构筑物；

2) 为了能够在拟建工程开工之前，使从事建筑施工技术和经营管理的工程技术人员充分地了解和掌握设计图纸的设计意图、结构与构造的特点和技术要求，了解设计图纸中复杂的、施工难度大和技术要求高的分部分项工程或新结构、新材料、新工艺要求，检查现有施工技术水平和管理水平能否满足工期和质量，并采取可行的技术措施加以保证；

3) 通过审查发现设计图纸中存在的问题和交代不清楚的地方，使其能在施工开始之前改正、补充，为拟建工程的施工提供一份准确、完整的施工图纸；

4) 明确建设期限、分期分批投产或交付使用的顺序和时间，以及工程所用的主要材料、设备的数量、规格、来源和供货日期；明确建设、设计和施工等单位之间的协作、配合关系，以及建设单位可以提供的施工条件，做好施工准备保证施工工期。

(3) 熟悉、审查施工图纸的重点内容

1) 建筑物或构筑物的设计功能和使用要求是否符合技术规范、卫生、防火及美化城市方面的要求；

2) 设计图纸是否完整、齐全、清楚，图中尺寸、标高是否准确，图纸之间是否有矛盾和错误；

3) 施工技术上有无困难，施工装备条件是否能满足设计要求，能否确保施工的质量和安全；

4) 设计和施工的合理化建议能否采纳。

(4) 熟悉、审查的关键部位

1) 基础部分：建筑、结构、设备施工图中关于基础留洞的位置及标高，地下室排水方向，变形缝及人防出口的做法，防水体系的包圈和收头要求等；

2) 主体结构部分：各层所用的材料的规格、等级，墙、柱与轴线的关系，梁、柱的配筋及节点的做法，悬挑结构的锚固要求，楼梯间的构造，设备图与土建图上的洞口尺寸及位置关系；

3) 屋面及装饰部分：屋面防水节点做法，预留件及预留洞的位置及做法；内、外墙和楼地面的材料和做法等。

(5) 熟悉、审查的程序

熟悉、审查施工图纸的程序通常分为自审阶段、会审阶段和现场签证等三个阶段。

1) 自审阶段。施工单位收到拟建工程的施工图纸和有关技术文件后，应尽快地组织有关的工程技术人员熟悉和自审图纸，对发现的问题应做出标记、做自审图纸记录。自审图纸的记录应包括对图纸的疑问和建议。

2) 会审阶段。一般由建设单位主持，由设计、监理和施工单位参加，四方进行施工图纸的会审。图纸会审时，先由设计单位的工程设计人员向与会者说明拟建工程的设计依据、意图和功能要求，并对特殊结构、新材料、新工艺和新技术提出要求；然后施工单位根据自审记录以及对设计意图的了解，提出对图纸的疑问和建议；最后在统一认识的基础上，对所探讨的问题逐一做好记录，形成"图纸会审纪要"，由建设单位正式行文，参加单位共同会签、盖章，作为与设计文件同时使用的技术文件指导施工，同时作为建设单位与施工单位进行工程结算的依据。

3) 现场签证阶段。尽管经过会审，在工程施工的过程中，还有可能遇到施工的条件与施工图纸的条件不符，图纸中仍然存在错误，材料的规格、质量不能满足设计要求，施工单位提出了合理建议等情况，还需对图纸进行及时修订。在修订时应遵循技术核定和设计变更的签证制度，进行图纸的施工现场签证。如果设计变更的内容对拟建工程的规模、投资影响较大时，要报请项目的原批准单位批准。在施工现场的图纸修改、技术核定和设计变更资料，都要有正式的文字记录，归入拟建工程的施工档案，作为指导施工、竣工验收和工程结算的依据。

3.3.2 编制施工图预算和施工预算

(1) 编制施工图预算

施工图预算是技术准备工作的主要组成部分之一，这是按照施工图确定的工程量、施工组织设计所拟定的施工方法、建筑工程预算定额及其取费标准，由施工单位编制的确定建筑安装工程造价的经济文件，它是施工企业签订工程承包合同、工程结算、建设银行拨付工程价款、进行成本核算、加强经营管理等方面工作的重要依据。

(2) 编制施工预算

施工预算是根据施工图预算、施工图纸、施工组织设计或施工方案、施工定额（企业定额）等文件进行编制的，它直接受施工图预算的控制。它是施工企业内部控制各项成本支出、考核用工、进行"两算"对比、签发施工任务单、限额领料和进行经济核算的依据。

(3) 编制施工组织设计

施工组织设计是施工准备工作的中心内容和重要组成部分，也是指导施工现场全部生产活动的技术经济文件。建筑施工生产活动的全过程是非常复杂的物质财富再创造过程，为了正确处理人与物、主体与辅助、工艺与设备、专业与协作、供应与消耗、生产与储存、使用与维修之间的关系以及它们的空间布置和时间排列，必须根据拟建工程的规模、结构特点和建设单位的要求，在原始资料调查分析的基础上，编制出一份能切实指导该工程全部施工活动的科学方案，即施工组织设计。

3.4 施工现场准备

施工现场是施工的全体参加者为夺取优质、高速、低消耗的目标，而有节奏、均衡连续地进行项目实施的活动空间。施工现场的准备工作，主要是为了给拟建工程的施工创造有利的施工条件和物资保证。

3.4.1 拆除障碍物

清除施工现场地上、地下的所有障碍，对有危险和有专业要求的障碍物，应由相关的专业队伍来完成。

3.4.2 平整场地，接通水源、电源，修建交通道路（三通一平）

（1）平整场地

按照建筑施工总平面图的要求，根据建筑平面图规定的标高和土方竖向设计图纸，进行挖（填）土方的工程量计算，确定平整场地的施工方案，进行场地的平整工作。场地平整便于土方的机械化施工，有利于场地排水及临时水、电、道路的施工，为文明施工创造条件。平整场地工作最好是在工程开工前一次完成，如遇工程规模大，施工时间长或进度要求急，也可以分期进行，但必须在每期工程正式开工前完成。

（2）通水

工程施工用水耗量很大，特别是机械化程度较高的工地更显得突出。因此，在施工前必须修建供水系统。对于通水，包括接通施工用水和修通排水渠道。

（3）通电及电信

对于通电，主要是施工机械动力设备及施工现场室内、室外照明用电两部分。拟建工程在城市或工业区，则可充分利用现有设施为施工服务，否则必须建立临时供电系统，确保施工现场动力设备和通信设备的正常运行。

（4）修建交通道路

工程施工需要使用大量建筑材料和建筑构配件，运输任务十分繁重。因此，开工前道路必须修通。最好安排永久性道路先施工，以节约施工费用和材料。如果修筑永久性道路的进度赶不上施工的需要，则可以先铺设临时施工道路。

3.4.3 测量放线

工程施工是实现设计规定，即把设计蓝图变为现实的过程。拟建的建筑物或构筑物在空间都占有固定的位置，它们之间的空间关系，在施工图纸上都有严格的要求。施工中常用经纬坐标和水平基桩做标准来确定拟建工程的相对位置。

工程开工前需对建筑区域进行工程测量放线，设置永久性的经纬坐标及水平基桩，以便在建设工程开工后准确地确定各工程的位置和标高，并且也为平整场地提供依据。

建筑物定位放线是确定整个工程平面位置的关键环节，施测中必须保证精度，避免错误，否则其后果将难以处理。建筑物的定位放线一般通过设计图中平面控制轴线来确定，测定并经自检合格后，提交有关部门和建设单位（或监理单位）验线，以保证定位的正确性。

3.4.4 建造临时设施

施工现场临时设施应按照施工总平面图的布置要求来建造，必要时，应报请规划、市政、消防、环保等部门批准。

各种生产、生活临时设施，包括各种仓库、混凝土搅拌站、预制构件场、机修站、各种生产作业棚、办公用房、宿舍、食堂、文化生活设施等等，均应按批准的施工组织设计规定的数量、标准、面积等要求修建，应符合安全文明施工的要求，应尽量利用原有建筑物，以节省投资。

为施工方便和安全，对于指定的施工用地的周界，应用围挡围护起来，围挡的形式、材料及高度应符合市容管理的有关规定和要求，在主要入口处设立"五牌一图"（即工程概况牌、管理人员名单及监督电话牌、消防保卫牌、安全生产牌、文明施工牌和施工现场平面图）及企业标志。

3.5 物资准备

材料、构（配）件、制品、机具和设备是保证施工顺利进行的物资基础，这些物资的准备工作必须在工程开工之前完成。根据各种物资的需要量计划，分别落实货源，安排运输和储备，使其满足连续施工的要求。

3.5.1 物资准备工作的内容

物资准备工作主要包括建筑材料的准备、构（配）件和制品的加工准备、建筑安装机具的准备和生产工艺设备的准备。

（1）建筑材料的准备。建筑材料的准备主要是根据施工预算进行分析，按照施工进度计划要求，按材料名称、规格、材料储备定额和消耗定额进行汇总，编制出材料需要量计划，为组织备料、确定仓库、场地堆放所需的面积和组织运输等提供依据。

（2）构（配）件、制品的加工准备。根据施工预算提供的构（配）件、制品的名称、规格、质量和消耗量，确定加工方案和供应渠道以及进场后的储存地点和方式，编制出其需要量计划，为组织运输、确定堆场面积等提供依据。

（3）建筑安装机具的准备。根据采用的施工方案，安排施工进度，确定施工机械的类型、数量和进场时间，确定施工机具的供应办法和进场后的存放地点和方式，编制建筑安装机具的需要量计划，为组织运输，确定堆场面积等提供依据。

（4）生产工艺设备的准备。按照拟建工程生产工艺流程及工艺设备的布置图，提出工艺设备的名称、型号、生产能力和需要量，确定分期分批进场时间和保管方式，编制工艺设备需要量计划，为组织运输，确定堆场面积提供依据。

3.5.2 物资准备工作的程序

物资准备工作的程序是搞好物资准备的重要手段。通常按如下程序进行：

（1）根据施工预算、分部（项）工程施工方法和施工进度的安排，拟定主要建筑材料、构（配）件及制品、施工机具和工艺设备等物资的需要量计划。

（2）根据各种物资需用量计划，组织货源，确定加工、供应地点和供应方式，签订物资供应合同。

（3）根据各种物资的需要量计划和合同，拟定运输计划和运输方案。

（4）按照施工总平面图的要求，组织物资按计划时间进场，在指定地点，按规定方式进行储存或堆放。

3.6 施工人员准备

生产中的决定性因素是人，一项工程完成得好坏，很大程度上取决于承担这一工程的施工人员的素质。现场施工人员包括施工的组织指挥者和具体操作者两大部分。在施工人员的准备工作中首先要了解各类工程项目由哪些技术人员组成。不同的结构类型，施工班组的形式也就不同。施工人员准备的内容：项目组织机构的组建；施工班组的确定和外包单位的确定等。

3.6.1 项目组织的组建

项目组织机构是保证工程顺利进行的指挥部门，应遵循以下的原则：根据拟建工程项目的规模、结构特点和复杂程度，确定拟建工程项目施工的领导机构人选和名额；坚持合理分工与密切协作相结合；把有施工经验、有创新精神、工作效率高的人选入领导机构；认真执行因事设职、因职选人的原则，保证时时事事有人负责，落实管理制度。施工过程中还要根据工程的需要进行调整，健全施工组织机构，以便正常开展工作。

3.6.2 施工班组的确定与培训

工人是工程施工的具体操作者，是建筑施工队伍的主体。砖混结构施工一般以混合施工队的形式较好，工人以本工种为主，兼做其他工作，工序之间搭接要紧凑，讲求劳动效率。开工之前，根据工程的特点，按照施工组织设计提出的劳动力需用量计划表选择各有关工种的工人进行合理地组合。例如对于砖混结构主体阶段，以瓦工为主，配备适量的架子工、木工、钢筋工、混凝土工以及小型机械工等。在装饰阶段则以抹灰工为主，配备适量的木工、管工、电工。对装配式结构，则以结构吊装工为主，配备适当的电焊工、木工、钢筋工、混凝土工、瓦工等。对现浇钢筋混凝土结构，混凝土工、钢筋工、模板工是主要工种。

施工力量的集结和特殊工种及缺门工种的培训工作是施工人员准备工作的首要任务。施工中需要的工种很多，在开工之前必须按工艺要求组织综合施工队，除普通工种和配套工种以外，对一些特殊工种、新的施工工艺的操作工及其他缺乏的工种或技术水平要求较高的工种都要事先加紧培训，对质量、安全、防火等工作进行交底和教育。按开工日期和劳动力需用计划组织工人进场。

3.6.3 外包施工队伍的确定

当施工单位仅靠自身来完成施工任务不能满足施工要求，或根据工程的特点需组织外包施工队伍时，必须以队伍相对稳定，确保施工质量和施工安全为基本原则，充分了解外包工的组织形式和适用情况，选择外包施工队伍。并在制定施工方案时予以明确。

外包施工队伍的形式常见的有：独立承担单位工程施工，承担分部分项工程施工，参与施工班组作业。

施工队伍的数量、进场时间、退场时间，都应根据劳动力需用计划来确定，并随着施工进度及时予以调整，防止脱节和窝工。

3.7 季节施工准备

土建工程的施工绝大部分工作时间是露天作业，气候因素直接影响到建筑工程施工的速度和工程质量。我国南北方气候差异较大。影响因素各异，南方夏季的暴风雨对在建的建筑物的冲刷、浸泡，对建筑结构有严重的破坏性；北方的冬季持续低温、反复冰冻，影响混凝土凝结硬化，同时损害混凝土与钢筋的粘结，导致钢筋混凝土结构的强度降低。为了保证建筑工程冬、雨期的施工质量，减少自然因素给施工作业带来的影响，保证建筑工程常年不间断地施工，必须从本地区气候条件及工程的实际情况出发，在编制施工组织设计时，从组织、计划、技术措施等方面提出一系列的措施，保证冬、雨期施工顺利进行，提高工程质量,降低工程成本。

3.7.1 冬期施工的准备工作

冬季主要由于长时间的持续低温、大的温差、强风、降雪和反复冰冻,会对混凝土工程、砌筑工程和装饰工程造成危害和质量事故。冬期施工的计划和准备工作应周全和充分。

3.7.1.1 合理安排冬期施工项目

冬期施工条件差、技术要求高,还要增加施工费用。不同的工程冬期施工的复杂程度有所区别,冬期施工而增加的费用也不相同。因此在组织施工时,在保证工期的前提条件下,合理确定开工时间,尽量安排温度对工程质量影响不大,费用增加不多的项目在冬期施工。如吊装、打桩、室内装饰等,尽量不要按排费用增加较多又不能保证施工质量的工程,如土方工程、基础工程、外装修、屋面防水工程的施工,尽量在冬期到来之前完成。在施工进度安排上尽量减少冬期施工项目,在冬期到来之前力争完成主体工程的施工,为室内施工创造更多的工作面。

3.7.1.2 冬期施工的各项准备工作

一旦确定要进行冬期施工,必须在整体施工计划中及早考虑。

(1) 首先成立冬期施工质量保证机构,成立以项目经理和技术负责人为主的冬期施工领导小组,负责管理、安排、检查和落实工作,建立质量责任制,并层层落实,做到分工明确,责任到人,确保每一个环节都有所保障。

(2) 选择稳妥的施工方法,制定切实可行的技术措施,确定工程施工方案。

(3) 做好材料、专用设备、施工现场的准备工作。如根据工程规模搭设封闭搅拌操作暖棚,棚内布置搅拌机、加温水箱、磅秤;对供水管道的防冻保护;准备好保温材料(岩棉被、草帘子、防冻剂)等。

3.7.2 雨期施工准备

连绵不断的雨天会给建筑工程施工带来许多困难和不便,影响工程质量和进度。如果施工中的土方、基础、钢筋混凝土、砌体、装饰工程遭到雨水的袭击,则会造成基坑护坡滑移塌方,地基土受浸泡而承载力减低,已施工的地下室可能上浮移位,模板支撑系统沉降及砌体倒塌,造成工程事故、带来重大损失。雨期施工以预防为主,应根据施工地区雨期特点及降雨量,现场的地形条件,建筑工程的规模和在雨期施工的分项工程的具体情况,充分做好思想和物资准备,将雨期造成的损失减少到最低,保证施工的进度要求。同样雨期施工准备工作中应做好以下两方面:

3.7.2.1 合理安排雨期施工项目

一般在雨期到来之前。应多安排土方、基础、室外及屋面等不宜在雨期施工的项目。多留一些室内工作的项目在雨期施工。

3.7.2.2 雨期施工的各项准备工作

(1) 建立健全雨期施工质量、安全检查制度,做好质量、安全检查工作。

(2) 施工现场周围做好排水设施。保证排水通畅,不积水,防止四邻地区地面水倒流。

(3) 施工临时设施位置,注意周围地形,做好施工现场排水工作,避免因连阴雨或暴雨淹没施工材料。

（4）雨期之前要对施工现场的所有设备进行全面检测；对水泵、配电箱等排水机电设备要有安全可靠的防雨设施，保证正常使用。

（5）工程施工所设置的塔吊、井架、排架、模板、支护、临时便桥、悬吊等设施，要采取防倒塌、防雷击、防漏电等技术措施。

复习思考题

1. 什么叫建设项目？建设项目由哪些工作内容组成？
2. 什么是基本建设？基本建设程序经过哪几个阶段？
3. 简述建筑施工程序的主要内容。
4. 简述建筑产品及其施工的特点。
5. 施工组织设计的概念是什么？有什么作用？
6. 施工组织设计可分为哪几类？它们包括哪些主要内容？
7. 编制施工组织设计的基本原则是什么？
8. 施工准备工作的一般内容有哪些？
9. 调查研究与收集资料的内容、目的。
10. 技术资料准备的基本内容是什么？熟悉、审查图纸的重点和关键是什么？
11. 施工现场准备的主要内容有哪些？什么是"三通一平"？
12. 如何进行雨期施工的准备？

单元2 施工组织设计技术知识

课题1 流水施工基本原理

1.1 流水施工概述

建筑工程的流水施工来源于工业生产中的流水线作业法，它是以分工协作为基础进行批量生产的科学的生产组织方法，并随着生产技术和管理水平的发展不断改进和提高。在建筑安装工程施工中，以分工协作、分段作业为基础的流水施工是组织建筑工程施工的最科学有效的计划管理方法。建筑工程的流水施工与工业生产中的流水线生产极为相似，不同的是，工业生产中各零部件在流水线上，从前一工序向后一工序流动，生产者是固定的；而在建筑施工中各个施工对象都是固定不动，专业施工队伍则由前一施工段向后一施工段流动，即生产对象固定不动，而生产者是移动的。

1.1.1 组织施工的三种方式及相互比较

任何建筑工程，从一个大型项目直至一个小的建筑物或构筑物，它可以分解为许多个施工过程，而每一个施工过程通常是由一个（或多个）专业队（组）负责进行施工。每一个工程的施工活动中都包含了劳动力和机械设备的调配、建筑材料和构（配）件的供应等组织问题，其中最基本的部分是劳动力的组织安排问题。劳动组织安排的不同便构成不同的施工方式。通常所采用的施工作业方式主要可以归纳为下列三种类型：依次施工、平行施工、流水施工。

下面举例说明各类施工组织方式的特点。

【例2-1】 有四幢相同的砖混结构房屋的基础工程，其施工过程及工程量、劳动定额等有关数据如表2-1所示。现以一幢房屋为一个施工段（施工区段），分别采用依次施工、平行施工、流水施工方式组织施工，其施工特点和效果分析如下：

一幢房屋基础的施工过程及其工程量、工作天数等指标　　表2-1

施工过程	工程量		时间定额	劳动量（工日）		人数	工作班次	工作天数	工种
	数量	单位		计算用工	计划用工				
基槽挖土	143	m³	0.421	60.2	60	30	1	2	普工
混凝土垫层	23	m³	0.810	18.6	20	20	1	1	普工
砖砌基础	71	m³	0.937	66.5	66	22	1	3	普工
基槽回填土	42	m³	0.200	8.4	8	8	1	1	普工

（1）依次施工

依次施工又称顺序施工，是指按施工段的顺序（或施工过程的顺序）依次开始施工，并依次完成各施工区段内所有施工过程的施工组织方式。依次施工通常有以下两种形式：

1）按施工段（或幢号）依次施工。这种依次施工是指一个施工区段（或幢号）内的各施工过程按施工顺序先后完成后，再依次完成其他各施工区段（或幢号）内各施工过程的施工组织方式。其施工进度计划的横道图如图 2-1 所示。图中的横坐标为施工进度日程，纵坐标为按施工顺序排列的施工过程。施工进度图下面的图形为劳动力消耗动态曲线图，其横坐标为施工进度日程，纵坐标为施工人数，"曲线图"是根据参与各施工过程施工的人数叠加后的合计人数绘制而成的折线。折线与纵、横坐标围成的面积即是施工计划消耗的总劳动量。"曲线图"能直观地显示劳动力使用的均衡性，是对施工进度计划进行调整和优化的重要依据。

施工过程	班组人数	工作天数	施工进度（天）												
			2	4	6	8	10	12	14	16	18	20	22	24	26	28
基槽挖土	30	8	①				②			③			④			
混凝土垫层	20	4		①				②			③			④		
砌砖基础	22	12			①				②			③			④	
回填土	8	4				①			②			③				④

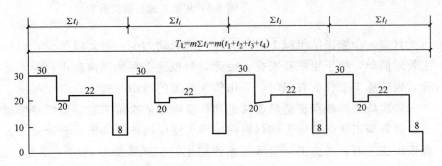

图 2-1 按施工段（或幢号）依次施工

若用 t_i 代表一幢房屋内某一施工过程的工作持续时间，则完成该幢房屋各施工过程所需要的工作持续时间之和为 $\sum t_i$，完成 m 幢同样房屋的某一个施工过程所需的工作持续时间（即总工期）T 的计算公式为

$$T = m\sum t_i \tag{2-1}$$

将数值代入公式得：$T = 4 \times (2+1+3+1) = 28$ 天

2）按施工过程依次施工。这种依次施工是指按施工段（或幢号）的先后顺序，先依次完成每个施工区段（或幢号）内的第一个施工过程，然后再依次完成其他施工过程的施工组织方式。其施工进度计划横道图如图 2-2 所示。完成 m 幢同样房屋的某一个施工过程所需的工作持续时间为 mt_i，则完成 m 幢同样房屋所有施工过程需要的总工期 T 的计算公式为

$$T = m\sum t_i \tag{2-2}$$

将数值代入公式得：$T = 4 \times 2 + 4 \times 1 + 4 \times 3 + 4 \times 1 = 8 + 4 + 12 + 4 = 28$ 天

3）依次施工的特点分析。从图 2-1 和图 2-2 中可以看出，依次施工的最大优点是：

施工过程	班组人数	工作天数	施工进度（天）													
			2	4	6	8	10	12	14	16	18	20	22	24	26	28
基槽挖土	30	8	①	②	③	④										
混凝土垫层	20	4					①②③④									
砌砖基础	22	12							①		②		③		④	
回填土	8	4														①②③④

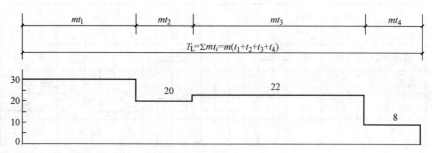

图 2-2 按施工过程依次施工

每天只有一个施工队组施工，每天投入的劳动力少，机具设备少，材料供应比较单一，施工管理简单，便于组织和安排。因此，当拟建工程的规模较小，附近又没有类似的拟建工程，致使施工工作面有限时，采用依次施工的组织方式。

依次施工的缺点也是显而易见的：按幢号依次施工时，虽可较早地完成一幢房屋的施工，但各施工队组的施工和材料供应均无法保持连续均衡，会导致工人的窝工；按施工过程依次施工时，各施工队组虽能连续施工，但不能充分利用工作面，致使完成 m 幢房屋的总施工时间拖长。由此可见，采用依次施工不但不能充分利用工作面造成工人窝工现象，而且还会拖长工程的总工期。

（2）平行施工

平行施工是指拟建工程的各施工段（或各幢号）均同时开工，然后再按各施工过程的工艺顺序先后施工，最后同时完工的施工组织方式。其施工进度计划横道图如图 2-3 所示。

例 2-1 中的四幢基础工程，采用平行施工时，工程总工期 T 的计算公式为：

$$T = \sum t_i \tag{2-3}$$

将数值代入公式得：$T = 2 + 1 + 3 + 1 = 7$ 天

从图 2-3 中可以看出：平行施工的最大优点是能充分利用工作面，从而缩短施工工期。但其最大的缺点是：工期的缩短，完全是依靠施工队组数量的成倍增加而实现的（每个施工队组的人数不变），同时施工机械设备相应增加，材料供应更集中，临时设施、仓库堆场面积要增加，这就会使施工管理费等间接费用急剧增加，并且还会使施工组织安排和施工管理更加困难。另外，如果工程的规模不大，拟建工程的施工任务不多或工期要求不紧，大批工人在完工后需要转移其他工地的次数更频繁或没有活可干，这都会增加工人

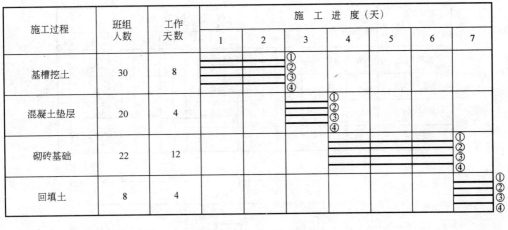

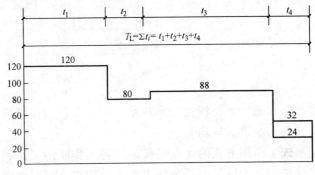

图 2-3 平行施工

转移或窝工造成的损失使工程成本增加。因此,一般情况下不应采用平行施工,只有工期要求很紧的重点工程、能分期分批组织施工的工程和大规模的建筑群工程,并在各方面的资源供应有保障的前提下,才采用平行施工的组织方式。

(3) 流水施工

流水施工是指将拟建工程在平面和空间上划分为若干个施工区段(或施工层),并将其建造过程按施工工艺顺序划分成若干个施工过程,使所有施工过程按一定的时间间隔依次投入施工,各施工过程陆续开工、竣工,使同一施工过程的施工队组在各施工段之间保持连续均衡施工,不同施工过程尽可能平行搭接施工的组织方式。其施工进度计划横道图如图 2-4 所示。

例 2-1 中的四幢基础工程采用流水施工时,工程总工期 T 的计算公式为:

$$T=\sum K_{i,i+1} + T_N \tag{2-4}$$

式中 $K_{i,i+1}$——代表 i 与 $i+1$ 两相邻施工过程先后投入同一施工段进行施工的时间间隔;

T_N——代表最后一个施工过程在各个施工段上工作持续时间的总和。

将图中有关数值代入公式得:$T=(5+1+9)+4\times1=15+4=19$ 天

从图 2-4 中可以看出,流水施工所需的时间比依次施工短,各施工过程投入的劳动力比平行施工少;各工作队的施工和物质资源的消耗具有连续性和均衡性,前后施工过程尽

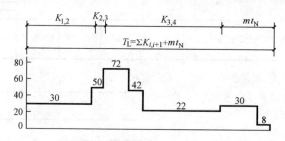

图 2-4 全部连续的流水施工

可能平行搭接施工,比较充分地利用了施工工作面;机具、设备、临时设施等比平行施工少;材料等组织供应较均匀。

流水施工组织方式的优点是保证了各工作队的工作和物质资源的消耗具有连续性和均衡性,能消除依次施工和平行施工方法的缺点,同时保留了它们的优点。图 2-4 所示的流水施工组织方式,工作面仍未得到合理利用,如第一个施工段基槽挖土,直到第三段挖土后才开始垫层施工,浪费了前两段挖土完成后的工作面等。为了更加充分地利用工作面,可按图 2-5 所示的组织方式进行施工,工期比图 2-4 所示的流水施工组织方式缩短了 3 天。

根据建筑工程施工的特点,为了更加充分地利用工作面,缩短工期,有时特意安排某些次要施工过程在各施工段之间合理间断施工。将图 2-4 所示的流水施工组织方式重新安排,如图 2-5 所示,这样就使工期缩短了 3 天。因此,对于一个分部工程施工来说,只要保证主导施工过程在各施工段、施工层之间能连续均衡施工,其他次要施工过程由于缩短工期的要求而不能安排连续施工时,也可部分或全部安排合理间断施工,这种施工组织方式也可以认为是流水施工,这也是编制施工进度计划时应优先采用的施工组织方式。

将图中有关数据代入工期计算公式得:$T=(2+1+9)+4\times 1=12+4=16$ 天

1.1.2 组织流水施工的条件与技术经济效益

(1) 组织流水施工的条件

1) 划分施工段。根据组织流水施工的要求,将拟建工程在平面上和空间上划分为工程量(或劳动量)大致相等的若干个施工段。

2) 划分施工过程。根据拟建工程的特点和施工要求,将拟建工程的整个建造过程按照施工工艺要求划分成若干个施工过程(或分部分项工程)。

3) 每个施工过程组织独立的施工队组。在一个流水组中,每个施工过程均应组织独立的施工队组,负责本施工过程的施工,施工队组的形式可根据施工过程所包括工作内容

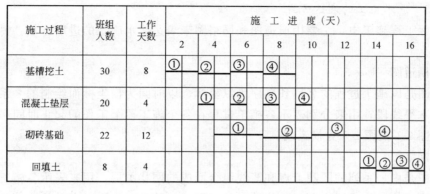

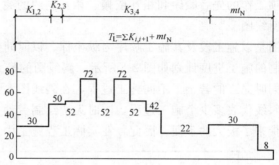

图 2-5 合理间断的流水施工

的不同采用专业队组或混合队组，以便满足流水施工的要求。

4）必须安排主导施工过程连续、均衡施工。对于工程量或劳动量较大，施工持续时间长的主导施工过程，必须安排在各施工段之间连续施工，并尽可能均衡施工；其他次要施工过程，可考虑与相邻施工过程合并或合理间断施工，以便缩短施工工期。

5）相邻施工过程之间最大限度地安排平行搭接施工。相邻施工过程之间除了必要的技术间歇（或组织间歇）之外，应最大限度地安排在不同的施工段上平行搭接施工。

（2）流水施工的优越性

流水施工是在依次施工和平行施工的基础上产生的，它既消除了依次施工和平行施工方法的缺点，又具有它们两者的优点。它的特点是保证了施工的连续性和均衡性，使各种物资资源可以均衡地使用，使施工企业的生产能力可以充分地发挥，劳动力得到了合理安排和使用，从而带来了较好的技术经济效果，具体可归纳为以下几点：

1）流水施工能合理地、充分地利用施工工作面，并使施工队组尽可能地连续作业，减少了施工队组转换工作种类的次数和间歇时间，减少了窝工现象，有利于争取时间，加快施工进度，从而缩短了拟建工程施工的总工期。

2）流水施工能使专业化程度较强的施工队组在较长的时期内进行相同的施工操作，并保证连续均衡施工，有利于提高工人的技术水平、改善劳动组织、改进操作方法和施工机具，因而有利于提高工程质量和劳动生产率。

3）由于流水施工的连续性、均衡性和劳动生产率的提高，可减少用工量和临时工程建造量，减少施工管理费等间接费用，降低工程成本，提高建筑施工企业的综合经济效益。

1.1.3 流水施工的表达方式

在实际工程施工中,主要用横道图和网络图来表达流水施工的进度计划。另外还有一种斜线图。

(1) 横道图

横道图是以施工过程的名称和顺序为纵坐标、以时间为横坐标而绘制的一系列分段上下相错的水平线段,用来分别表示各施工过程在各个施工段上工作的起止时间和先后顺序的图表。图 2-1 至图 2-5 为横道图。

(2) 网络图

网络图是由一系列的圆圈节点和箭线组合而成的网状图形,用来表示各施工过程或施工段上各项工作的先后顺序和相互依赖、相互制约的关系图。详见本单元课题 2。

(3) 斜线图

斜线图是以施工段及其施工顺序为纵坐标、以时间为横坐标绘制而成的斜线图形。用斜线图绘制的施工进度计划如图 2-6 所示。斜线图的最大缺点是实际工程施工中同时开始施工、并同时完工的若干个不同施工过程,在斜线图上只能用一条斜线表示,不好直观的看出一条斜线代表多少个施工过程,同时无法绘制劳动力或其他资源消耗动态曲线图,为指导施工带来了极大的不便。因此,在实际工程施工中很少采用斜线图。

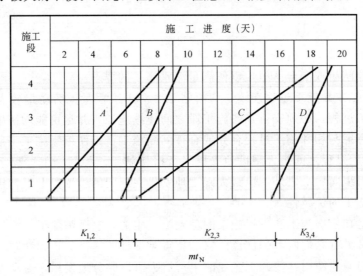

图 2-6 施工进度计划斜线图(垂直图)
A—基槽挖土;B—灰土层垫;C—砖砌基础;D—基槽回填土

1.2 流水施工的主要参数

前面已经提到,组织流水施工的基本条件是分段、专业组连续施工和搭接施工,通过这些措施充分利用空间和时间,达到提高工程施工的技术经济效果的目的。因此,工程对象的分段问题,施工过程的分解问题,专业组施工的合理搭接问题以及专业组的组织问题,是流水施工组织安排中的基本问题。围绕上述几个方面的问题,流水施工原理中归纳出几个主要参数,并通过这几个参数的合理选定进行流水施工的具体组织。

流水施工的主要参数有工艺参数、空间参数、时间参数。

1.2.1 工艺参数

工艺参数是指参与拟建工程流水施工,并用以表达施工工艺顺序和特征的施工过程数(或施工队组数),用符号 N 或 n 表示。

(1) 影响工艺参数划分的主要因素

1) 施工进度计划的性质和作用

对于建筑群、单项工程或规模大、结构复杂、工期较长的其他工程的控制性施工进度计划,其施工过程应划分粗些,综合性强些,可以分部工程或单位工程作为施工过程;对于中小型单位工程、工期不长的其他工程的实施性施工进度计划,其施工过程应划分细些、具体些,以便指导施工,一般以分项工程作为施工过程;对于月(旬)作业计划,有时均以单一的工种工程作为施工过程,按彻底分解流水方式组织施工。

2) 施工方案与工程结构的特点

厂房基础与设备基础的挖土、或承重墙与非承重墙的砌筑、或基槽回填土与室内地坪回填土的回填等,如同时施工应合并为一个施工过程,先后施工时应划分成两个施工过程。砖混结构、大墙板结构、装配式框架结构、现浇钢筋混凝土结构等不同的结构体系,其施工过程划分的内容和原则也各不相同。如钢筋混凝土工程,在砖混结构工程流水施工中,一般可合为一个施工过程;在现浇钢筋混凝土结构工程流水施工中,应划分为钢筋、模板、混凝土等三个不同的施工过程。

3) 劳动组织状况和施工过程劳动量的大小

施工过程的划分与当地的施工队组状况和施工习惯有关。如安装玻璃和油漆施工,有些地方和单位采用混合队组应合并为一个施工过程;有些地方和单位采用单一工种的专业施工队组,此时应划分为两个施工过程。施工过程的划分还与其劳动量的大小有关,劳动量过小的施工过程,当组织流水施工有困难时,可以与相邻的其他施工过程合并。如基础防潮层抹灰、砖基础中的地梁、构造柱现浇钢筋混凝土工程,均可合并在砖基础的施工过程中。

4) 施工内容的性质和范围

直接在工程对象上进行的施工活动及搭设施工用脚手架、运输井架、安装塔吊等均应划入流水施工过程,而钢筋加工、模板制作维修、构件预制、运输等一般不划入流水施工过程中。

(2) 工艺参数的计算要求

任何建筑工程的施工都可以分解为许多施工过程,施工过程的数目是流水施工工艺参数计算的基础,但这里定义的工艺参数是指一个流水组中的施工过程数。流水组是为了便于组织施工,将同一个施工对象中流水段划分不同的几个部分分开处理,分别组成若干个流水组,一般以一个分部工程为一个流水组。一个流水组涉及的工种中,只有那些组织到流水中的施工过程才属于工艺参数的计算范围。在组织工程的流水施工时,并不是所有的施工过程都进行流水作业,只有哪些对工程施工进程有直接影响的施工过程才进行流水作业。

工艺参数按下述不同情况确定:

1) 在流水施工中,每一个施工过程均只有一个施工队组先后开始施工时,工艺参数就是施工过程数 N 或 n;

2）在流水施工中，如有两个或两个以上的施工过程齐头并进地同时开工和完工，则这些施工过程应按一个施工过程计入工艺参数内；

3）在流水施工中，如某一施工过程有两个或两个以上的施工队组，间隔一定时间先后开始施工时，则应以施工队组数计入工艺参数内。

1.2.2 空间参数

空间参数是指参与拟建工程流水施工、并用以表达拟建工程在平面和空间上所处状态的施工段数和施工层数。用符号 M 或 m 表示。

划分施工段是组织流水施工的基础，只有分段才能将单件的建筑产品划分为具有若干个施工段的批量产品，才能满足"分工协作、批量生产"的流水施工要求，才能在保证工程质量的前提下，为各施工队组确定合理的空间活动范围，确保不同的施工队组能在不同的施工段上同时施工，以便达到连续、均衡施工，缩短工期的目的。

划分施工段的基本要求：

(1) 施工段的数目要合理。

施工段过多，则每个施工段上的工程量较少，势必要减少施工队组的工人数而使工期拖长；施工段过少，则每个施工段上的工程量较大，又会造成资源供应过于集中，施工段上人多、施工物资多、机械负荷大、相互干扰大，不利于组织流水施工，同样也会使工期拖长。因此，划分施工段时要综合考虑拟建工程的特点、施工方案、流水施工要求和总工期等因素，合理确定施工段的数目，以利于降低成本、缩短工期。

(2) 各个施工段上的劳动量（或工程量）要大致相等，相差不宜超过15%。

各施工段上的劳动量（或工程量）大致相等，才能保证在施工队组人数固定的情况下，使同一施工过程在各个施工段上施工持续时间相等，从而保证各施工队组有节奏地连续、均衡施工。

(3) 施工段的划分，通常是以主导施工过程为依据。

主导施工过程是指在一个流水组中，劳动量较大或技术复杂、工作持续时间最长的施工过程。它的工作持续时间对工程的工期起主导作用。例如，在砖混结构民用建筑房屋施工中，是以其主导施工过程——砌砖和楼板安装来划分的；而对于整体式现浇钢筋混凝土框架结构房屋，则以钢筋混凝土工程的施工需要来划分的。

(4) 确定施工段分界线位置时，应考虑拟建工程的轮廓形状、平面组成及结构构造特点。

要在确保拟建工程结构的整体性和工程质量以及不违反操作规程的前提下确定施工段分界线的位置。结构上不允许留施工缝的部位不能作为施工段的分界线。

在满足划分施工段的基本要求的前提下，可以考虑设置在以下部位：伸缩缝、沉降缝处；单元式住宅楼的单元分界线处，必要时也可设置在一个单元的中间处，此时墙体的施工段分界线应留设在对结构整体性影响较小的门窗洞口处，并减少留槎处的接槎工作量；多幢同类型建筑，可以一幢房屋作为一个施工段。另外，道路、管线等按长度方向延伸的工程，可按一定长度作为一个施工段。

(5) 要有足够的工作面，以保证施工人员和机械有足够的操作和回转余地。

所谓工作面，是指某专业工种的工人或施工机械在从事建筑产品施工生产过程中，所必须具备的活动空间。工作面确定的合理与否，直接影响到专业工种工人的劳动生产效率，对此，必须认真加以对待，合理确定。有关工种的工作面见表 2-2。

主要工种每名技工最小工作面参考数据表　　　　　　表 2-2

工 作 项 目	每个技工的工作面	说　　　明
砖基础	7.6m/人	以 1.5 砖计 2 砖乘以 0.83 3 砖乘以 0.55
砌砖墙	8.5m/人	以 1.5 砖计 2 砖乘以 0.71 3 砖乘以 0.55
毛石墙基	3m/人	以 600mm 宽计
毛石墙	3.3m/人	以 600mm 宽计
混凝土柱、墙基础	8m/人	机拌、机捣
混凝土设备基础	7m/人	机拌、机捣
现浇钢筋混凝土柱	2.45m/人	机拌、机捣
现浇钢筋混凝土梁	3.20m³/人	机拌、机捣
现浇钢筋混凝土楼板	5m³/人	机拌、机捣
预制钢筋混凝土柱	5.3m³/人	机拌、机捣
预制钢筋混凝土梁	3.6m³/人	机拌、机捣
预制钢筋混凝土屋架	2.7m³/人	机拌、机捣
预制钢筋混凝土平板、空心板	1.91m³/人	机拌、机捣
预制钢筋混凝土大型屋面板	2.62m³/人	机拌、机捣
混凝土地坪及面层	40m³/人	机拌、机捣
外墙抹灰	16m²/人	
内墙抹灰	18.5m²/人	
卷材屋面	18.5m²/人	
防水水泥砂浆屋面	16m²/人	
门窗安装	11m²/人	

（6）当组织多层或高层主体结构工程流水施工时，为确保主导施工过程的施工队组在层间也能保持连续施工，平面上的施工段数 m_0 与施工过程数 n 的关系应符合下列要求：

1）对于无间歇全等节拍流水，平面上的施工段数 m_0 要大于或等于施工过程数 m，即：

$$m_0 \geqslant n \tag{2-5}$$

2）对于有间歇全等节拍流水，平面上的施工段数 m_0 应大于或等于施工过程数与技术间歇占用的施工段数 $\sum t_j/t_i$ 之和，即：

$$m_0 \geqslant n + \frac{\sum t_j}{t_i} \tag{2-6}$$

3）对于不等节拍流水，主导施工过程在一个施工层上工作的总持续时间 $m_0 t_{\max}$ 应大于或等于所有施工过程在一个施工段上工作的持续时间 $\sum t_i$ 与技术间歇时间 $\sum t_j$ 之和，即：

$$m_0 t_{\max} \geqslant \sum t_i + \sum t_j \tag{2-7}$$

$$m_0 \geqslant \frac{\sum t_i + \sum t_j}{t_{\max}} \tag{2-8}$$

式中 t_{max} 为主导施工过程的流水节拍值。

【例 2-2】 某两层砖混结构房屋的主体工程,在组织流水施工时,将主体工程划分为砌砖墙和现浇钢筋混凝圈梁和楼板安装三个施工过程。每个施工过程在每个施工段上施工所需时间均为 3 天,试对 m_0 与 n 的关系进行计算与分析。

【解】 (1) 当 $m_0 = n = 3$ 时,其流水施工进度计划如图 2-7 所示。

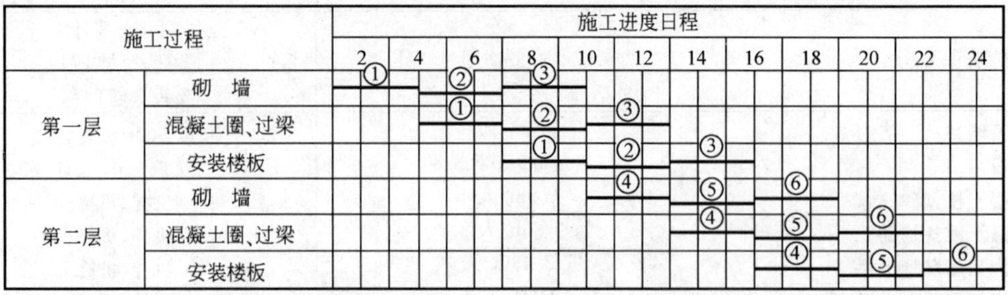

图 2-7 $m_0 = n$,取 $m_0 = 3$ 时的施工进度横道图

从图中可以看出:各施工队组均能保持连续施工,每一个施工段上均有施工队组施工,施工工作面能充分利用,也不会产生工人窝工现象,这是最理想的流水施工安排。

(2) $m_0 > n$ 时,例如取 $m_0 = 4$,其流水施工的横道进度计划如图 2-8 所示。

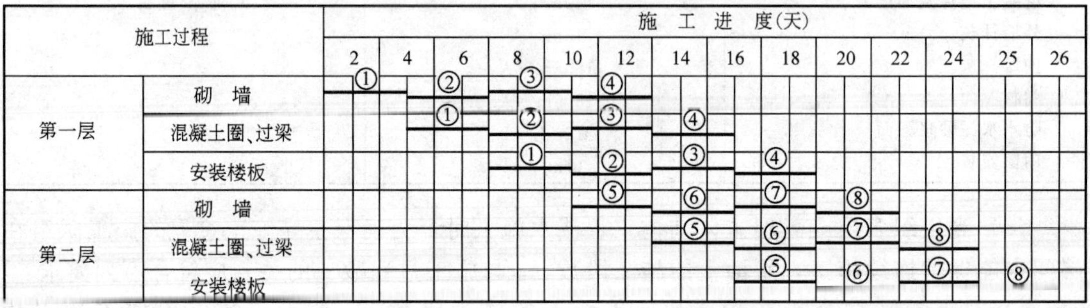

图 2-8 $m_0 > n$,取 $m_0 = 4$ 时的施工进度横道图

从图中可以看出:各施工队组均能保持连续施工,但施工段上的工作面不能充分利用,总有空闲的工作面。如 1 层 1 段现安装楼板第 9 天完成后,第 10 天就应开始砌 2 层 1 段的砖墙,但此时砌砖墙的施工队组正在砌第 1 层第 4 段的砖墙,直到第 12 天砌完第 1 层第 4 段砖墙,第 13 天才开始砌筑第 2 层第 1 段砖墙,使第 2 层第 1 段的工作面空闲了 3 天,因此,拖延了工期。在实际工程施工中,如果工作面空闲的时间不长,可利用空闲的工作面安排施工准备、测量放线等工作也是允许的。

(3) 当 $m_0 < n$ 时,例如取 $m_0 = 2$,其流水施进度计划如图 2-9 所示。

从图中可以看出:进入正常施工状态后(从第 4 天至第 22 天),任何一天、任何一个施工工作面上都有施工队组正在施工没有空闲工作面,施工工作面能得到充分利用;但各施工队组在从第 1 层转移到第 2 层时,第 2 层的第 1 段前一施工过程正在进行,致使各施工队组在层间转换施工段时出现停歇、窝工现象,这已经不是流水施工了。因此,全等节拍流水施工中,$m_0 < n$ 是不允许的。

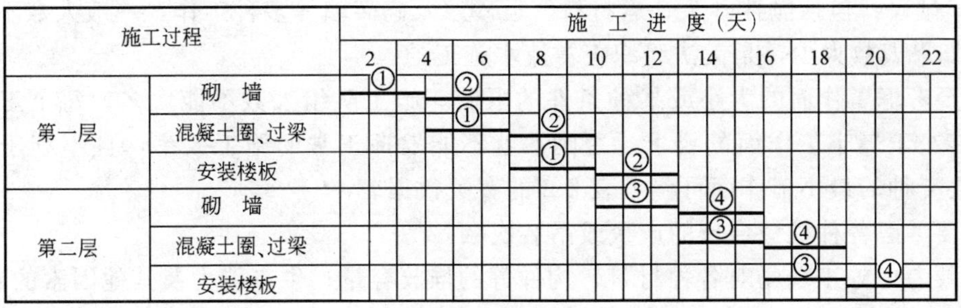

施工过程		施工进度（天）										
		2	4	6	8	10	12	14	16	18	20	22
第一层	砌 墙	①		②								
	混凝土圈、过梁		①		②							
	安装楼板			①		②						
第二层	砌 墙						③		④			
	混凝土圈、过梁							③		④		
	安装楼板								③		④	

图 2-9 $m_0 < n$，取 $m_0 = 2$ 时的施工进度横道图

同理，在有间歇全等节拍流水施工中，$m_0 < n + \frac{\sum t_j}{t_i}$ 是不允许的；在不等节流水施工中，$m_0 < \frac{\sum t_i + \sum t_j}{t_{\max}}$ 也是不允许的。

1.2.3 时间参数

时间参数是指在组织流水施工时，用以表达流水施工过程的工作时间、在时间排列上的相互关系和所处状态的参数。主要有以下几种：

（1）流水节拍

流水节拍是指在流水施工中，从事某一施工过程的施工队组在一个施工段上完成施工任务所需的工作持续时间，通常用 t_i 表示（i 代表施工过程的编号或代号）。

1）流水节拍的计算

流水节拍的大小直接关系到投入的劳动力、材料和机具的多少，决定着流水施工方式、施工速度和工期。因此，必须进行合理的选择和计算。主要的计算方法有：定额计算法、经验估算法和工期推算法等三种。后两种方法将在单位工程施工进度计时中讲述，此处只讲述定额计算法，其流水节拍可按下式计算：

$$t_i = \frac{P_i}{R_i b_i} = \frac{Q_i H_i}{R_i b_i} = \frac{Q_i}{S_i R_i b_i} \tag{2-9}$$

式中 t_i——某施工过程的流水节拍；

P_i——某施工过程在一个施工段上完成施工任务所需的劳动量（工日数）或机械台班数量（台班数），$P_i = Q_i H_i = \frac{Q_i}{S_i}$；

R_i——某施工过程的施工队组人数或机械台数；

b_i——某施工过程每天工作班制；

Q_i——某施工过程在一个施工段上的工程量；

H_i——某施工过程采用的时间定额；

S_i——某施工过程采用的产量定额，$S_i = \frac{1}{H_i}$。

2）确定流水节拍时应注意的问题

A. 施工队组的人数应符合该施工过程最少劳动组合人数的要求。所谓最少劳动组合，就是指某一施工过程进行正常施工所必须的最低限度的班组人数及其合理组合。如砌砖墙施工过程，包括搅拌砂浆、运材料、运砂浆及砌砖墙等多种工作，一般人数不宜少于20人，如果人数太少，是无法组织正常流水施工的。

B. 要考虑工作面的大小或某种条件的限制。施工队组人数不能太多，每个工人的工作面不能小于最小工作面的要求。否则，就不能发挥正常的施工效率，且不利于安全施工。主要工种的最小工作面可参考表2-2的有关数据。

C. 要考虑各种机械台班的产量或吊装次数。

D. 要考虑施工现场对各种材料、构件等的堆放容量、供应能力及其他因素的制约。

E. 要考虑施工及技术条件的要求。例如不能留施工缝的现浇混凝土工程，有时要按两班或三班工作制来确定流水节拍。

F. 确定一个分部工程的各施工过程流水节拍时，先应确定其主导施工过程的流水节拍，然后再确定其他次要施工过程的流水节拍。

G. 流水节拍值一般取整数，以天（或机械台班）为计算单位，必要时可考虑保留0.5天（或台班）的小数值。

（2）流水步距

流水步距是指在流水施工中，相邻两个施工过程的施工队组先后进入同一个施工段开始施工的最小间隔时间（不包括技术与组织间歇时间）。通常用$K_{i,i+1}$表示（i代表某一施工过程，$i+1$代表与施工过程i相邻的紧后施工过程）。

流水步距的大小，直接影响工期的长短。一般说来，在拟建工程的施工段数不变的情况下，流水步距越大，工期越长；流水步距越小，则工期越短。影响流水步距大小的主要因素有前后两个相邻施工过程的流水节拍、施工工艺技术要求、技术间歇与组织间歇时间、施工段数目、流水施工的组织方式等。流水步距的数目等于（$n-1$）。

1）确定流水步距的基本要求

A. 主要施工过程的专业队组连续施工。流水步距的最小长度，必须使主要施工专业队组进场后不发生停工、窝工现象。

B. 符合施工工艺要求。保证每个施工段的正常作业程序，不发生前一个施工过程尚未全部完成，而后一个施工过程提前介入的现象。

C. 最大限度合理搭接。为缩短工期，流水步距要保证相邻两个专业队在开工时间上最大限度、合理的平行搭接。

2）流水步距的计算方法

流水步距的计算方法很多，常用的主要有公式法、图上分析计算法和累加数列法（潘特考夫斯基法），而累加数列法较为简捷、实用。流水步距的计算，详见本单元中的有关内容。

（3）技术与组织间歇时间

在组织流水施工时，有些施工过程完成后，后续施工过程不能立即投入施工，必须有足够的间歇时间。由建筑材料或现浇构件工艺性质决定的间歇称为技术间歇时间。如混凝土浇筑后的养护时间，水泥砂浆找平层、楼地面和油漆面的干燥时间等。由于施工组织的原因造成的间歇称为组织间歇。如基础回填土前地下管道的检查验收，施工机械转移和砌筑墙体前的墙身位置弹线，以及其他作业前的准备工作。技术与组织间歇时间通常用t_j表示。

(4) 平行搭接时间

在组织流水施工时,有时为了缩短工期,在工作面允许的条件下,如果前一个施工队组完成部分施工任务后,能够提前为后一个施工队组提供工作面,使后者提前进入前一个施工段,两者在同一个施工段上平行搭接施工,这个搭接时间称为平行搭接时间,通常用 t_d 表示。

(5) 工期

工期是指完成一项工程任务或一个流水组的施工时,从第一个施工过程进入第一个施工段开始施工算起到最后一个施工过程退出最后一个施工段施工的整个持续时间。一项工程的施工工期用 T 表示;一个流水组的施工工期用 T_L 表示。工期一般可采用下式计算:

$$T_L = \sum K_{i,i+1} + T_N + \sum t_j - \sum t_d \tag{2-10}$$

式中 T_L——流水组工期;

$K_{i,i+1}$——流水施工中,各流水步距之和;

T_N——流水施工中,最后一个施工过程的持续时间;

$\sum t_j$——所有技术与组织间歇之和;

$\sum t_d$——所有平行搭时间之和。

1.3 流水施工的分类

1.3.1 按流水施工的组织范围划分

(1) 分项工程流水

分项工程流水又称细部流水或施工过程流水。它是在一个分项工程内部各施工段之间进行连续作业的流水施工方式。它是组织拟建工程流水施工的基本单元。

(2) 分部工程流水

分部工程流水又称专业流水。它是在一个分部工程内部由各分项工程流水组合而成的流水施工方式,是分项工程流水的工艺组合。

(3) 单位工程流水

单位工程流水又称项目流水。它是在一个单位工程内部由各分部工程流水或各分项工程流水组合而成的流水施工方式。它是分部工程流水的扩大和组合,也可以是全部由分项工程流水组合而成的流水施工方式。

(4) 建筑群体工程流水

建筑群体工程流水又称综合流水,俗称大流水施工。它是指在住宅小区、工业厂区等建筑群体工程建设中,由多个单位工程的流水施工组合而成的流水施工方式。它是单位工程流水的综合与扩大。

1.3.2 按施工过程分解的程度划分

(1) 彻底分解流水

彻底分解流水是指将拟建工程的某一分部工程分解成均由单一工种完成的施工过程,并由这些分解程度相同的施工过程组织而成的流水施工方式。其优点是:各施工队组工作单一、专业性强,有利于提高工作效率、确保工程质量;其缺点是:对各施工队组的配合、协调关系要求高，分工太细，有时很难安排和编制出简单明晰、直观醒目的施工进度计划，并使施工管理更加复杂、困难。因此，只有在以现浇钢筋混凝土结构为主的、特殊的分部工程施工中，才采用彻底分解流水的组织方式。

(2) 局部分解流水

局部分解流水是指将拟建工程的某一分部工程，根据工程的具体情况、施工队组的现状及其合理配合施工的原则，划分成有彻底分解的施工过程，也有由多个工种配合组成的混合施工队组进行施工的不彻底分解的施工过程，并由这些分解程度不同的施工过程组织而成的流水施工方式。在一般分部工程流水施工中，多采用局部分解流水的组织方式。

1.3.3 按流水施工节奏特征划分

按节奏特征不同，又分为有节奏流水和无节奏流水两类，其中有节奏流水还可分为全等节拍流水和不等节拍流水两种，而不等节拍流水中的一种特殊的流水施工方式又称为成倍节拍流水。各种流水施工方式之间的关系，如图 2-10 所示。

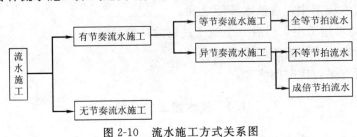

图 2-10 流水施工方式关系图

1.4 全等节拍流水施工

全等节拍流水是指在流水施工中，同一施工过程在各个施工段上的流水节拍均相等，不同施工过程的流水节拍也相等的流水施工方式。即各施工过程流水节拍均为常数，故也称为固定节拍流水。

【例 2-3】 某工程划分为 A、B、C、D 四个施工过程，每个施工过程分四个施工段，流水节拍均为 2 天，组织全等节拍流水施工，其进度计划安排如图 2-11 所示。

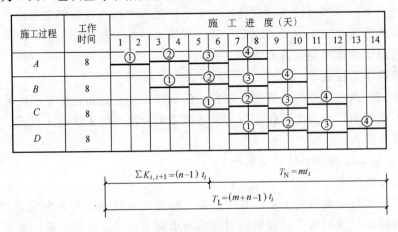

图 2-11 全等节拍流水施工进度计划

1.4.1 全等节拍流水施工的特征

(1) 各施工过程在各施工段上的流水节拍彼此相等；

如有 n 个施工过程，流水节拍为 t_i，则 $t_1=t_2=\cdots=t_n$，$t_i=t$（常数）

(2) 无间歇时流水步距彼此相等，而且等于流水节拍值，即：

$$K_{1,2}=K_{2,3}=\cdots=K_{n-1,n}=K=t\text{（常数）}$$

(3) 各专业工作队在各施工段上能够连续作业，各施工段之间没有空闲时间；

(4) 施工班组数等于施工过程数。

1.4.2 全等节拍流水步距的确定

$$K_{i,i+1}=t_i \tag{2-11}$$

1.4.3 全等节拍流水施工工期的计算

在全等节拍流水施工中，如流水组中的施工过程数为 n，施工段总数为 m，所有施工过程的流水节拍均为 t_i，流水步距的数量为 $n-1$，则：

$$T_L=(m+n-1)t_i+\sum t_j-\sum t_d \tag{2-12}$$

1.4.4 全等节拍流水施工的组织方法

首先将拟建工程按通常方法划分施工过程，并将劳动量较小的施工过程合并到相邻施工过程中去，以使各施工过程的流水节拍相等；然后确定主导施工过程的施工队组人数，并利用公式（2-9）计算其流水节拍；最后根据已定的流水节拍，确定其他施工过程的施工队组人数及其工种组成。

【例 2-4】 某五层 4 个单元的砖混结构住宅的基础工程，每一个单元的施工工序、工程量分别为基槽挖土 $180m^3$，混凝土垫层 $16m^3$，钢筋混凝土条形基础绑扎钢筋 2.8t，浇混凝土 $35m^3$，砌砖基础墙 $45m^3$，基础回填土 $84m^3$，（见表 2-3）。垫层混凝土和条形基础混凝土浇筑完毕，各要养护 1 天方可进行下道工序施工。现已决定一个单元为一个施工段，按一班制组织流水施工。试按全等节拍流水组织施工，计算施工工期，并绘制施工进度横道图。

各工序的施工程序、工程量等指标　　　　　　　　表 2-3

序号	施工过程		工程量		劳动量	班组人数	工作班制	流水节拍
			数量	单位				
1	挖土及垫层	基槽挖土	180	m^3	92	31	1	3
		混凝土垫层	16	m^3	14	5		
2	混凝土基础	绑扎钢筋	2.8	t	12	4	1	3
		浇混凝土	35	m^3	30	10		
3	砌砖基础		45	m^3	53	18	1	3
4	基础回填土		84	m^3	23	8	1	3

【解】（1）划分施工过程

由于混凝土垫层的工程量较小，将其与相邻的基槽挖土合并成一个"挖土及垫层"施工过程；将工程量较小的绑扎钢筋与浇混凝土条形基础合并成一个"混凝土基础"施工过程。

(2) 确定主导施工过程的施工队组人数和流水节拍

本例题中劳动量最大的"基槽挖土、混凝土垫层"是主导施工过程,根据现有的该施工队组人数(或综合考虑流水节拍后调整的施工队组人数),按公式(2-9)计算出主导施工过程的流水节拍 t_i:

$$t_i = \frac{p_i}{R_i b_i} = \frac{92+14}{(31+5) \times 1} = \frac{106}{36} = 3 \text{天}$$

(3) 根据主导施工过程的流水节拍,确定其他施工过程施工队组人数

将公式(2-9)中 t_i 与 R_i 的位置互换,导出下式:

$$R_i = \frac{p_i}{t_i b_i} \tag{2-13}$$

根据其他施工过程的劳动量和主导施工过程的流水节拍 $t_i = 3$,用公式(2-12)计算出其他施工过程的施工队组人数,其计算结果见表 2-3。

(4) 计算施工工期

$$T_L = (m+n-1)t_i + \sum t_j - \sum t_d = (4+4-1) \times 3 + (1+1) = 23 \text{天}$$

在工程项目施工工期已经规定的情况下,也可以采用倒排进度的方法,按全等节拍流水施工方法组织施工。

此时只需将全等节拍流水施工的工期计算公式(2-12)移项,即可导出组织全等节拍流水施工的流水节拍值 t_i,并用公式(2-13)计算出各施工队组人数 R_i。

$$t_i = \frac{T_L - (\sum t_j - \sum t_d)}{m+n-1} \tag{2-14}$$

(5) 绘制施工进度计划表。如图 2-12。

序号	施工过程	班组人数	工作天数	施工进度(天)												
				2	4	6	8	10	12	14	16	18	20	22	24
1	挖土及垫层	36	12	①		②		③		④					
2	混凝土基础	14	12			t_i	①		②		③		④		
3	砌砖基础	18	12					t_j	①		②		③		④
4	回填土	8	12							①		②		③	④

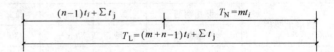

图 2-12 全等节拍流水施工进度计划

1.5 不等节拍流水

不等节拍流水也称异节拍流水,是指在流水施工中,同一施工过程在各个施工段上的

流水节拍均完全相等，但不同施工过程之间的流水节拍不完全相等的流水施工方式。其施工进度横道计划如图2-4、图2-5所示。

1.5.1 不等节拍流水施工的特征

(1) 同一施工过程在各个施工段上的流水节拍均相等，不同施工过程之间的流水节拍不完全相等；

(2) 各施工过程之间的流水步距不一定相等；

(3) 专业队组数等于施工过程数。

1.5.2 不等节拍流水步距的确定

不等节拍流水步距可根据公式（2-15）确定。

$$\begin{cases} K_{i,i+1}=t_i & （当 t_i \leqslant t_{i+1} 时） \\ K_{i,i+1}=t_i+(m-1)(t_i-t_{i+1}) & （当 t_i > t_{i+1} 时） \end{cases} \quad (2\text{-}15) \\ (2\text{-}16)$$

1.5.3 不等节拍流水施工工期的计算

不等节拍流水施工工期可根据公式（2-17）确定。

$$T_L = \sum K_{i,i+1} + mt_N + \sum t_j - \sum t_d \quad (2\text{-}17)$$

1.5.4 不等节拍流水施工的组织方法

不等节拍流水施工的组织方法是：首先将拟建工程按通常做法划分成若干个施工过程，并进行调整。主要施工过程要单列，某些次要施工过程可以合并，也可以单列，以便使进度计划既简明清晰、重点突出，又能起到指导施工的作用；然后根据从事主导施工过程施工队组人数计算其流水节拍，或根据合同规定工期，采用工期推算法确定主导施工过程的流水节拍；再以主导施工过程的流水节拍为最大流水节拍，确定其他施工过程的流水节拍和施工队组人数。对于主体结构工程的不等节拍流水施工，还应满足 $m_0 t_{max} \geqslant \sum t_i + \sum t_j$ 的要求，以便确保主导施工过程的连续。最后绘制施工进度横道计划图。

【例 2-5】 在上例基础工程中，调整施工班组人数后，四个施工过程的流水节拍分别为：挖土及垫层 $t_1=3$ 天，混凝土基础 $t_2=2$ 天，砖砌基础 $t_3=3$ 天，回填土 $t_4=2$ 天，其它条件不变。试计算相邻施工过程之间的流水步距 $\sum K_{i,i+1}$，流水组工期 T_L，并绘制进度计划表。

【解】 (1) 确定流水步距 $\sum K_{i,i+1}$

根据已知条件可知，此工程可组织成不等节拍流水施工，其流水步距可用公式（2-15）计算。

1) 因为 $t_1=3$ 天 $>t_2=2$ 天，所以
$$K_{1,2}=t_1+(m-1)(t_1-t_2)=3+(4-1)\times(3-2)=3+3=6 \text{ 天}$$

2) 因为 $t_2=2$ 天 $<t_3=4$ 天，所以
$$K_{2,3}=t_2=2 \text{ 天}$$

3) 因为 $t_3=3$ 天 $>t_4=2$ 天，所以
$$K_{3,4}=t_3+(m-1)(t_3-t_4)=3+(4-1)\times(3-2)=3+3=6 \text{ 天}$$

(2) 计算流水组工期 T_L
$$T_L=\sum K_{i,i+1}+mt_N+\sum t_j-\sum t_d=(6+2+6)+4\times 2+(1+1)=14+8+2=24 \text{ 天}$$

(3) 绘制进度计划，图2-13所示

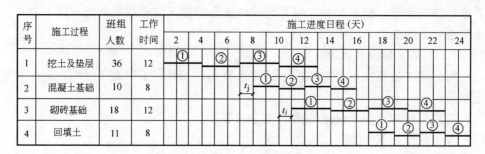

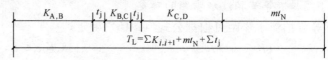

图 2-13 不等节拍流水施工进度计划

1.6 成倍节拍流水

成倍节拍流水是指在不等节拍流水施工方式中，所有施工过程的流水节拍均为其中最小流水节拍的整数倍，然后每个施工过程再按倍数关系组织相应的施工队组数目，并安排各施工队组间隔某一时间先后进入不同施工段进行流水施工的组织方式。

1.6.1 成倍节拍流水施工的特征

（1）同一施工过程的流水节拍相等，不同施工过程的流水节拍是其中最小流水节拍的整数倍；

（2）流水步距彼此相等，且等于最小的流水节拍；

（3）各专业队组能够保证连续施工，施工段间没有空闲；

（4）施工队组数（n_1）大于施工过程数（n）。

$$n_1 = \sum b_i \tag{2-18}$$

$$b_i = \frac{t_i}{t_{\min}} \tag{2-19}$$

式中　n_1——施工队组数总和；

　　　b_i——第 i 个施工过程的施工队组数。

1.6.2 成倍节拍流水步距的确定

成倍节拍流水步距可根据式（2-20）确定。

$$K_{i,i+1} = t_{\min} \tag{2-20}$$

1.6.3 成倍节拍工期的确定

成倍节拍工期可根据式（2-21）确定。

$$T_L = (m+n-1)t_{\min} + \sum t_j - \sum t_d \tag{2-21}$$

1.6.4 成倍节拍流水施工的组织方法

成倍节拍流水施工的组织方法是：首先将拟建工程划分为若干个施工过程，并将其在平面和空间划分成不同的施工段；然后计算和确定主导施工过程和其他施工过程的流水节拍，使之成为不等节拍流水，并采用增减施工队组人数的方法来调整各施工过程的流水节拍，以确保每个施工过程的流水节拍均为其中最小流水节拍的整数倍；再按倍数关系组织相应的施工队组数目,并按成倍节拍流水的要求安排各施工队组先后进入流水施工;最后绘制施工进度计划横道图。

【**例 2-6**】 某建筑群共有六幢同样的住宅楼基础工程,其施工过程和流水节拍为基槽挖土 $t_A=3$ 天,混凝土垫层 $t_B=1$ 天,砖砌基础 $t_C=3$ 天,基槽回填土 $t_D=2$ 天,混凝土垫层完成后,技术间歇一天。试计算成倍节拍流水施工的总工期并绘制施工进度计划横道图。

【**解**】 (1) 计算每个施工过程的施工队组数 b_i:

根据公式 (2-19), $b_i = \dfrac{t_i}{t_{\min}}$,取 $t_{\min} = t_B = 1$ 天,则:

$$b_A = \frac{t_A}{t_{\min}} = \frac{3}{1} = 3$$

$$b_B = \frac{t_B}{t_{\min}} = \frac{1}{1} = 1$$

$$b_C = \frac{t_C}{t_{\min}} = \frac{3}{1} = 3$$

$$b_D = \frac{t_D}{t_{\min}} = \frac{2}{1} = 2$$

(2) 计算施工队组总数 n_1

$$n_1 = \sum b_i = b_A + b_B + b_C + b_D = 3 + 1 + 3 + 2 = 9$$

(3) 计算工期 T_L:

$$T_L = (m + m - 1)t_{\min} + \sum t_j - \sum t_d = (6 + 9 - 1) \times 1 + 1 = 14 + 1 = 15 \ (\text{天})$$

(4) 绘制施工进度计划横道图

序号	施工过程	施工队组	工作天数	施工进度日程 1 2 3 4 5 6 7 8 9 10 11 12 13 14 15 16
A	基槽挖土	A_1	6	①———④
		A_2	6	②———⑤
		A_3	6	③———⑥
B	混凝土垫层	B_1	6	①②③④⑤⑥
C	砌砖基础	C_1	6	①———④
		C_2	6	②———⑤
		C_3	6	③———⑥
D	基槽回填土	D_1	6	①③⑤
		D_2	6	②④⑥

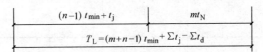

$$T_L = (m + n - 1)t_{\min} + \sum t_j - \sum t_d$$

图 2-14 成倍节拍流水施工进度横道图

本题的施工进度横道图见图 2-14。

1.7 无节奏流水

无节奏流水是指在流水施工中，同一施工过程在各个施工段上的流水节拍不完全相等的一种流水施工方式。

1.7.1 无节奏流水施工的特征

（1）同一施工过程在各个施工段上的流水节拍不完全相等，不同施工过程之间的流水节拍也不完全相等；

（2）各施工过程之间的流水步距不一且差异较大；

（3）施工班组数等于施工过程数。

1.7.2 无节奏流水施工流水步距的确定

各施工过程均连续流水施工时，流水步距的通用计算方法是"累加数列法"。

"累加数列法"是指累加数列错位相减取最大差值，其计算过程可表述为：

（1）将每个施工过程的流水节拍逐段累加，求出累加数列 $\sum_{i=1}^{m} t_i$；

（2）根据施工顺序，对求出的前后相邻的两累加数列错位相减，$\sum_{i=1}^{m} t_i - \sum_{i=1}^{m-1} t_{i+1}$；

（3）取其最大差值 $\max\{\sum_{i=1}^{m} t_i - \sum_{i=1}^{m-1} t_{i+1}\}$；

（4）求出流水步距 $K_{i,i+1} = \max\{\sum_{i=1}^{m} t_i - \sum_{i=1}^{m-1} t_{i+1}\}$； (2-22)

这种流水步距的计算方法简捷、准确、通用性强，因此应用广泛。对于无节奏的流水施工，仅有此种流水步距的计算方法。具体计算方法、步骤见例 2-7。

1.7.3 无节奏流水施工的工期计算

无节奏流水施工的工期可根据公式（2-23）确定。

$$T_L = \sum K_{i,i+1} + T_N + \sum t_j - \sum t_d \quad (2-23)$$

式中 T_N——表示最后一个施工过程的持续时间。

1.7.4 无节奏流水施工的组织

组织无节奏流水施工的基本要求与不等节拍流水相同，即要保证各施工过程的工艺顺序合理，各施工队组在各施工段之间尽可能连续施工，在不得有两个或多个施工队组在同一施工段上交叉作业的条件下，最大限度地组织平行搭接施工，以缩短工期。

【例 2-7】 某工程由 A、B、C、D 四个施工过程组成，拟定分五个施工段组织流水施工，各施工过程的流水节拍如表 2-4 所示。施工技术要求，第二个施工过程完成后，要间

某工程的流水节拍值（天） 表 2-4

t \ m	①	②	③	④	⑤
A	3	5	4	2	3
B	4	6	3	4	2
C	2	3	4	3	3
D	6	4	2	4	3

歇 2 天方可进行后面施工过程的施工。试计算相邻施工过程之间的流水步距、工期，并绘制出施工进度计划。

【解】（1）确定流水步距

1）求各施工过程流水节拍的累加数列。

$$\sum t_A: \quad 3 \quad 8 \quad 12 \quad 14 \quad 17$$
$$\sum t_B: \quad 4 \quad 10 \quad 13 \quad 17 \quad 19$$
$$\sum t_C: \quad 2 \quad 5 \quad 9 \quad 12 \quad 15$$
$$\sum t_D: \quad 6 \quad 10 \quad 12 \quad 16 \quad 19$$

2）错位相减得差值。

$$
\begin{array}{r}
\sum t_A - \sum t_B: \quad 3 \quad 8 \quad 12 \quad 14 \quad 17 \quad 0 \\
-)\quad 0 \quad 4 \quad 10 \quad 13 \quad 17 \quad 19 \\
\hline
3 \quad 4 \quad 2 \quad 1 \quad 0 \quad -19
\end{array}
$$

$$
\begin{array}{r}
\sum t_B - \sum t_C: \quad 4 \quad 10 \quad 13 \quad 17 \quad 19 \quad 0 \\
-)\quad 0 \quad 2 \quad 5 \quad 9 \quad 12 \quad 15 \\
\hline
4 \quad 8 \quad 8 \quad 8 \quad 7 \quad -15
\end{array}
$$

$$
\begin{array}{r}
\sum t_C - \sum t_D: \quad 2 \quad 5 \quad 9 \quad 12 \quad 15 \quad 0 \\
-)\quad 0 \quad 6 \quad 10 \quad 12 \quad 16 \quad 19 \\
\hline
2 \quad -1 \quad -1 \quad 0 \quad -1 \quad -19
\end{array}
$$

3）计算流水步距。

$$K_{A,B} = \max\{3, 4, 2, 1, 0, -19\} = 4 \text{（天）}$$
$$K_{B,C} = \max\{4, 8, 8, 8, 7, -15\} = 8 \text{（天）}$$
$$K_{C,D} = \max\{12, -1, -1, 0, -1, -19\} = 2 \text{（天）}$$

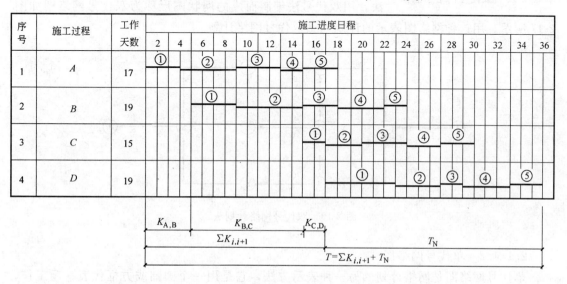

图 2-15　无节奏流水施工进度横道图

(2) 计算工期
$$T_L = \sum K_{i,i+1} + T_N + \sum t_j - \sum t_d = (4+8+2) + 19 + 2 = 35 \text{（天）}$$

其进度计划如图 2-15 所示。

流水施工的具体应用，见本单元课题 3。

课题 2　网络计划基本知识

2.1　网络计划概述

网络计划是用来表达工作计划的一种方法，工程上用来表示工程施工的进度计划。它既是一种科学的计划方法，又是一种有效的施工管理方法。其基本原理是：先以网络图的形式表示出施工过程的先后顺序（称逻辑关系），然后通过时间参数计算找出关键的线路及施工过程，再根据工期、成本、质量、资源等目标要求进行调整，选择优化方案，以期达到以最小的消耗取得最大经济效益的目的。

2.1.1　网络图及其表示方法

所谓网络图是指由箭线和节点组成，用来表示各项工作的开展顺序及彼此间的逻辑关系的网状图形。

按箭线和节点所代表的含义不同，网络图可分为双代号网络图和单代号网络图。

2.1.1.1　双代号网络图

用一条箭线表示一项工作（或工序、施工过程、活动等），工作名称写在箭线上面，工作持续时间写在箭线下面，箭尾表示工作的开始，箭头表示工作的结束，在箭线的两端

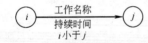

图 2-16　双代号网络示意图

分别画一个圆圈作为节点，并在节点内进行编号，用箭尾节点号码 i 和箭头节点号码 j 作为这个工作的代号，如图 2-16 所示。由于各工作均用两个代号表示，所以叫做双代号表示法。用双代号法编制而成的网状图形称为双代号网络图如图 2-17 所示。用这种网络图表示的计划叫做双代号网络计划。

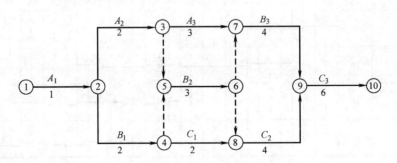

图 2-17　双代号网络计划法

2.1.1.2　单代号网络图

单代号网络图是网络计划的另一种表示方法，它是用一个圆圈或方框代表一项工作，工作名称、工作代号、工作时间都标注在圆圈或方框内，用箭线表示工作之间的逻辑关

系，这就是单代号表示法，如图 2-18 所示。用这种表示方法编制而成的网状图形称为单代号网络图，如图 2-19 所示。用这种网络图表示的计划称为单代号网络计划。

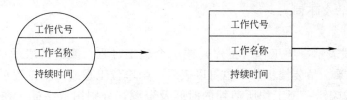

图 2-18 单代号网络图中节点的表示方法

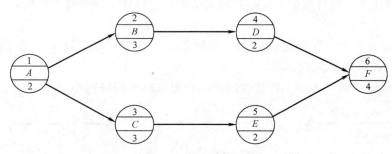

图 2-19 单代号网络计划

2.1.2 网络计划的优缺点

网络计划同横道计划相比具有以下优缺点。

（1）优点

1) 能明确地反映各项工作之间的逻辑关系，使各项工作组成一个有机的整体；

2) 由于各项工作之间的逻辑关系明确，便于进行各种时间参数计算，有助于进行定量分析；

3) 能在错综复杂的计划中找出影响整个工程进度的关键工作，便于管理人员集中精力抓施工中的主要矛盾，确保按期竣工，避免施工的盲目性；

4) 可以利用计算得出的某些工作的机动时间，更好地利用和调配人力、物力，达到降低成本的目的；

5) 可以用电子计算机对复杂的计划进行计算、调整与优化，实现计划管理的科学化。

（2）缺点

1) 表达计划不直观、不形象，一般施工人员和工人不易看懂，因而阻碍了网络计划的推广和应用；

2) 网络计划不能反映各施工过程在各施工段间是否连续施工，因此网络计划不能清楚地反映流水施工的特点和要求；

3) 不易显示资源平衡情况等。

以上不足之处可以采用时标网络计划来弥补。

2.2 双代号网络图的绘制

2.2.1 构成双代号网络图的基本要素

双代号网络图由箭线、节点和线路三个基本要素构成。

(1) 箭线

网络图中一端带箭头的线段叫箭线。在双代号网络图中，箭线有实箭线和虚箭线两种，两者表示的含义不同。

1) 实箭线的含义

A. 一根箭线表示一项工作（工序）或一个施工过程。实箭线表示的工作可大可小，如砌墙、浇筑圈梁、吊装楼板等，也可以表示一个单位工程或一个工程项目，如图2-21。

B. 一根箭线表示一项工作所消耗的时间及资源，分别用数字标注在箭线的下方和上方。一般而言，每项工作的完成都要消耗一定的时间及资源，如挖土、混凝土垫层等；也存在些只消耗时间不消耗资源的工作，如混凝土养护、墙体干燥等技术间歇，也须用实箭线表示。

C. 箭线所指方向为工作前进的方向，箭尾表示工作的开始，箭头表示工作的结束。各项工作间的关系如图2-20所示。

D. 箭线的长短一般不表示工作持续时间的长短（时标网络例外）。

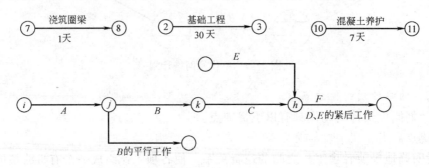

图2-20 双代号工作示意图

2) 虚箭线的含义

在双代号网络图中，虚箭线仅表示工作间的逻辑关系。它既不占用时间，也不消耗资源，其表示方式如图2-21所示。

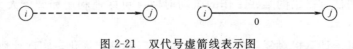

图2-21 双代号虚箭线表示图

(2) 节点

节点就是网络图中两项工作之间的交接之点，用圆圈表示。

1) 节点的含义

在双代号网络图中，节点有以下含义：

A. 表示前一项工作结束和后面一项工作开始的瞬间，节点不占用时间和资源。

B. 箭线的箭尾节点表示该工作的开始，箭线的箭头节点表示该工作的结束。

C. 根据节点位置不同，分为起始节点、终点节点和中间节点。起始节点就是网络图的第一个节点，它表示一项计划（或工程）的开始；终点节点就是网络图的最后一个节点，它表示一项计划（或工程）的结束；其余节点都称为中间节点，它既表示紧前各工作的结束，也表示紧后各工作的开始，如图2-22所示。

2) 节点的编号

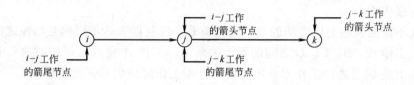

图 2-22 节点示意图

网络计划中的每个节点都有自己的编号,以便赋予每项工作以代号,便于计算网络计划的时间参数和检查网络计划是否正确。

A. 节点编号的原则。在对节点进行编号时必须满足两条基本原则:其一,箭头节点的编号大于箭尾节点的编号;其二,编号不能重复,号码可以连续,也可以不连续。

B. 节点编号的方法有两种:一种是水平编号法,即从起始节点开始由上到下逐行编号,每行则自左到右按顺序编号,如图 2-23 所示;另一种是垂直编号法,即从起始节点开始自左到右逐列编号,每列则根据编号原则要求进行编号,如图 2-24 所示。

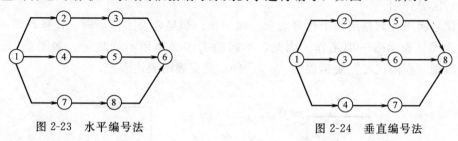

图 2-23 水平编号法　　　　图 2-24 垂直编号法

(3) 线路和关键线路

1) 线路

网络计划中从起始节点开始,沿箭头方向,通过一系列箭线与节点,最后达到终点节点的通路称为线路。一个网络计划中,从起始节点到终点节点,一般都存在着许多条线路,每条线路都包含若干项工作,这些工作的持续时间之和就是该线路的总时间长度,即线路上总的持续时间。

2) 关键线路和关键工作

线路上总持续时间最长的线路称为关键线路,其他线路称为非关键线路。位于关键线路上的工作称为关键工作。在关键线路上没有任何机动时间,线路上的任何工作拖延时间,都会导致总工期的后延。

一般来说,一个网络计划中至少有一条关键线路。关键线路也不是一成不变的,在一定的条件下,关键线路和非关键线路会相互转化。例如,当采取技术组织措施,缩短关键工作的持续时间,或延长非关键工作的持续时间时,关键线路就有可能发生转移。网络计划中,关键工作的比重不宜过大,这样有利于抓主要矛盾。

关键线路宜用粗箭线、双箭线或彩色箭线标注,以突出其在网络计划中的重要位置。

2.2.2　虚箭线(工作)的应用

在双代号网络计划中,虚箭线不是一项正式的工作,而是在绘制网络图时根据逻辑关系增设的一项"虚拟工作"。虚箭线的作用主要用于正确表达各工作之间的关系,避免出现逻辑错误。虚箭线的主要作用是连接、区分和断路三个作用。

(1) 连接作用

虚箭线不仅能表达工作之间的逻辑连接关系，而且能表达不同幢号房屋之间的相互联系。例如，工作 A、B、C、D 之间的逻辑关系为：工作 A 完成后可同时进行 C、D 两项工作，工作 B 完成后进行工作 D。不难看出，A 工作完成后其紧后工作为 C、D，B 工作完成后其紧后工作为 D，很容易表达，但 D 又是 A 的紧后工作，为把 A 和 D 联系起来，必须引入虚箭线，逻辑关系才能正确表达，如图 2-25 所示。图 2-26 是在不同工程项目的工作之间相互有联系时的应用。

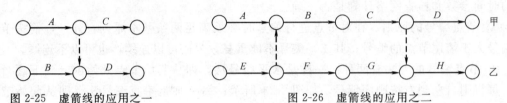

图 2-25 虚箭线的应用之一　　　　图 2-26 虚箭线的应用之二

(2) 区分作用

双代号网络计划是用两个代号表示一项工作。如果两项工作用同一代号，则不能明确表示出该代号表示哪一项工作。因此，不同的工作必须用不同代号。如图 2-27 (a) 所示，图出现"双同代号"是错误的，2-27 (b) 是正确的表达形式。

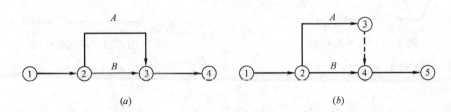

图 2-27 虚箭线的应用之三
(a) 错误；(b) 正确

(3) 断路作用

如图 2-28 所示为某基础工程挖基槽 (A)、垫层 (B)、墙基 (C)、回填土 (D) 四项工作的流水施工网络计划。该网络计划中出现了挖 2 与基 1，垫 2 与填 1，等四处把并无联系的工作联系上了，即出现了多余联系的错误。

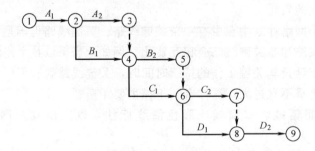

图 2-28 逻辑关系错误

为了正确表达工作间的逻辑关系，在出现逻辑错误的节点之间增设新节点（即虚箭线）、切断毫无关系的工作之间的关系，这种方法称为断路法。如图 2-29 所示。

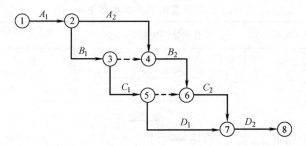

图 2-29 虚箭线的应用之四—正确表达逻辑关系

由此可见，网络计划中虚箭线是非常重要的，正确理解虚箭线的作用对我们识读双代号网络图有很大的帮助。

2.2.3 网络图的逻辑关系及正确表示方法

网络图中的逻辑关系是指网络计划中所表示的各项工作之间客观存在或主观上安排的先后顺序关系。这种顺序关系划分为两类：一类是施工工艺关系，即工艺逻辑关系；另一类是施工组织关系，即组织逻辑关系。

（1）工艺关系

工艺关系是指生产工艺上客观存在的先后顺序关系，或者是非生产性工作之间由工艺程序决定的先后顺序关系。例如，建筑工程施工时，先做基础，后做主体；先做结构，后做装修。工艺关系是不能随意改变的，如图 2-25 所示，挖 1-基 1-填 1、挖 2-基 2-填 2、挖 3-基 3-填 3 为工艺关系。

（2）组织关系

组织关系是指在不违反工艺关系的前提下，人为安排的工作的先后顺序关系。例如，建筑群中各个建筑物的开工顺序的先后、施工对象的分段流水作业等。组织顺序可以根据具体情况，按安全、经济、高效的原则统筹安排。如图 2-30 所示，挖 1-挖 2-挖 3、基 1-基 2-基 3、填 1-填 2-填 3 等为组织关系。

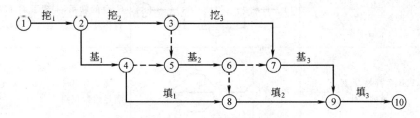

图 2-30 某基础工程施工逻辑关系

绘制网络图前，要正确确定工作顺序，明确各工作之间的逻辑关系，根据工作间的先后顺序逐步把代表各项工作的箭线连接起来，绘制成网络图。常见的逻辑关系表达示例见表 2-5 所示。

2.2.4 绘制网络图的基本规则

（1）双代号网络图必须表达已定的逻辑关系。

（2）在双代号网络图中，严禁出现循环回路。即不允许从一个节点出发，沿箭线方向再返回到原来的节点。在图 2-31 中，②—③—④就组成了循环回路，导致违背逻辑关系的错误。

常见的逻辑关系表示方法　　　　　　表 2-5

序号	工作之间的逻辑关系	在网络图中的表示	说明
1	A 的紧后工作是 B B 的紧后工作是 C	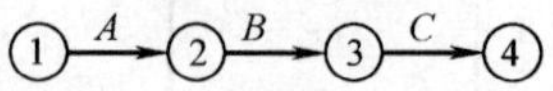 ①→A→②→B→③→C→④	A、B、C 顺序作业
2	A 是 B、C 的紧前工作	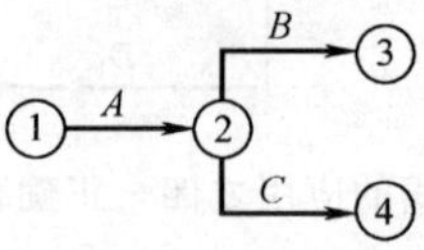 ①→A→②，②→B→③，②→C→④	B、C 为平行工作，同时受 A 工作制约
3	A、B 是 C 的紧前工作	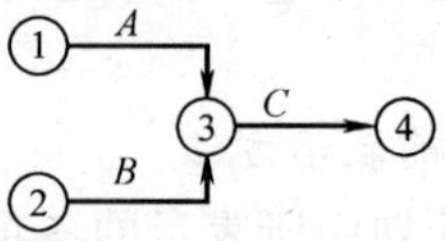 ①→A→③，②→B→③，③→C→④	A、B 为平行工作
4	A 的紧后工作是 B、C D 的紧前工作是 B、C	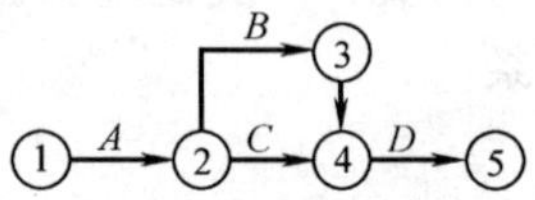 ①→A→②，②→B→③，②→C→④，③→④，④→D→⑤	B、C 为平行工作，同时受 A 工作制约，又同时制约 D 工作
5	A、B 是 C、D 的紧前工作	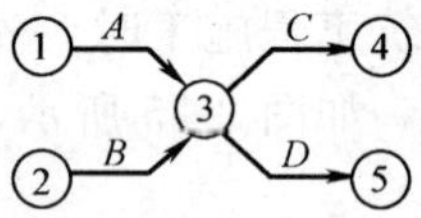 ①→A→③，②→B→③，③→C→④，③→D→⑤	节点③正确表达了 A、B、C、D 的顺序关系
6	A、B 都是 D 的紧前工作 C 只是 A 的紧后工作	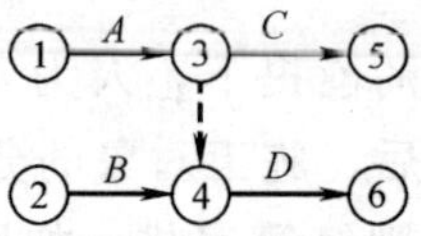 ①→A→③，③→C→⑤，②→B→④，③⇢④，④→D→⑥	虚工作③—④断开了 B 与 C 的联系
7	A 的紧后工作是 B、C B 的紧后工作是 D、E C 的紧后工作是 E D、E 的紧后工作是 F	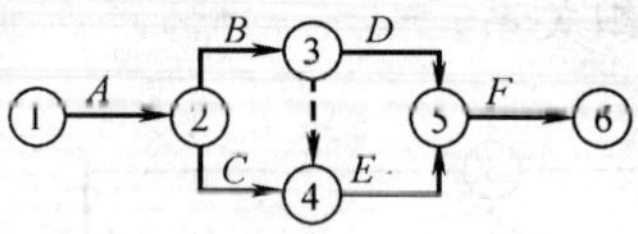 ①→A→②，②→B→③，②→C→④，③→D→⑤，③⇢④，④→E→⑤，⑤→F→⑥	虚工作③—④连接了 B、E 又断开了 C、D 的联系，实现了 B、C 和 D、E 双平行作业
8	A、B、C 都是 D、E、F 的紧前工作	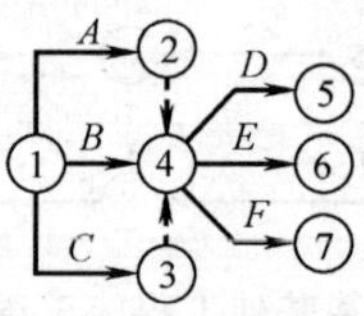 ①→A→②，①→B→④，①→C→③，②⇢④，③⇢④，④→D→⑤，④→E→⑥，④→F→⑦	虚工作③—④、②—④使整个网络图满足绘制规则
9	A、B、C 是 D 的紧前工作 B、C 是 E 的紧前工作	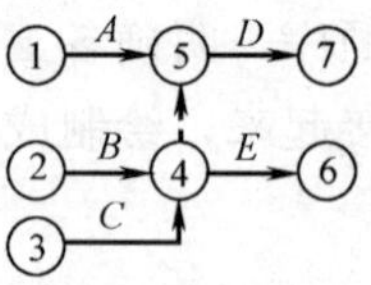 ①→A→⑤，⑤→D→⑦，②→B→④，④→E→⑥，③→C→④，④⇢⑤	虚工作④—⑤正确处理了作为平行工作的 A、B、C 既全部作为 D 的紧前工作又部分作为 E 的紧前工作的关系
10	A、B 两项工作三个施工段，流水施工，A 先开始 B 后结束	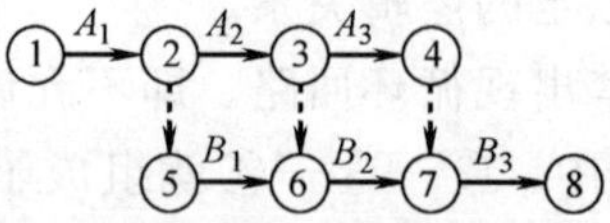 ①→A_1→②→A_2→③→A_3→④，⑤→B_1→⑥→B_2→⑦→B_3→⑧，②⇢⑤，③⇢⑥，④⇢⑦	A、B 平行搭接施工

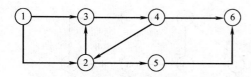
图 2-31 不允许出现循环回路

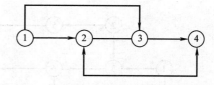
图 2-32 不允许出双向箭头及无箭头的连线

（3）在双代号网络图中，节点之间严禁出现带双向箭头或无箭头的连线，图 2-32 中②—③线连无箭头，②—④连线有双向箭头，均是错误的。

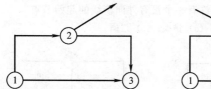

图 2-33 没有箭头节点和没有箭尾节点的箭线的错误网络图

（4）在双代号网络图中，严禁出现没有箭头节点或没有箭尾节点的箭线，如图 2-33 所示。

（5）当双代号网络图的某些节点有多条内向箭线或多条外向箭线时，在不违反"一项工作应只有惟一的一条箭线和相应的一对节点编号"的规定的前提下，可使用母线法绘图。如图 2-34。

（6）在双代号网络图中，应尽量减少交叉箭线，当无法避免时，应采用过桥法、断线法或指向法表示。如图 2-35（a）为过桥法形式，图 2-35（b）为断线法，图 2-35（c）为指向法。

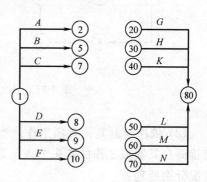

图 2-34 母线的表示方法

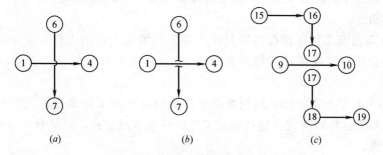

图 2-35 交叉箭线的处理方法
（a）过桥法；（b）断线法；（c）指向法

（7）双代号网络图中，只允许有一个没有内向箭线的起点节点和一个没有外向箭线终点节点。如图 2-36、图 2-37 所示。

2.2.5 双代号网络图绘制方法与步骤

在绘制双代号网络图时，应先根据网络计划的逻辑关系，绘制出草图，再按照绘图规则进行调整布局，最后形成正式网络图。具体绘制方法和步骤如下。

（1）绘制没有紧前工作的工作，使它们具有相同的箭尾节点，即起点节点。

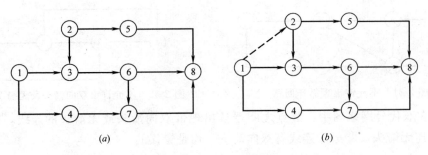

图 2-36 只允许有一个没有外向箭线的起始节点
(a) 错误；(b) 正确

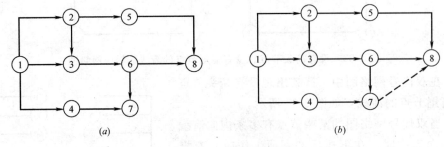

图 2-37 只允许有一个没有内向箭线的终点节点
(a) 错误；(b) 正确

(2) 依次绘制其他各项工作。当所绘制的工作只有一项紧前工作时，将该工作的箭线直接画在其紧前工作的箭头节点上即可。当所绘制的工作有多个紧前工作时，按以下四种情况分别处理：

① 如果在其紧前工作中存在一项只作为本工作紧前工作的工作，则将该工作的箭线直接画在该紧前工作的箭头节点上，然后用虚箭线分别将其他紧前工作的箭头节点与本工作的箭尾节点相连。

② 如果在其紧前工作中存在多项只作为本工作紧前工作的工作，应先将这些紧前工作的箭头节点合并（用虚箭线连接或直接合并），再从合并后的节点开始画出本工作的箭线。

③ 如果不存在情况①、②，应判断本工作的所有紧前工作是否都同时作为其他工作的紧前工作，如果这样，应先将这些紧前工作的箭头节点合并，再从合并后的节点开始画出本工作的箭线。

④ 如果不存在情况①、②、③，则应将本工作箭线单独画在其紧前工作箭线之后的中部，然后用虚工作将紧前工作与本工作连接起来。

(3) 合并没有紧后工作的箭线，即为终点节点。

(4) 检查逻辑关系没有错误，也无多余箭线后，进行节点编号。

【例 2-8】 已知某施工过程工作间的逻辑关系如表 2-6 所示，试绘制双代号网络图。

表 2-6

工作名称	A	B	C	D	E	F	G	H
紧前工作	—	—	—	A	A、B	B、C	D、E	E、F

【解】 (1) 绘制没有紧前工作的工作 A、B、C，如图 2-38 (a)；

(2) 绘制工作 D，如图 2-38 (b)；

(3) 按情况②将工作 A、B 的箭头节点合并，并绘制工作 E；将工作 B、C 的箭头节点合并，并绘制工作 F，如图 2-38 (b)；

(4) 再按情况②将工作 D、E 的箭头节点合并，并绘制工作 G；将工作 E、F 的箭头节点合并，并绘制工作 H，如图 2-38 (c)；

(5) 将没有紧后工作的箭线合并，得到终点节点，并对图形进行调整，使其美观对称；

(6) 检查无误后，进行编号，绘制出正式网络图，如图 2-38 (d)。

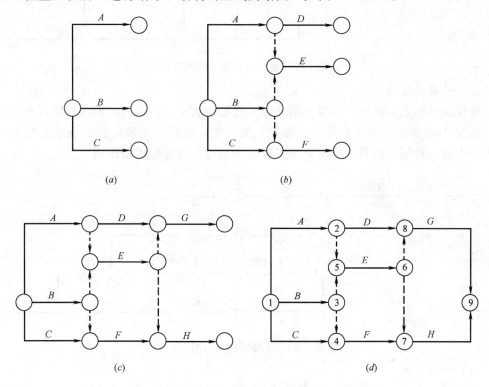

图 2-38 网络图绘制图例

2.2.6 网络图的排列方式

(1) 按施工过程排列

按施工过程排列就是根据施工顺序把各施工过程按垂直方向排列，而将施工段按水平方向排列，如图 2-39 所示。其特点是相同工种在一条水平线上，突出了各工种的工作情况。

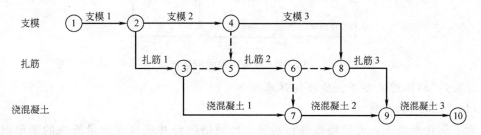

图 2-39 按施工过程排列的网络计划

(2) 按施工段排列

按施工段排列就是将同一施工段上的各施工过程按水平方向排列，而将施工段按垂直方向排列，如图 2-40 所示。其特点是同一施工段上的各施工过程（工种）在一条水平线上，突出了各工作面的利用情况。

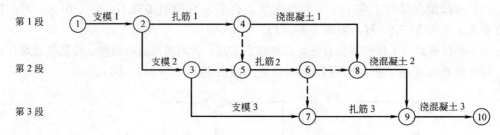

图 2-40 按施工段排列的网络计划

(3) 按楼层排列

按楼层排列就是将同一楼层上的各施工过程按水平方向排列，而将楼层按垂直方向排列，如图 2-41 所示。其特点是同一楼层上的各施工过程（工种）在一条水平线上，突出了各工作面（楼层）的利用情况，使得较复杂的施工过程变成清晰明了。

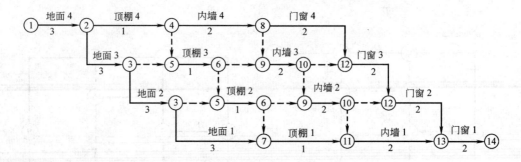

图 2-41 按楼层排列的网络计划

(4) 混合排列

另外在绘制单位工程网络计划等一些较复杂的网络计划时，常常采用以一种排列为主的混合排列，如图 2-42 所示。

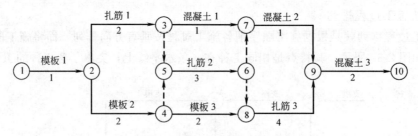

图 2-42 混合排列的网络计划

2.2.7 网络图的合并、连接及详略组合

(1) 网络图的合并

为了简化网络图，可以将某些相对独立的网络图合并成只有少量箭线的简单网络图。网络图合并（或简化）时，必须遵循下述原则：

1) 用一条箭线代替原网络图中某一部分网络图时，该箭线的长度（工作持续时间）应为"被简化部分网络图"中最长的线路长度，合并后网络图的总工期应等于原来未合并时网络图的总工期，如图2-43所示。

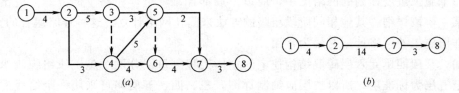

图 2-43 网络图的合并（一）
(a) 简化、合并前的网络图；(b) 简化、合并后的网络图

2) 网络图合并时，不得将起点节点、终点节点和与外界有联系的节点简化掉，如图2-44所示。

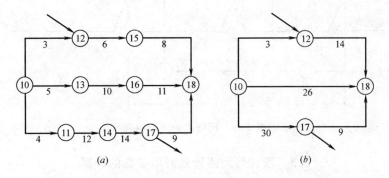

图 2-44 网络图的合并（二）
(a) 简化、合并前的网络图；(b) 简化、合并后的网络图

（2）网络图的连接

采用分别流水法编制一个单位工程网络计划时，一般应先按不同的分部工程分别编制出局部网络计划，然后再按各分部工程之间的逻辑关系，将各分部工程的局部网络计划连接起来成为一个单位工程网络计划，如图2-45所示基础按施工过程排列，其余按施工段排列。

为了便于把分别编制的局部网络图连接起来，各局部网络图的节点编号数目要留足，

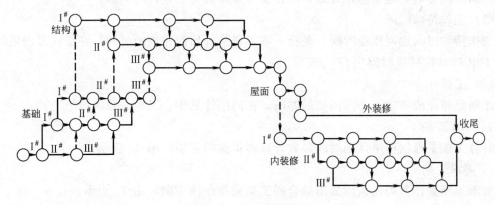

图 2-45 网络图的连接

确保整个网络图中没有重复的节点编号;也可采用先连接,然后再统一进行节点编号的方法。

(3) 网络图的详略组合

在一个施工进度计划的网络图中,应以"局部详细,整体粗略"的方式,突出重点;或采用某一阶段详细,其他相同阶段粗略的方法来简化网络计划。这种详略组合的方法在绘制标准层施工的网络计划时最为常用。

例如,某项四单元六层砖混结构住宅的主体工程,每层分两个施工段组织流水施工,因为二至五层为标准层,所以二层应编制详图,三、四、五层均可采用一个箭线的略图,如图 2-46 所示。

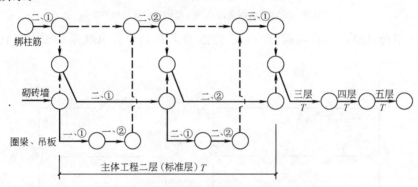

图 2-46　网络图的详略组合

2.3　双代号网络计划时间参数的计算

网络计划时间参数的计算,是确定关键工作、关键线路和计算工期的基础,也是确定非关键工作的机动时间、进行网络计划优化、实现对工程进度计划进行科学管理的依据。

双代号网络计划时间参数的计算有"按工作计算法"和"按节点计算法"两种。本课题以"按工作计算法"为主要计算途径来计算网络计划时间参数。"按工作计算法"计算的时间参数包括:各项工作的最早开始和最迟开始时间的计算,最早完成和最迟完成时间的计算,工期、总时差和自由时差的计算。

2.3.1　双代号网络计划的时间参数及其符号

所谓时间参数,是指网络计划、工作及节点所具有的各种时间值。

(1) 工作持续时间

工作持续时间也叫作业时间,是指一项工作从开始到完成的时间。在双代号网络计划中,工作 $i-j$ 的持续时间用 D_{i-j} 表示。

(2) 工期

工期泛指完成一项任务所需要的时间。在网络计划中,工期一般有以下三种:

1) 计算工期

计算工期是根据网络计划时间参数计算而得到的工期,用 T_c 表示。

2) 要求工期

要求工期是任务委托人所提出的合同工期或指令性工期,用 T_r 表示。

3) 计划工期

计划工期是指根据要求工期和计算工期所确定的作为实施目标的工期，用 T_p 表示。

A. 当已规定了要求工期时，计划工期不应超过要求工期，即：

$$T_p \leqslant T_r \tag{2-24}$$

B. 当未规定要求工期时，可令计划工期等于计算工期，即：

$$T_p = T_c \tag{2-25}$$

（3）最早开始时间和最早完成时间

工作的最早开始时间，是指在其所有紧前工作全部完成后，本工作有可能开始的最早时刻。工作的最早完成时间，是指在其所有紧前工作全部完成后，本工作有可能完成的最早时刻。

在双代号网络计划中，工作 $i-j$ 的最早开始时间和最早完成时间分别用 ES_{i-j} 和 EF_{i-j} 表示，其中

$$EF_{i-j} = ES_{i-j} + D_{i-j} \tag{2-26}$$

（4）最迟完成时间和最迟开始时间

工作的最迟完成时间，是指在不影响整个任务按期完成的前提下，本工作必须完成的最迟时刻。工作的最迟开始时间，是指在不影响整个任务按期完成的前提下，本工作必须开始的最迟时刻。

在双代号网络计划中，工作 $i-j$ 的最迟完成时间和最迟开始时间分别用 LF_{i-j} 和 LS_{i-j} 表示，其中：

$$LF_{i-j} = LS_{i-j} + D_{i-j} \tag{2-27}$$

（5）总时差和自由时差

工作的总时差是指在不影响总工期的前提下，一项工作可以利用的机动时间。

在双代号网络计划中，工作 $i-j$ 的总时差用 TF_{i-j} 表示，见公式（2-32）、（2-33）。

工作的自由时差是指在不影响其紧后工作最早开始时间的前提下，本工作可以利用的机动时间。工作的自由时差等于紧后工作的最早开始时间减本工作的最早开始时间再减本工作持续时间之差。

在双代号网络计划中，工作 $i-j$ 的自由时差用 FF_{i-j} 表示，见公式（2-34）。

从总时差和自由时差的定义可知，对于同一项工作而言，自由时差不会超过总时差。当工作的总时差为零时，其自由时差必然为零。

在网络计划的执行过程中，工作的自由时差是该工作可以自由使用的时间。但是，如果利用某项工作的总时差，则有可能使该工作后续工作的总时差减小。

2.3.2 网络计划时间参数的计算

网络计划时间参数的计算方法通常有图上计算法、表上计算法、矩阵法和电算法等，本课题主要介绍图上计算法。

图上计算法是根据工作时间参数的计算公式，在图上直接计算的一种较直观、简便的方法，其标注方法见图 2-47 所示。在图 2-47 中，（a）图的计算方法最为简便。

下面以图 2-50 所示的双代号网络图为例，说明其计算步骤。

（1）计算工作的最早开始时间 ES_{i-j}

工作的最早开始时间的计算应从网络计划的起始节点开始，顺着箭线方向依次进行。其计算步骤如下：

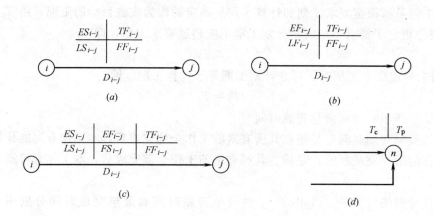

图 2-47 时间参数的图上标注方法
(a) 按开始时间组计算；(b) 按完成时间组计算；
(c) 按全部时间参数标注；(d) 终点节点时间参数标注

1) 以网络计划起始节点为开始节点的工作，当未规定其最早开始时间时，最早开始时间为零。如本例中，$ES_{1-2}=0$。

2) 其他工作的最早开始时间等于紧前工作的最早完成时间的最大值，即最早开始时间加紧前工作的工作持续时间之和中的最大值，其计算式：

$$ES_{i-j}=\max EF_{h-i}=\max\{ES_{h-i}+D_{h-i}\} \tag{2-28}$$

式中　ES_{i-j}——工作 $i-j$ 的最早开始时间；

EF_{h-i}——工作 $i-j$ 的紧前工作 $h-i$ 的最早完成时间；

ES_{h-i}——工作 $i-j$ 的紧前工作 $h-i$ 的最早开始时间；

D_{h-i}——工作 $i-j$ 的紧前工作 $h-i$ 的工作持续时间。

本例中，$ES_{2-5}=ES_{2-3}=ES_{2-4}=ES_{1-2}+D_{1-2}=0+2=2$；

$ES_{3-4}=ES_{3-5}=ES_{2-3}+D_{2-3}=2+4=6$

$$ES_{4-6}=\max\begin{bmatrix}ES_{3-4}+D_{3-4}\\ES_{2-4}+D_{2-4}\end{bmatrix}=\max\begin{bmatrix}3+6=9\\2+5=7\end{bmatrix}=9$$

同理，将其他工作的计算结果标注在箭线上方各工作图例对应的位置上（图 2-50）。

(2) 计算工期 T_C

网络计划的计算工期应等于以网络计划终点节点为完成节点的工作的最早完成时间的最大值，即：

$$T_C=\max EF_{i-n}=\max\{ES_{i-n}+D_{i-n}\} \tag{2-29}$$

式中　T_C——网络计划的计算工期；

EF_{i-n}——以网络计划终点节点 n 为完成节点的工作的最早完成时间；

ES_{i-n}——以网络计划终点节点 n 为完成节点的工作的最早开始时间；

D_{i-n}——以网络计划终点节点 n 为完成节点的工作的持续时间。

本例中，网络计划的计算工期为：

$$T_C=\max\begin{bmatrix}ES_{5-7}+D_{5-7}\\ES_{6-7}+D_{6-7}\end{bmatrix}=\max\begin{bmatrix}11+8=19\\16+6=22\end{bmatrix}=22$$

(3) 计算工作的最迟开始时间 LS_{i-j}

工作的最迟开始时间的计算应从网络计划终点节点开始，逆着箭头的方向依次进行。其计算步骤如下：

1) 以网络计划终点节点为完成节点的工作的最迟开始时间等于计算工期减其工作的持续时间。即：

$$LS_{i-n} = T_C - D_{i-n} \tag{2-30}$$

式中 LS_{i-n}——以网络计划终点节点 n 为完成节点的工作的最迟开始时间；

T_C——网络计划的计算工期；

D_{i-n}——以网络计划终点节点 n 为完成节点的工作的持续时间。

本例中，$LS_{5-7} = T_C - D_{5-7} = 22 - 8 = 14$

$LS_{6-7} = T_C - D_{6-7} = 22 - 6 = 16$

2) 其他工作的最迟开始时间的见计算用公式 (2-31)：

$$LS_{i-j} = \min LS_{j-k} - D_{i-j} \tag{2-31}$$

式中 T_C——网络计划的计算工期；

LS_{i-j}——工作 $i-j$ 的最迟开始时间；

LS_{j-k}——工作 $i-j$ 的紧后工作 $j-k$ 的最迟开始时间；

D_{i-j}——工作 $i-j$ 的持续时间。

本例中，$LS_{2-5} = \min(LS_{5-7}, LS_{5-6}) - D_{2-5} = \min(14, 16) - 7 = 14 - 7 = 7$

将其他计算结果标注在箭线上方各工作图例对应的位置上（图 2-50）。

(4) 计算工作的总时差 TF_{i-j}

从图 2-48 中可以看出，在不影响总工期的前提下，一项工作可以利用的时间范围是从该工作的最早开始时间到最迟完成时间，即工作从最早开始时间或最迟开始时间开始，均不影响总工期。所以，总时差等于本工作的最迟开始时间减本工作的最早开始时间或最迟完成时间减本工作的最早完成时间，即：

$$TF_{i-j} = LS_{i-j} - ES_{i-j} \tag{2-32}$$

或

$$TF_{i-j} = LF_{i-j} - EF_{i-j} \tag{2-33}$$

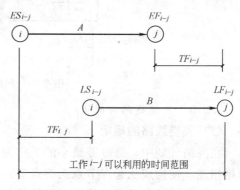

图 2-48 总时差计算简图

式中 TF_{i-j}——工作 $i-j$ 的总时差；

LS_{i-j}——工作 $i-j$ 的最迟开始时间；

ES_{i-j}——工作 $i-j$ 的最早开始时间。

将计算结果标注在箭线上方各工作图例对应的位置上（图 2-50）。

(5) 计算工作的自由时差 FF_{i-j}

如图 2-48 所示，在不影响其紧后工作最早开始时间的前提下，一项工作可以利用的时间范围是从该工作的最早开始时间至其紧后工作的最早开始时间，而扣除工作实际所需的持续时间 D_{i-j} 后，即为该工作的自由时差，即：

$$FF_{i-j} = ES_{j-k} - ES_{i-j} - D_{i-j} \tag{2-34}$$

式中　FF_{i-j}——工作 $i-j$ 的自由时差；
　　　ES_{j-k}——工作 $i-j$ 的紧后工作 $j-k$ 的最早开始时间；
　　　ES_{i-j}——工作 $i-j$ 的最早开始时间；
　　　D_{i-j}——工作 $i-j$ 的持续时间。

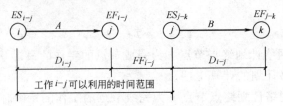

图 2-49　自由时差的计算范围

将计算结果标注在箭线上方各工作图例对应的位置上（图 2-50）。

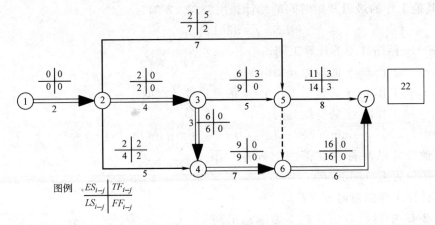

图 2-50　网络图时间参数的计算

2.3.3　关键线路与时差

(1) 关键线路的确定

在网络计划中，总时差最小的工作为关键工作。找出关键工作之后，将这些关键工作首尾相连，便构成从起点节点到终点节点的通路，位于该通路上各项工作的持续时间总和最大，这条通路便是关键线路。关键线路是施工进度控制的重点，应醒目注明，一般可以划双线或涂为红色。

我们必须注意的是：关键线路上任一工作的工期拖延一天，总工期就拖延一天；关键线路上任一工作的工期提前一天，总工期就提前一天。关键线路是如此重要，所以也将网络计划称为"关键线路法"。

(2) 总时差的特征分析

通过计算，可以看出总时差具有以下特征：

1) 总时差最小的工作为关键工作，由关键工作连成的线路为关键线路，关键线路上各工作时间之和即为总工期。

2) 当网络计划的计划工期等于计算工期时，关键线路上的工作总时差等于零，非关键线路上的所有非关键工作的总时差大于零。

3) 非关键线路与关键线路相交时的相关节点将非关键线路划分成若干个非关键线路

段，各段有各段的总时差，相互没有关系。

4）总时差具有双重性，它既即可以被该工作利用，也是所属非关键线路上的公共时差，当某项工作使用了全部或部分总时差时，则将引起该非关键线路上所有工作总时差的重新分配。

(3) 自由时差的特征分析

1）自由时差为某非关键工作独立使用的机动时间，利用自由时差，不会影响其紧后工作的最早开始时间。

2）非关键工作的自由时差小于或等于其工作总时差。

2.4 双代号时标网络计划

2.4.1 时标网络计划的概念

时标网络计划又称日历网络计划，它是无时标网络计划与横道计划的有机结合，这样既解决了横道计划中各施工过程关系表达不明确的问题，又解决了网络计划时间表达不直观的问题。

时标网络计划是以时间坐标为尺度绘制的网络计划。时标的时间单位应根据需要在编制网络计划之前确定好，一般可为天、周、月或季等。

时标网络计划具有以下特点：

(1) 时标网络计划中工作箭线的长度与工作持续时间长度一致。

(2) 时标网络计划可以直接显示各施工过程的时间参数。

(3) 时标网络计划在绘制中受到坐标的限制，容易发现"网络回路"之类的逻辑错误。

(4) 可以直接在时标网络图上统计劳动力、材料、机具资源等需要量，便于绘制资源消耗动态曲线，也便于计划的控制和分析。

2.4.2 时标网络计划的绘制方法

时标网络计划绘制时，可按最早时间绘制（称早时标网络计划）；也可按最迟时间绘制（称迟时标网络计划）。时标网络计划一般宜按最早时间绘制，即在绘制时应使节点和虚工作尽量向左靠，直至不致出现逆向虚箭线为止。某施工网络计划及每天资源需用量如图 2-51 所示，该计划按最早时间绘制的时标网络计划（又称早时标网络计划）如图 2-52 所示。

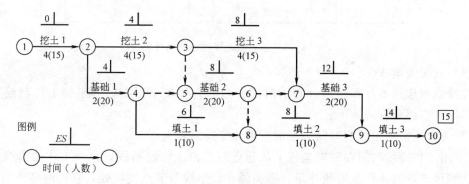

图 2-51 某基础工程网络计划

时标网络计划的绘制方法有间接绘制法和直接绘制法两种。

(1) 间接绘制法

间接绘制法是先计算网络计划的时间参数,再根据时间参数在时间坐标上进行绘制的方法。其按最早时间绘制的步骤和方法如下:

1) 绘制无时标网络计划草图,计算最早开始时间 ES_{i-j};

2) 根据需要确定时间单位并绘制时标计划表。时标可标注在日历网络图的顶部或底部(时标的长度单位必须注明);

3) 从起点节点开始将各项工作的箭尾节点按最早开始时间逐个定位在时间计划表上;

4) 依次在各节点后面绘出各箭线的长度。用实线绘出工作持续时间,用波形线绘制工作的自由时差;原网络计划中的虚箭线仍用虚线绘制。

箭线最好画成水平箭线或由水平线段和竖直线段组成的折线箭线,以直接表示其持续时间。如箭线画成斜线,则以其水平投影长度为其持续时间。如箭线长度不够与该工作的结束节点直接相连,则用波形线从箭线端部画至结束节点处。波形线的水平投影长度,即为该工作的自由时差。

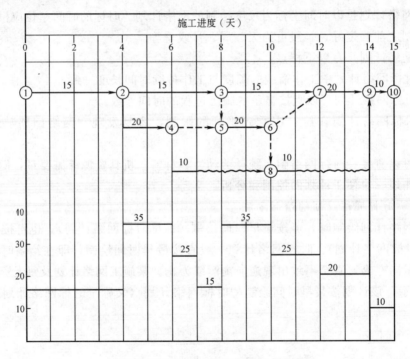

图 2-52 某基础工程时标网络计划

(2) 直接绘制法

直接绘制法是不计算网络计划的时间参数,直接按草图在时间坐标上进行绘制的方法。其绘制步骤和方法如下:

1) 将起点节点定位在时间坐标的横轴为零的纵轴上;

2) 用工作持续时间在时间坐标上从起点节点依次绘制箭线,某些工作的箭线长度不足以达到该节点时,用波形线补足,箭头画在波形线与节点连接处,直至网络计划的终点节点定位为止。在无紧后工作的工作全部绘出后,定位在最晚完成的时标纵轴上的为网络计划的终点节点。

3) 原网络计划中的虚箭线仍用虚线绘制。

2.4.3 双代号时标网络计划关键线路及时间参数的确定

(1) 关键线路的判定

时标网络计划的关键线路可自终点节点逆箭线方向朝起点节点逐次进行判定，自终点节点至起点节点都不出现波形线的线路即为关键线路。

(2) 工期的确定

时标网络计划的计算工期，应是其终点节点与起始节点所在位置的时标值之差。

(3) 工作最早时间参数的判定

按最早时间绘制的时标网络计划，每条箭线的箭尾和箭头所对应的时标值即为该工作的最早开始时间和最早完成时间。

(4) 时差的判定与计算

1) 自由时差：时标网络图中，波形线的水平投影长度即为该工作的自由时差。

2) 工作总时差：工作总时差不能从图上直接判定，需要分析计算。计算应逆着箭头的方向自右向左进行。计算公式为：

$$TF_{i-j} = \min\{TF_{j-k}\} + FF_{i-j} \tag{2-35}$$

课题3 流水施工应用实例

某工程为一栋三单元六层砖混结构房屋，基础为钢筋混凝土条形基础，上做砖砌条形基础；100mm 厚 C10 素混凝土垫层；主体工程为砖墙承重，大客厅楼板、厨房、卫生间、楼梯为现浇混凝土，其余楼板为预制空心楼板，层层有圈梁、构造柱。本工程室内采用一般抹灰，普通涂料刷白；楼地面为水泥砂浆地面；铝合金窗、胶合板门；外墙贴白色面砖。屋面保温材料选用保温蛭石板，防水层选用 4mm 厚 SBS 改性沥青防水卷材。其基础及主体工程施工阶段劳动量见表 2-7。

某幢六层三单元砌体结构房屋劳动量　　　　　表 2-7

序号	分项工程名称	劳动量（工日或台班）	每班人数	每天工作班	工作持续天数
	基础工程				
1	开挖基础土方	236	26	1	9
2	100mm 厚混凝土垫层	27	9	1	3
3	绑扎基础钢筋(含构造柱筋)	32	20	1	9
4	基础模板	53			
5	浇混凝土基础	86			
6	砌砖基础	196	22	1	9
7	基础回填土	79	18	1	9
8	室内回填土	67			
	主体工程				
9	脚手架(含安全网)	278		1	

续表

序号	分项工程名称	劳动量（工日或台班）	每班人数	每天工作班	工作持续天数
10	构造柱筋	116	7	1	18
11	砖砌墙	1605	30	1	54
12	圈梁、板、构造柱、楼梯模板	316	18	1	18
13	圈梁、楼板、楼梯钢筋	389	22	1	18
14	圈梁、板、构造柱、楼梯混凝土	518	30	1	18
15	预制楼板安装灌缝	128	8	1	18
	屋面工程				
16	屋面保温隔热层	162	30	1	6
17	屋面找平层	56	15	1	4
18	屋面防水层	45	9	1	5
	装修工程				
19	外墙干粘石	389	33	1	12
20	顶棚抹灰	436	40	1	36
21	内墙抹灰	921			
22	楼地面及楼梯抹灰	548	24	1	24
23	门窗扇安装	346	14	1	24
24	油漆涂料	380	18	1	18
25	散水、台阶及其他	61	15	1	4
26	水、暖、电				

3.1 基础工程

3.1.1 划分施工项目和施工段

从表 2-7 中可知，本工程的地基基础工程共有 8 个工序，可划分为基础挖土、混凝土垫层、浇筑钢筋混凝土条形基础、砌砖基础墙和基槽室内地坪回填土六个分项工程。其中基槽挖土的劳动量最大，为主导施工过程。本分部拟定采用一班制、划分三个施工段（$m=3$）组织有节奏流水施工（此处暂不考虑实际存在的"验槽"施工过程，以使施工进度计划的编制简单化）。

3.1.2 流水节拍的确定

（1）挖土劳动量为 236 工日，施工班组人数为 26 人，采用一班制施工，其流水节拍计算如下：

$$t_{挖土}=\frac{p}{R\times m\times b}=\frac{236}{26\times 3\times 1}=3.06 天（取3天）$$

（2）混凝土垫层劳动量为 27 工日，施工班组人数为 9 人，一班制施工，其流水节拍为：

$$t_{垫层}=\frac{p}{R\times m\times b}=\frac{27}{9\times 3\times 1}=1 天$$

（3）钢筋混凝土条形基础绑扎钢筋、支模板和浇筑混凝土合并为一个施工过程，其劳动量为 32＋53＋86＝171 个工日，施工班组人数为 20 人，一班制施工，其流水节拍为：

$$t_{混凝土基础} = \frac{171}{20 \times 3 \times 1} = 3 \text{ 天}$$

(4) 砌砖基础，劳动量为 196 个工日，施工班组人数为 22 人，一班制施工，其流水节拍为：

$$t_{砖基} = \frac{196}{22 \times 3 \times 1} = 3 \text{ 天}$$

基础、室内地坪回填土合为一个施工工程，劳动量为 79＋67＝146 个工日，施工班组人数为 18 人，一班制施工，其流水节拍为：

$$t_{回填} = \frac{146}{18 \times 3 \times 1} = 3 \text{ 天}$$

3.1.3 工期计算：

$$K_{1,2} = t_1 + (m-1)(t_1 - t_2) = 3 + (3-1) \times (3-1) = 7$$
$$K_{2,3} = t_2 = 1, \quad K_{3,4} = K_{4,5} = 3$$
$$T_{L1} = \sum K + m t_N = (7+1+3+3) + 3 \times 3 = 23 \text{ 天}$$

3.1.4 绘制施工进度计划

施工进度计划表，如图 2-53、图 2-54。

3.2 主体工程

3.2.1 划分施工项目和施工段

主体工程包括搭设外脚手架，立构造柱筋，砌筑砖墙，现浇钢筋混凝土圈梁、构造柱、楼板、楼梯模板，绑扎圈梁、楼板、楼梯钢筋，浇筑混凝土，预制楼板安装灌缝等施工过程。其中砌砖墙为主导施工过程，而安装外脚手架是砌砖墙的配属工程，因其劳动量较小，不是主导施工过程，通常不列入流水施工，按非流水施工过程处理。本分部工程每层划分为三个施工段组织流水施工。

为了保证主导施工过程砌墙能连续施工，不发生层间间断，将现浇梁、板、柱及预制楼板安装灌缝安排为间断流水施工。

3.2.2 确定各施工过程的流水节拍

(1) 砌砖墙主导施工过程，劳动量为 1605 个工日，施工班组人数为 30 人，一班制施工，其流水节拍为：

$$t_{砖墙} = \frac{1605}{30 \times 3 \times 6 \times 1} = 3 \text{ 天}$$

(2) 支模板劳动量为 316 个工作日，一班制施工，施工班组人数为 18 人，流水节拍为：

$$t_{模板} = \frac{316}{18 \times 3 \times 6 \times 1} = 1 \text{ 天}$$

(3) 绑扎钢筋劳动量为 389 个工日，一班制施工，施工班组人数为 22 人，流水节拍为：

$$t_{梁板筋} = \frac{389}{22 \times 3 \times 6 \times 1} = 1 \text{ 天}$$

序号	分部分项工程施工	劳动量(工日)	班组人数	作班次数	持续天数	施工进度(天)
1	基础挖土	236	30	1	9	
2	混凝土垫层	27	9	1	3	
3	钢筋混凝土基础	171	20	1	9	
4	砖基础	196	22	1	9	
5	回填土	146	18	1	9	
6	主体工程					
7	脚手架及安全网	275				
8	砖砌墙	1590	30	1	54	
9	梁、板、柱、楼梯板	316	18	1	18	
10	梁、板、柱、楼扎筋	389	22	1	18	
11	梁、板、楼梯砼浇土	518	10	3	18	
12	预制楼板安装灌缝	128	8	1	18	
13	屋面工程					
14	屋面保温层	162	30	1	6	
15	屋面找平层	56	15	1	4	
16	屋面防水层	45	9	1	5	
17	装饰工程					
18	外墙干粘石	398	33	1	12	
19	楼地面及楼梯抹灰	548	24	1	24	
20	天棚、内墙抹灰	1357	40	1	36	
21	门窗铜安装	346	14	1	24	
22	油漆涂料	228	18	1	18	
23	散水、台阶及其他	61	15	1	4	
24	水、电、暖					

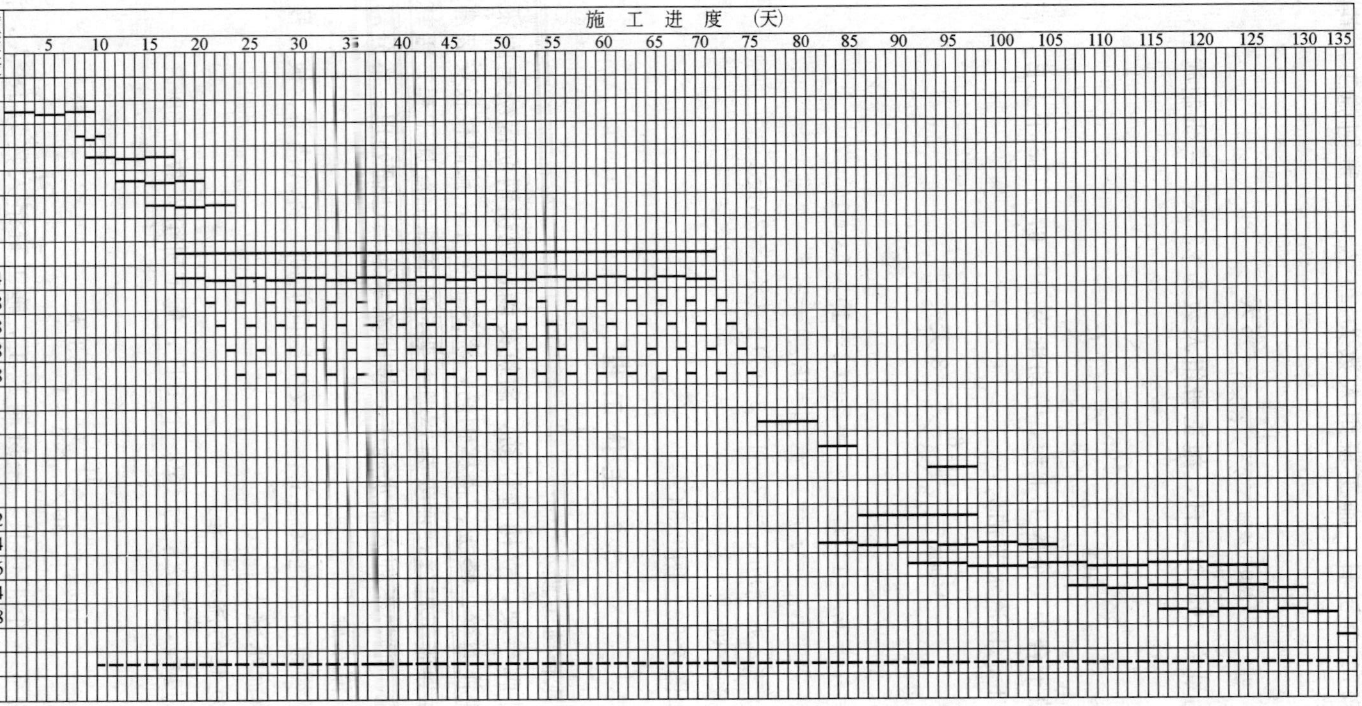

图 2-53 某六层砖混结构房屋横道施工进度计划

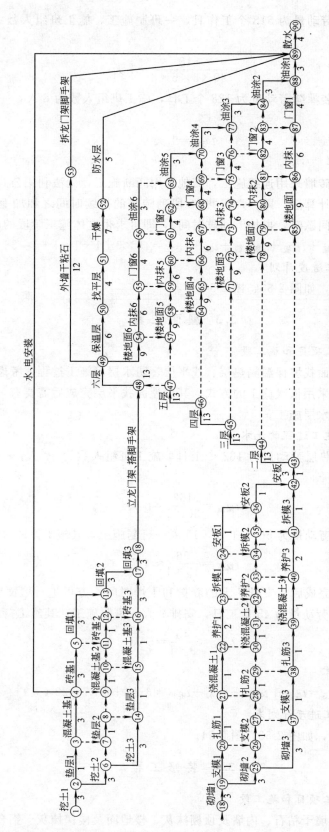

图 2-54 某六层砖混结构房屋横道施工网络计划（注：楼地面含养护时间）

(4) 混凝土浇筑劳动量为518个工作日，一班制施工，施工班组人数为30人，流水节拍为：

$$t_{混}=\frac{518}{30\times 3\times 6\times 3}=1 \text{天}$$

(5) 预制楼板安装灌缝劳动量为128个工日，施工班组人数为8人，一班制施工，其流水节拍为：

$$t_{安装}=1 \text{天}$$

3.2.3 工期计算

由于主体只有砌砖墙采用连续施工，其他采用间断施工，无法利用公式计算主体工程的工期，现采用分析计算法，即：六层共18段砌砖墙的持续时间之和加上其他施工过程的流水节拍（有技术间歇时，再加上间歇时间），即可求得主体施工阶段的施工工期。

$$T_{L2}=18\times t_{墙}+t_{模板}+t_{量板筋}+t_{混}+t_{安装}=18\times 3+1+1+1+1=58 \text{（天）}$$

3.2.4 绘制施工进度计划

施工进度计划表，如图2-53、图2-54。

3.3 屋面工程

3.3.1 划分施工项目和施工段

屋面工程包括屋面找坡保温隔热层、找平层、防水层等施工过程。考虑到屋面防水要求高，所以不分段，采用依次施工的方式。其中屋面找平层完成后需要有一段养护和干燥的时间，方可进行防水层施工。

3.3.2 确定各施工过程的流水节拍

(1) 屋面保温隔热层劳动量为162个工日，施工班组人数为30人，一班制施工，其施工持续时间为：

$$t_{保温}=\frac{162}{30\times 1}=6 \text{天}$$

(2) 屋面找平层劳动量为56个工日，15人一班制施工，其施工持续时间为：

$$t_{找平}=\frac{56}{15\times 1}\approx 4 \text{天}$$

(3) 屋面找平层完成后，安排7天的养护和干燥时间，方可进行屋面防水层的施工。SBS改性沥青防水层劳动量为45个工日，安排9人一班制施工，其施工持续时间为：

$$t_{防水}=\frac{45}{9\times 1}=5 \text{天}$$

3.3.3 工期计算

$$T_{L3}=t_{保温}+t_{找平}+t_{防水}+t_{养护}=6+4+5+7=22 \text{（天）}$$

3.3.4 绘制施工进度计划表

施工进度计划表，如图2-53、图2-54。

3.4 装修工程

3.4.1 划分施工项目和施工段

装修工程包括外墙干粘石、内墙及顶棚抹灰、楼地面及楼梯抹灰、铝合金窗扇及木门安装、油漆、涂料、散水、勒脚、台阶等施工过程。每层划分为一个施工段（$m=6$），采用自上而下的顺序施工。考虑到屋面防水层完成与否对顶层天棚、墙面抹灰的影响，本分部中抹灰工程是主导施工过程，考虑装修工程内部各施工过程之间劳动力的调配，安排适当的组织间歇时间组织流水施工。

3.4.2 确定各施工过程的流水节拍

（1）外墙干粘石劳动量为398个工日，施工班组人数为33人，一班制施工，其持续时间为：

$$t_{外墙}=\frac{398}{33\times 1}=12 \text{ 天}$$

（2）楼地面及楼梯抹灰劳动量为548个工日，施工班组人数为24人，一班制施工，其流水节拍为：

$$t_{地面}=\frac{548}{24\times 6\times 1}=4 \text{ 天}$$

（3）天棚、墙面抹灰劳动量为1357个工日，是本分部的主导施工过程，施工班组人数为40人，一班制施工，其流水节拍为：

$$t_{抹灰}=\frac{1357}{40\times 6\times 1}=6 \text{ 天}$$

（4）门窗安装劳动量为346个工日，施工班组人数为14人，一班制施工，则流水节拍为：

$$t_{安装}=\frac{346}{14\times 6\times 1}=4 \text{ 天}$$

（5）内墙涂料、油漆劳动量为308个工日，施工班组人数为18人，一班制施工，流水节拍为：

$$t_{油漆}=\frac{308}{18\times 6\times 1}=3 \text{ 天}$$

（6）室外散水、台阶等劳动量为61，施工班组人数为15人，一班制施工，施工持续时间为：$t_{散水}=4$ 天

3.4.3 确定流水工期

在以上六个施工过程中，（2）～（5）为连续流水，其流水步距计算如下：

$$K_{2,3}=4;\quad K_{3,4}=6+(6-1)\times(6-4)=6+5\times 2=16;$$
$$K_{4,5}=4+(6-1)\times(4-3)=4+5\times 1=9$$

由于外墙干粘石与室内抹灰平行施工，不占工期。则工期为：

$$T_L=\sum K_{i,i+1}+mt_N+t_{养护}+t_{散水}=(16+4+9)+6\times 3+5+4=29+18+5+4=56(\text{天})$$

3.4.4 绘制施工进度计划表

施工进度计划表，如图2-53、图2-54。

复习思考题

1. 组织施工的方式有哪几种？各自有哪些特点？
2. 什么是流水施工？组织流水施工的条件有哪些？

3. 流水施工的主要参数有哪些？试分别叙述它们的含义。
4. 施工段划分的基本要求是什么？如何正确划分施工段？
5. 流水施工的时间参数如何确定？流水节拍的确定应考虑哪些因素？
6. 流水施工有哪几种基本组织方式？各有什么特点？
7. 网络计划方法的基本原理是什么？
8. 什么叫双代号网络图？什么叫单代号网络图？
9. 组成双代号网络图的三要素是什么？试述各要素的含义和特性。
10. 什么叫虚箭线？它在双代号网络图中起什么作用？
11. 什么叫逻辑关系？网络计划有哪两种逻辑关系？有何区别？
12. 绘制双代号网络图必须遵守哪些绘图规则？
13. 试述工作总时差与自由时差的含义及其区别。

习　　题

1. 某工程有 A、B、C 三个施工过程，每个施工过程均划分为四个施工段，设 $t_A=2$ 天，$t_B=4$ 天，$t_C=3$ 天。试分别按依次施工、平行施工和流水施工绘出各自的施工进度计划表。

2. 某分部工程由 A、B、C、D 四个施工过程组成，划分五段组织流水施工，流水节拍均为 3 天，试计算其工期并绘制进度计划表。

3. 某工程项目由 A、B、C、D 四个分项工程组成，划分为四个施工段，组织不等节拍流水施工。已知 $t_A=2$ 天，$t_B=4$ 天，$t_C=3$ 天，$t_D=1$ 天，且 A、B 间有 2 天的技术与间歇时间，按计算其工期、绘制进度计划表。

4. 某现浇钢筋混凝土工程由支模、绑钢筋、浇筑混凝土三个分项工程组成，它在平面上划分为 6 个施工段。各分项工程在各个施工段上的流水节拍依次为：6 天、4 天、2 天，试按加快成倍节拍组织流水施工，计算流水工期并绘制施工进度计划表。

5. 某地下工程由挖基槽、做垫层、砌基础和回填土四个分项工程组成，它在平面上划分为五个施工段。各分项工程在各个施工段上的流水节拍依次为见表 2-8。计算流水步距、工期并绘制进度计划表。

施工持续时间表　　　　　　　　表 2-8

分项工程	持续时间（天）				
	①	②	③	④	⑤
挖基槽	2	3	2	3	2
做垫层	3	3	4	4	3
砌基础	2	1	2	2	1
回填土	2	3	2	2	3

6. 指出图 2-55 所示各网络图的错误并改正之。
7. 根据表 2-9、表 2-10 中各工作的逻辑关系，绘制双代号网络图。

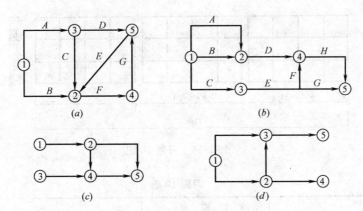

图 2-55 习题 6 图

习题 7 表（一） 表 2-9

工作名称	A	B	C	D	E	F	G
紧前工作	D、C	E、G	—	—	—	G、D	—

习题 7 表（二） 表 2-10

工作名称	A	B	C	D	E	F	G	H	I
紧前工作	E	F、A	G、I	A、F、H	—	—	A、F	—	E

8. 根据表 2-11 所列数据，绘制双代号网络图，计算 ES、LS、TF、FF 并标出关键线路。

习题 8 表 表 2-11

工作代号	1-2	1-3	2-3	2-4	3-4	3-5	4-5	4-6	5-6
持续时间	1	5	3	2	6	5	0	5	3

9. 据下列网络图，确定网络计划的时间参数、标出关键线路并绘制日历网络图。

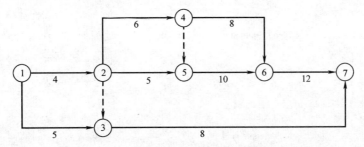

10. 某办公大楼，其主体结构为现浇混凝土框架，框架全部由 6m×6m 的单元构成。平面尺寸为 18m×72m，沿长度方向每隔 24m 设伸缩缝一道，其平面图如图 2-56。试根据表 2-12 所给数据组织钢筋混凝土框架分部工程（一、二层）的流水施工。

(1) 划分施工段，并计算各工作在各施工段的劳动量；
(2) 确定各工作在各段的作业时间；
(3) 绘制流水施工进度计划（横道图和网络图）。

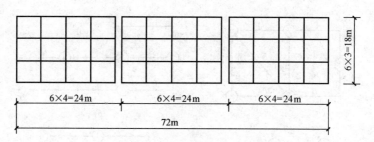

图 2-56 习题 10 图

习题 10 表　　　　表 2-12

序号	施工过程	工程量 单位	工程量 数量	时间定额	备注
1	绑扎柱钢筋	t	0.26	2.38 工日/t	400L 搅拌机 2 台，木工不超过 25 人，其他不限
2	支柱、梁、板模板	m²	14.3	0.675 工日/m²	
3	绑扎梁、板钢筋	t	0.84	3.36 工日/t	
4	浇筑混凝土	m³	9.36	0.95 工日/m³	

注：表中数据为每层一个单元（6m×6m）的平均工程量。

要求：

(1) 工期：不超过 40 个工作日；
(2) 为保证结构的整体性，一个施工段内的混凝土应连续浇筑，尽量不留施工缝；
(3) 混凝土应连续浇筑完后，要求养护 1 天，才允许在其上进行其他工作。

单元3 单位工程施工组织设计的编制

单位工程施工组织设计是规划和指导拟建工程从施工准备到竣工验收全过程的技术经济文件。它是施工前的一项重要准备工作，是具体指导施工的文件，是施工组织总设计的具体化，也是建筑施工企业编制月旬作业计划的基础。

课题1 概 述

施工组织设计在国家实施项目管理制度以后，作为指导施工项目管理全过程的规划性的、全局性的技术经济文件，它必须服务于施工项目管理的全过程，同时是施工单位编制季度、月度施工作业计划、分部分项工程施工设计及劳动力、材料、构配件、机具等供应计划的主要依据。施工组织设计是根据不同的施工对象、现场实际施工条件等主客观因素，在充分调查分析的基础上编制的。不同类型的施工组织设计，其编制依据有其共同的地方，也存在一定差异。本书主要叙述单位工程施工组织设计的编制内容和方法。

1.1 单位工程施工组织设计的内容

根据工程的性质、规模、结构特点、技术复杂程度和施工条件的不同，单位工程施工组织设计的内容和深度、广度要求也不同，不强求一致，但内容必须简明扼要，使其真正能起到指导现场施工的作用。一般应包括下述内容。

1.1.1 工程概况

主要包括工程特点、建设地点特征、施工条件和施工特点等内容。

1.1.2 施工方案

主要包括确定主要工种工程的施工方法、确定施工顺序，选择施工机械，制定相应的技术组织措施等内容。

1.1.3 施工进度计划

主要包括各分部（分项）工程的工程量、劳动量或机械台班量、施工班组人数、每天工作班数、工作持续时间及施工进度等内容。

1.1.4 施工准备工作及各项资源需要量计划

主要包括施工准备工作计划及劳动力、施工机具、主要材料、预制构件等的需要量计划。

1.1.5 施工平面图

主要包括起重运输机械位置的确定；搅拌站、加工棚、仓库及材料堆放场地的布置；运输道路的布置；临时设施及供水、供电管线的布置等内容。

1.1.6 主要技术经济指标

主要包括工期、质量和安全指标、降低成本和节约材料指标等。

对一般工业厂房和民用住宅或采用通用标准图样、建筑结构较简单的或建筑面积不大的单位工程，其施工组织设计可以编制得简单一些，其内容一般以施工方案、施工进度表、施工平面图为主，辅以简要的文字说明即可。

1.2 单位工程施工组织设计的编制依据和程序

1.2.1 编制依据

（1）主管部门的批示文件及有关要求。如上级机关对工程的指示，建设单位对施工的要求，施工合同中的有关规定等。

（2）经过会审的施工图。包括单位工程的全部施工图纸、会审记录及有关标准图。较复杂的工业厂房等，还要知道设备、电器和管道等设计图纸内容。如果是整个建设项目中的一个单位工程，还要了解建设项目的总平面布置等。

（3）施工企业年度施工计划。如本工程开竣工日期的规定，以及其他项目穿插施工的要求等。

（4）施工组织总设计。如果本单位工程是整个建设项目中的一个项目，应把施工组织总设计中的总体施工部署以及对本工程施工的有关规定和要求，作为编制依据。

（5）工程预算文件及有关定额。应有详细的分部、分项工程量，必要时应有分层分段或分部部位的工程量，使用的预算定额和施工定额。

（6）建设单位对工程施工可能提供的条件。如供水、供电的情况以及可借用作为临时办公、仓库的施工用房等。

（7）施工条件。包括可能配备的劳动力情况，材料、预制构件来源及其供应情况，施工机具配备及其生产能力等。

（8）施工现场的勘察资料。如高程、地形、地质、水文、气象、交通运输、现场障碍物等情况以及工程地质勘察报告、地形图、测量控制网。

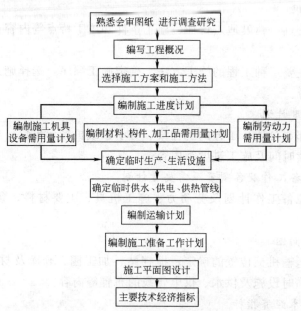

图 3-1 单位工程施工组织设计编制程序

(9) 有关的国家规定和标准。如施工验收规定、质量标准及操作规程等。
(10) 有关的参考资料及施工组织设计实例。

1.2.2 编制程序

所谓编制程序，是指单位工程施工组织设计各个组成部分形成的先后次序以及相互之间的制约关系。单位工程施工组织设计的编制程序，如图 3-1 所示，从中可以知道施工组织设计的有关内容和编制步骤。

课题 2　工程概况

工程概况是对拟建工程的工程特点、建设地点的特征和施工条件等进行简明扼要、突出重点的描述。它一方面使编者进一步熟悉工程的情况，对施工准备和进度安排有初步的设想；另一方面使审批者能较全面地了解工程设计、施工的基本情况，从而判断施工方案、进度安排、技术措施等是否合理可行。

工程概况的编写应简单明了，重点突出。可用文字或表格的方式表达，必要时可辅以简单的图形。

工程概况主要包括工程特点、建设地点特征、施工条件和施工特点分析等内容。

2.1　工程特点

工程特点主要针对工程建设的基本情况和建筑、结构设计特点进行分析，对施工准备、施工方案和进度安排有影响的内容加以说明。

2.1.1　工程建设概况

主要说明拟建工程的建设单位，工程性质、名称、用途、资金来源及工程投资额（工程造价），开竣工日期，设计单位、施工单位，施工图纸情况，施工合同情况，上级有关部门的要求等。

2.1.2　建筑设计特点

主要说明拟建工程的建筑面积、层数、层高、总高、总宽、总长等尺寸及平面组合形式、形状、室内外装饰要求。如采用新材料、新工艺等应特别说明，对施工要求高、难度大的内容也要作重点说明，必要时可附平面、立面、剖面简图及施工详图。

2.1.3　结构设计特点

主要说明拟建工程基础的类型，埋置深度，主体结构的类型，梁、柱、板及墙体所用材料及截面尺寸，重要构件的类型及安装位置，楼梯构造及形式，抗震设防烈度等。

2.1.4　设备安装设计特点

主要说明建筑给水、排水、采暖、通风、电气、空调、电梯、消防系统等安装工程的设计要求。

2.2　建设地点特征

主要介绍拟建工程的位置、地质、地貌、地下水位、水质情况，主导风向、最大风力和地震烈度，气温、冬、雨期期限和最大雨、雪量等，尤其对于异地施工必须进行重点分析和处理。

2.3 施工条件及施工要求

主要说明：供水、供电条件，场区道路及场地"三通一平"情况，施工现场及周边环境情况；当地的交通运输条件，预制构件的生产及供应情况；预拌混凝土供应情况；施工企业、设备和劳动力的落实情况，内部承包方式，劳动力的组织形式和施工管理水平等。

对规模不大的工程项目，可采用表格的形式对工程概况进行说明，如表3-1。

工程概况表　　　　　　　　　　　　　表3-1

工程名称			工程地点		建筑面积		占地面积	
建设单位			建筑总长		结构类型		基底标高	
设计单位			建筑总宽		层　高		地下水位标高	
施工单位			檐　高		层　数		地震烈度	
工程设计特点		基　础						
	墙体	外						
		内						
	柱							
	梁							
	板							
	地面	垫层						
		面层						
	楼面							
	屋面							
	门窗							
	装饰	顶棚						
		内装饰						
		外装饰						
	设备	给水						
		排水						
		空调						
		采暖						
		消防						
		弱电						
现场自然条件								
施工条件								
工期			开工日期：		竣工日期：		工期：	日
工程造价								
其他								

2.4 施工特点分析

不同的建筑、不同的条件、不同的施工队伍，工程施工均具有不同的特点。相同的建筑在不同的施工条件下也有不同的施工特点，因此在施工特点的描述时不能泛泛而谈。在了解了工程概况后，应进一步针对拟建工程对象的性质、类型、建筑、结构特征，结合工程的具体施工条件，指出施工的重点部位和关键问题所在，明确施工任务的大小、繁简和难易程度，以便在选择施工方案，组织资源的供应和技术力量的配备，以及编制施工进度计划的编制、施工现场平面布置的设计时，予以充分考虑，以保证工程顺利进行，提高施工管理的经济效率和管理水平。下面简要介绍各种工程结构的施工特点。

2.4.1 高层结构

高层结构的显著特点是"高"，由于"高"而引发出诸多不同于其他建筑的特点来。从工程特性来看，高层建筑有如下施工特点：平面多样、位置复杂，测量放线难度高。有不少高层平面形状复杂多变，有时还处在建筑比较密集的市区，特别是处在高层建筑群中，施工场地狭窄，对施工测量的测量方法、测量措施、测量精度和计算等都提出了更高的要求。在施工测量时必须选择合理测量工具，制定测量放线方案，以确保定位的准确性。在主体工程阶段，结构和施工机具的稳定性要求都很高，钢材加工量大，混凝土浇筑困难，脚手架搭设要进行设计和计算，施工安全问题突出，在施工方案选择时，要有提高施工效率的机械，合理的安排钢筋、模板、混凝土各工艺顺序，合理设计模板、脚手架的支撑方案，做好高空施工的安全保护和施工机具的安全防护的技术措施。在装饰工程阶段施工场地及作业面狭小，专业工种多，交叉频繁，预埋、预留作业量大，吊顶、管井内施工多，材料、设备吊运量大，如何合理安排室内、外施工起点和顺序，组织立体交叉流水作业，对保证工程质量加快施工速度，有直接的影响。因此在组织高层建筑施工时要充分考虑各专业总量、插入时间及在各阶段的工程量，合理组合各生产要素，做好时间搭接安排，可争取工期、达到有序协调的施工。

2.4.2 现浇钢筋混凝土多层结构

现浇钢筋混凝土多层结构，其施工复杂程度和技术难度都不及高层建筑，但施工工艺多样，也应区别对待。对现浇框架、框架-剪力墙结构的施工，按其楼板结构形式的不同大体分为两大类施工工艺：现浇柱、梁、墙和楼板结构施工工艺，现浇柱、梁、墙和预制楼板结构施工工艺两大类。在这两大类施工工艺中，按其构件的施工先后顺序，采用不同形式的模具等情况，还可分为多种施工工艺方法，各种施工工艺都有各自的施工特点。一般有以下三种施工工艺：柱、梁、墙和楼板一次支模及一次混凝土浇灌；柱、梁、墙和楼板一次支模及两次混凝土浇筑；柱和墙和梁、楼板分开施工等形式。

（1）柱、梁、墙和楼板一次支模及一次混凝土浇筑施工工艺。其施工特点在于结构混凝土一次连续浇筑，消除了梁与柱、梁与墙的混凝土施工缝，结构整体性强。同时因采用一次支模和一次浇筑工艺，简化了施工工序，加快了施工速度，缩短了施工工期，但因结构为一次支模后进行一次连续浇筑，对模板系统的整体稳定性要较高，因此在施工组织安排时，对分段浇筑，要分层、分步和对称的先浇筑柱、墙，后浇筑梁、板，以防模板系统发生倾斜及柱、墙模板发生变形。且当梁与柱、梁与墙的节点钢筋较密，从顶部浇筑振捣柱、墙混凝土有困难时，应在墙、柱模的一定高度上另设混凝土浇捣口，以防混凝土发生离析和柱、墙出现蜂窝孔洞。在浇筑混凝土柱、墙时，要及时处理梁、板钢筋上散落、残留的混凝土。如何保证模板支撑系统的稳定和保证墙、柱混凝土施工质量是这种施工工艺施工组织的关键问题。

(2) 柱、梁、墙和楼板一次支模及两次混凝土浇筑施工工艺。其施工特点在于：在楼板模板安装完成后，先浇筑墙、柱的混凝土，后绑扎梁、板钢筋，这样柱、墙混凝土浇筑操作条件好，质量容易保证。在梁、板模板承受混凝土施工荷载时，提前浇筑的柱、墙混凝土已有一定的强度，较前一种施工工艺而言，这样大大的增强了模板系统的整体稳定性。但两次浇筑须在墙、柱顶部留施工缝，其结构整体性不如前一种好，因此在采用这种方法施工时因墙、柱与梁、板分开先后浇筑，关键问题在梁与柱、墙的混凝土水平施工缝的处理上，为保证施工缝的质量，要在柱、墙模板的顶部施工缝位置处留出清理口，以便清理。接缝要清理冲刷干净，接缝处浇筑混凝土前，应先浇筑3~5cm厚的同一级或高一级强度等级的混凝土砂浆。柱、墙顶水平缝的位置要按规范或设计的要求预留，在留柱子施工缝时，要注意留出框架梁下弯锚固钢筋的深度，在技术保障时应特别注意。

(3) 柱、墙和梁、楼板分开施工工艺。其施工特点在于：如采用一般的柱、墙、梁、板同时支模的传统方法时，无论是承重模板还是非承重模板，几乎是同时拆模，这样影响了非承重模板提前拆模和周转，加大了模板的需用量。而此法是从模板的配置方法、构造设计和施工工艺的改进上，根据不同结构构件及部位对拆模强度的不同要求，分别进行先后拆模，达到加快模板周转、节省模板投资的目的。此法比较适合于柱和墙和梁采用大块工具式组合模板，柱、梁钢筋采用整体安装，现场施工机械程度高的情况。对柱和梁的钢筋绑扎及混凝土浇筑的操作平台架子，宜作成定型整体式的，以利于机械吊装周转使用。因梁、柱均采用单件分开支模施工，其模板系统的刚度比柱、梁、板一次支模后的模板系统整体刚度差。因此，在柱模之间、梁模之间，要采取加强其横向防斜、侧移措施，以防在浇筑混凝土时柱、梁发生斜侧移和变形。在常温下梁、柱拆模强度不宜低于规定的强度标准。

对钢筋混凝土结构，不同的工艺方法具有不同的施工特点，只有对各种施工工艺有良好的认识，才能根据施工单位的具体情况编制出经济、合理的施工方案。所以在实际工作应予以充分的重视。

2.4.3 砖混结构

砖混结构的施工特点在于：这类建筑一般层数不多，便于组织流水施工。主体结构为砖墙与钢筋混凝土楼板，砌筑工程量较大，砌墙和安装楼板在各层楼之间先后交替施工。在施工中，如何设法使砌墙连续施工和楼板安装施工流水搭接，是整个建筑物施工的关键。在主体施工阶段，应重视楼梯间、厕所、盥洗室的施工与楼层施工紧密配合，否则由于混凝土养护时间的需要，使后续工程不能如期投入而拖延工期。在装修阶段，抹灰工程量大，手工操作多，湿作业多，材料品种多，工种交叉作业，工期长，如何合理安排室内墙面、顶棚及楼面施工顺序，组织立体交叉平行流水作业，对保证工程质量加快施工速度，有直接的影响。同时砖混结构为现场"组装"施工，有大量材料、构件，需要组织运输到现场，因场地关系有可能作二次转运；大量砖、砂浆、预制构件，脚手架用具等均需要竖直提升运输。因此，合理选择和布置水平及垂直运输机具，科学布置现场的材料和构件的堆放场地及道路安排，对提高效率和缩短工期也至关重要。

2.4.4 单层排架结构工业厂房

单层排架结构的工业厂房一般空间高度高、跨度大，除基础为现浇钢筋混凝土杯形基础外，主体结构的构件均需预制和吊装。具有预制、吊装量大的特点，特别是钢筋混凝土柱子与屋架,由于重量大,构件长,一般需要在现场进行预制,占地量大,而且时间长。故现场预制构件布置和吊装方法与机械选择必须一起考虑。如何组织好现场预制构件的制作,合理选择吊装方法和吊装机械,是单层排架结构工业厂房施工的关键。

当有设备基础时,设备基础的大小、基础深度、数量的多少,不只是涉及柱基与设备基础施工先后顺序问题,更重要的是对整个厂房施工程序方案有直接影响,它关系着土建与设备安装等施工活动的安排,是整个工程施工最关键的问题。需要认真进行施工方案的技术经济比较后才能确定。同时在工业厂房施工各专业之间的协调配合也是缩短工期,顺利施工的重点,需要特别重视。

此外对建筑设计标新立异,结构复杂的椭圆形、圆形或不规则几何形状的建筑平面,由于曲面、弧线多,施工难度大,另外对本施工单位较少施工的新材料、新工艺、新结构等都应有较详细的施工特点的描述。

工程概况编制实例详见本单元课题6。

课题3 施工方案

施工方案是施工组织设计的核心部分。施工方案选择的恰当与否,将直接影响到单位工程的施工效益、质量、工期和企业的经济效益,因此,必须给予足够的重视。

施工方案的选择一般包括:确定施工程序和施工起点流向、确定施工顺序、合理选择施工方法和施工机械的确定、制定技术组织措施等。

3.1 确定施工程序

施工程序是指单位工程中各分部分项工程或施工阶段的先后顺序及其制约关系,其任务主要是从总体上确定单位工程的主要分部工程的施工顺序。工程施工受到自然条件和物质条件的制约,它在不同施工阶段的不同的工作内容按照其固有的、不可违背的先后顺序循序渐进地向前开展,它们之间有着不可分割的联系,既不能相互代替,也不允许颠倒或跨越。一般工程的施工程序应遵循下列原则。

(1)先准备,后施工

施工准备工作是为后续生产活动正常进行创造必要的条件。施工准备工作不充分就贸然施工,不仅会引起施工混乱,而且还会造成资源浪费,甚至中途停工。施工准备工作分内业和外业两部分。内业准备工作包括熟悉施工图纸、图纸会审、编制施工预算、编制施工组织设计、落实设备与劳动力计划、落实协作单位、对职工进行施工安全与防火教育等。外业准备工作包括完成拆迁、清理障碍、管线迁移(包括场内原有高压线搬迁)、平整场地、设置施工用的临时建筑、完成附属加工设施、铺设临时水电管网、完成临时道路、机械设备进场、必要的材料进场等。在准备工作时先全场性工程,后各项工程施工。

(2)"先地下后地上"、"先主体后围护"、"先结构后装修"、"先土建后设备"

1)"先地下、后地上"。在地上工程开始之前,尽量把地下管线的铺设、土方工程和基础工程完成或基本完成,以免对地上部分施工产生干扰,为地上部分施工提供良好的场地。

2)"先主体、后围护"。在结构主体与围护的搭接时间安排上,对框架、排架建筑等承重骨架施工量较大的建筑,应先施工主体结构,然后施工围护结构。以免相互干扰,利于成品的保护和施工的安全。

3)"先结构、后装修"。在结构与装修的搭接时间安排上,装饰工程的施工应待结构工程全部施工完成后进行。这是指一般情况而言,对多层房屋结构工程的施工,结构与装饰施工一般不安排搭接。有时为了缩短工期,也可以部分搭接施工,对高层建筑施工,应尽量安排搭接施工,以缩短工期,降低成本。但局部施工仍应遵循"先结构、后装修"的原则。

4)"先土建、后设备"。在土建与设备的搭接时间安排上,不论是工业建筑还是民用建筑,一般说来,土建施工应先于水暖煤电卫等建筑设备的施工。但它们之间更多的是穿插配合的关系,尤其在装修阶段,应处理好各工种之间的协作配合关系。

(3) 做好土建施工与设备安装的程序安排

对工业厂房施工,除了要完成一般土建工程施工外,还要同时完成工艺设备、电器及管线等的安装工作。对于厂房而言,时间就是金钱,为了早日竣工投产,在考虑施工方案时应科学合理安排土建施工与设备安装之间的施工程序,尽量缩短工期。一般说来,土建与设备安装有以下三种施工程序:

1) 封闭式施工:即土建主体结构完成之后,才进行设备安装的施工程序。如精密仪表厂房、要求恒温恒湿的车间等。此法有利于预制构件的现场预制、拼装和安装前的就位布置,从而能加快主体结构的施工进度,减少设备基础施工时的防雨、防寒等设施费用。但出现重复性的工作,设备基础施工条件较差,不便于采用挖土机施工,不能提前为设备安装提供工作面,因此工期较长。

2) 敞开式施工:即先安装工艺设备,后建厂房的施工程序,如重型工业厂房,冶金车间、发电厂等。敞开式施工的优缺点与封闭式相反。

3) 设备安装与土建施工同时进行:当土建施工为设备安装创造了必要的条件,同时又采取能够防止被砂浆、垃圾等污染的措施时,设备安装与土建施工可同时进行。如建造水泥厂时,经济上最适宜的施工程序是两者同时进行。

(4) 安排好收尾工作

这主要包括设备调试、生产或使用准备、交工验收等工作。做到前有准备,后有收尾,才是周密的程序。

3.2 确定施工的起点流向

施工起点流向是指单位工程在平面或空间上开始施工的部位及其流动的方向,它着重强调单位工程粗线条的施工流程,但这粗线条却决定了整个单位工程的方法步骤。

施工流向的确定,牵涉到一系列施工过程,是组织施工的重要环节,为此,应考虑以下方面问题。

3.2.1 生产工艺流程或使用要求

生产工艺流程上影响其他工段试车投产的或建设单位对生产和使用急需的工段应先施工。在工作面许可的情况下,重点安排局部需提前使用的工段进行施工,完成全部施工内容,保证建设单位生产和使用要求。例如:工业厂房内要求先试生产的工段应先施工,高层宾馆、饭店等,可以在主体结构施工到一定的层数后,即进行地面上若干层的设备安装和室内外装修。

3.2.2 单位工程各部分的繁简程度

对技术复杂、施工进度较慢、工期较长的工段或部位应先施工。例如，高层现浇钢筋混凝土结构房屋，主楼部分应先施工，裙楼部分后施工。

3.2.3 房屋高低层与高低跨

在有高低跨并列的单层工业厂房结构安装中，柱的吊装应从高低跨并列处开始；高低层并列的多层建筑物中，层数多的区段应先施工。

3.2.4 工程现场条件和施工方案

施工场地的大小、道路布置和施工方案所采用的施工方法及机械也是确定施工流程的主要因素。例如，土方工程施工中，边开挖边运土，则施工的起点应确定在远离道路的部位，由远及近地开展施工。又如，根据工程条件，挖土机械可选择正铲挖土机、反铲挖土机、拉铲挖土机等，吊装机械可选择履带吊、汽车吊或塔吊。这些机械的开行路线或位置决定了基础挖土及结构吊装施工的起点和流向。

3.2.5 施工组织的分层、分段

划分有施工层、施工段的部位，如伸缩缝、沉降缝、施工缝等也可决定施工起点流向应考虑的因素。

3.2.6 分部工程或施工阶段的特点

如基础工程由机械和施工方法决定其平面的施工流向；主体结构工程从平面上看，从哪一边先开始都可以，但竖向一般应自下而上施工；装饰工程竖向的流程比较复杂，室外装饰一般采用自上而下的工程流向；室内装饰的流向则有如下三种。

（1）自上而下的施工流向，如图3-2。这种方案是指主体结构工程封顶，屋面防水层做好后，从顶层开始，逐层向下进行的施工流向，有水平向下和竖直向下两种方式。施工中一般采用水平向下的方式较多。

这种方案的优点是，主体结构完成后有一定的沉降时间，能保证装饰工程的质量；其次，自上而下的流水施工，各施工过程之间交叉作业少，影响小，便于组织施工，有利于保证施工安全，从上而下清理垃圾方便。其缺点是不能与主体工程施工搭接，因而工期较长。

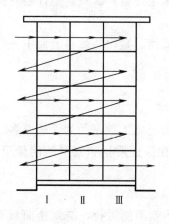

图3-2 由外而内，由上而下

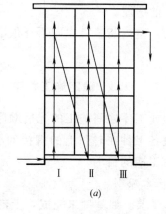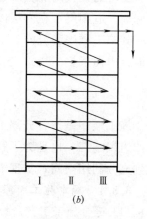

图3-3 由内从下而上，再由外从上而下
(a)室内装修竖直向上；(b)室内装修水平向上

（2）由内自下而上，再由外从上而下的施工顺序和施工流向，如图 3-3。这种方案可在主体结构完成三四层后，就从底层插入进行室内装修，在以上各层结构仍在施工的同时，室内装修由下而上同时进行，当主体结构完成时室内装修也相继达到顶层，最后转入顶层的外墙面装修，由上而下，完成一层，拆去一层脚手架，直至地面。

其优点是主体结构与室内装修可穿插进行，加快了施工进度，缩短了施工工期，但当进行上一层室内装修时，会累及到下一层墙面的清洁。

其施工顺序和流向有竖直向上和水平向上两种，如图 3-3。

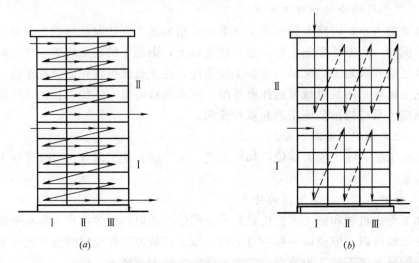

图 3-4　室内装修装饰工程自中而下再自上而中的流向
(a) 水平向下；(b) 竖直向下

（3）先由中而下，再自上而中的施工顺序和施工流向，如图 3-4。这种安排结合了以上两种方案的优点，它是当主体结构接近顶层时，从房屋的中间层开始插入，往下进行室内装修至底层，再从顶层外墙、室内装修一起依次向下直至完成。

其特点是，结构工程与装修工程穿插进行，缩短了工期，同时因结构与装修之间有二、三层的楼板间隔，不会对下一层墙面造成影响，保证了施工质量；其缺点是计划安排较麻烦。适用层数在六层以上的房屋。

其施工顺序和流向表示为：室内装修自中向下→顶层外墙面、室内装修自上而中→外墙面自中而下。

3.3　确定施工顺序

施工顺序是指各分部工程或工序之间施工的先后顺序。确定施工顺序是为了按照客观规律组织施工，也是为了解决各工种在时间上的搭接问题，在保证质量和安全的前提下，做到充分利用空间，实现缩短工期的目的。

3.3.1　确定施工顺序的基本原则

（1）符合施工工艺及技术要求。如基础未完成，上部结构就不能进行，浇筑楼面板混凝土，必须在安装模板、钢筋绑扎完成，并进行隐蔽工程验收后才能进行等。

（2）施工顺序与施工方法及施工机械的相协调。如采用机械挖土方时，反铲挖掘机为后退挖土、而正铲挖掘机为前进挖土，施工顺序考虑施工机械的前进和开行道路安排；又如现浇钢筋混凝土柱的施工顺序为：绑钢筋→支柱模→浇混凝土→混凝土养护→拆模，而预制钢筋混凝土柱的施工顺序为：支柱模→绑钢筋→浇混凝土→混凝土养护→拆模，两种钢筋混凝土柱的施工顺序不同是因为其施工方法不同。

（3）考虑施工组织要求。当施工空间空闲和紧张时应用科学、经济的管理方法组织施工。如地下室的地面施工，可安排在地下室顶板铺设前或在顶板铺设后进行施工。从施工组织的角度考虑，前者，上部空间宽敞，可利用吊装机械直接将地面的施工材料吊到地下室，施工方便；而后者，地面材料运输和施工，就比较困难。如何安排需进行工期、效益、技术等分析、比较，选择合理的方案。

（4）考虑施工质量和安全要求。施工顺序和流向的确定必须保证质量和安全要求。如受季节性因素影响的项目，应尽量安排在冬雨期到来之前或之后施工，在影响安全和质量时，应重新安排施工顺序或采用相应的技术保障措施。

（5）考虑当地气候条件。如雨期和冬期到来之前，应先做完室外各项施工过程，为室内施工创造条件。冬期施工时，可先安装门窗玻璃，再做室内地面及墙面抹灰，这样有利于保温和养护。

3.3.2 多层砖混结构的施工顺序

多层砖混结构的施工一般可分为：基础（包括地下室结构）、主体、屋面、室内外装修、水电暖卫气等管道与设备安装工程。若按施工阶段划分，一般可以分为：基础（地下室）、主体结构、屋面及装修与房屋设备安装三个阶段。各施工阶段及其主要施工过程的施工顺序见图 3-5。

（1）基础阶段施工顺序

这个阶段的施工过程与施工顺序一般是：挖土→垫层→基础→回填土。这一阶段挖土和垫层在施工安排上要紧凑，时间间隔不能太长，也可将挖土与垫层划分为一个施工过程，避免槽（坑）灌水或受冻，影响地基土的承载力，造成质量事故或人工、材料浪费。

如有桩基，则应另列桩基工程施工；如有地下室，则在垫层完成后进行地下室底板、墙身施工，再做防水层，安装地下室顶板，最后回填土。各种管沟挖土、管道的铺设等应尽可能与基础施工配合，平行搭接进行。回填土一般在基础完工后一次分层夯填完毕，以便为后序施工创造条件。室内房间地面回填土，如果施工工期较紧，可安排在内装修前进行回填。

（2）主体结构施工阶段施工顺序

这个阶段的施工过程及施工顺序为：搭脚手架及竖直运输设施→砌筑墙体→现浇钢筋混凝土圈梁和雨篷→楼板施工等。在主体结构施工阶段，砌墙和楼板施工是主要施工过程，它们在各楼层之间先后交替施工，而各层现浇混凝土等分项工程，与楼层施工紧密配合，同时或相继完成。

组织主体结构施工时，尽量设法使砌墙工程连续施工。通常采用流水施工的方法，将拟建工程在平面上划分为两个以上的施工段，组织流水施工。至于楼板施工，如能设法做到连续，则与砌墙工程组织流水施工，不能连续，则和各层现浇混凝土工程一样，与砌墙工程紧密配合，保证砌墙工程连续进行，可不强调连续作业。

在组织砌墙工程流水施工时，需要在平面和空间上划分适当的施工段，才能保证砌墙工程施工的连续性。在竖直方向划分施工段时，可按一个可砌筑高度为一个施工层（段），每完成平面上一个施工段的一个施工层的砌筑，再转到下一个施工段砌筑同一施工层，即按水平流向在同一施工层逐段流水作业；或按结构层划分施工层（段），由下向上依次完成各砌筑施工层后再流入下一施工段，即在一个结构层内采用垂直向上的流水方向的砌墙组织。还可以在同一结构层内各施工段间，采用对角线流向的阶段式的砌墙组织方法。砌墙组织的流水方向不同，安装楼板投入施工的时间间隔也不同。设计时，可根据可能条件，作出不同流向的砌墙组织，分析比较后确定。

(3) 屋面、装饰、房屋设备安装阶段的施工顺序

这一阶段的特点是施工内容多，繁而杂；有的工程量大，有的小而分散；劳动消耗量大，手工操作多，工期长。

1) 屋面工程的施工顺序：铺保温层→抹找平层→刷冷底子油→铺卷材防水层等。屋面工程在主体结构完成后开始，并尽快完成，为顺利进行室内装修工程创造条件。一般它可以和装修工程平行进行。

2) 室内、外装饰工程的施工顺序。装饰工程可分为室外装饰和室内装饰，要安排好立体交叉平行搭接施工，合理确定其施工顺序。通常有先内后外，先外后内，内外同时进行这三种顺序。如果是水磨石楼面，为防止楼面施工时渗漏水对外墙面的影响，应先完成水磨石的施工；如果为了加速脚手架周转或要赶在冬雨期到来之前完成外装修，则应采取先外后内的顺序；如果抹灰工太少，则不宜采用内外同时施工。一般说来，采用先外后内的顺序较为有利。

A. 室外装饰工程的施工顺序。室外装饰工程一般包括：外墙抹灰、落水管、勒脚、散水、台阶、明沟及道路等。当室外装修工程均采用自上而下的流水施工顺序时，可从檐口开始，逐层往下进行，当由上往下某层所有工序都完成后，即开始拆除该层的脚手架。散水及台阶等在外脚手架拆除后进行施工。

B. 室内装修工程的施工顺序。室内装饰工程一般包括：顶棚、墙面、地面抹灰、门窗扇安装、五金及各种木装修、踢脚线、楼梯踏步抹灰等。若采用自上而下的顺序，等主体结构工程封顶，做好防水层以后，由顶层开始，逐层往下进行。由于主体结构完成后有一定的沉降时间，铺设屋面防水层后，可防止雨水渗漏，同时工序间交叉少，影响小，便于组织施工，有利于保证施工安全，且清理也方便，易于保证装修工程质量。但不能与主体结构施工搭接，工期较长。

室内装修工程若采用自下而上的施工顺序，当主体结构工程的墙砌到2~3层以上时，装修工程可从一层开始，逐层往上进行。安排时可与主体砌墙工程搭接，但此时，由于上部主体仍在施工，工序之间交叉多，特别要注意安全保证。当采用预制楼板时，注意板缝填灌密实，防止板靠墙一边施工用水的渗漏，为此在上下两相邻楼层中，应采取先抹好上层地面，再做下层顶棚抹灰的施工顺序。当采用现浇钢筋混凝土楼板时，在时间的安排上应注意混凝土的养护时间和模板的拆除时间。

同一层内室内抹灰工程的施工顺序有两种：一是，地面和踢脚线→顶棚→墙面。这种顺序便于清理，易于保证地面质量，且利于收集墙面和顶棚落地灰，节约材料。但由于地面面层施工需要养护（技术间歇），墙和顶棚抹灰时间推迟，影响后续工序，会使工期拉长；二是，按顶棚→墙面→地面和踢脚线的施工顺序进行，这样安排可缩短抹灰工程的工

期,但做地面之前必须把楼面上落地灰和渣子清扫洗净后再做地面面层,否则会影响面层与预制楼板的粘结。

底层地面一般多是在各层墙面、楼地面做好以后进行。

楼梯间和踏步,因为在施工期间容易受到损坏,通常在整个抹灰工程完成以后,自上而下统一施工。

门窗扇的安装安排在抹灰之前或抹灰之后进行,具体应视气候和施工条件而定。一般是先抹灰后安装门窗扇。若室内抹灰在冬期施工,为防止抹灰层冻结和加速干燥,则门窗扇和玻璃应在抹灰前安装好。

室内、室外装修工程的施工顺序通常互相干扰很小,哪个先施工,哪个后施工,或者室内、外同时进行都可以,应视施工条件而定。

C. 房屋设备安装工程的施工可与土建有关分部分项工程交叉施工,紧密配合。主体结构阶段,应在砌墙或现浇楼板的同时,预留电线、水管等的孔洞或预埋木砖及其他埋件;装修阶段,应安装各种管道和附墙暗管,接线盒等。水暖煤卫电等设备安装最好在楼地面和墙面抹灰之前或之后穿插施工。室外上下水管道等施工可安排在土建工程之前或与土建工程同时进行。

根据上述,安排一栋多层混合结构施工顺序和流向如图3-5所示。

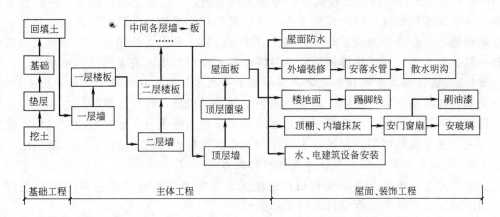

图3-5 多层混合结构房屋施工顺序示意图

综上所述,由于建筑施工是一个综合复杂的过程,建筑物的空间尺寸、结构的复杂程度、施工条件、质量、经济要求、施工工期等都会影响到工程施工顺序和施工流向的安排,因此必须结合工程的具体情况、施工特点合理的进行安排。

3.4 施工方法和施工机械的选择

施工方法是针对工程主要分部分项工程而言,是施工方案的技术问题也是施工方案的重要组成部分。施工方法和施工机械的选择是紧密联系的,完成施工的施工工艺和方法是多种多样的。在选择施工方法和机械时需要注意以下方面。

3.4.1 首先考虑主导工程的施工方法和施工机械的选择

施工方法和施工机械的选择,应着重研究那些影响施工全局的重要分部工程,对于按常规做法和工人熟练的分项工程,则不必详细拟定。需着重研究的有:

(1) 工程量大、工期长的分部工程。如：挖土方是基础施工的主要施工过程之一，其施工方法包括下述若干问题需研究确定：

A. 挖土方法确定：采用人工挖土还是机械挖土。如采用机械挖土，则应选择挖土机的型号、数量，机械开挖方向与路线，机械开挖时，人工如何配合修整槽（坑）底坡。

B. 挖土顺序：根据基础施工流向，同时考虑基础挖土中基底标高。

C. 挖土技术措施：根据基础平面尺寸及深度，土的类别等条件，确定基坑单个挖土还是按柱列轴线连通大开挖；是否留工作面及确定放坡系数；如基础尺寸不大也不深时，也可考虑按垫层平面尺寸直壁开挖，以便减少土方量、节约垫层支模；如可能出现地下水，应如何采取排水或降低地下水的技术措施；排除地面水的方法，以及沟渠、集水井的布置和所需设备。冬期与雨期的有关技术与组织措施等。运、填、夯实机械的型号和数量。

在基础工程中的挖土、垫层、扎筋、支模、浇筑混凝土、养护、拆模、回填土等工序应采用流水作业连续施工，也就是说，基础工程施工方法的选择，除了技术方法外，还必须对组织方法即对施工段的划分作出合理的选择。

(2) 施工技术复杂或采用新技术、新工艺及对工程质量起关键作用的分部（分项）工程。

(3) 不熟悉的特殊结构工程或特殊专业工程。例如，在多层和高层建筑中的竖直运输设备选择；深基础的开挖和降低地下水方案；装配式建筑构件的预制，运输和吊装；大型设备基础施工等都应详细拟定施工方案。对于常规施工和工人熟悉的分部工程（如砖墙砌筑和一般装饰工程）就无须详细拟定，只需根据实际情况提出有关的注意事项。

3.4.2 选择施工方法和机械时，应考虑主导施工机械和辅助施工机械的配套问题

例如，在结构安装工程中，起重机作为主导施工机械，在保证其连续工作，使其充分发挥机械效率的前提下，再选择一些与之配套的其他运输机械。如在挖土工程中，挖土机应作为主导施工机械使用，保证挖土机连续工作，再配以与之相适应的汽车等运输工具。

3.4.3 应充分发挥施工单位现有机械的能力

应考虑充分发挥施工单位现有机械的能力，当本单位的机械能力不能满足工程需要时，则应购置或租赁所需新型机械或多用机械。

3.4.4 选择施工方法和施工机械需考虑技术经济指标

技术上先进的，经济上管理有效的施工方法和施工机械应为首选。一般影响技术经济指标的主要因素有以下几个方面，应重点考虑。

(1) 工期：工期的长短决定经济效益，因此，选择施工方法和施工机械时在保证质量和安全生产的条件下，应尽量缩短工期。

(2) 劳动消耗量：劳动消耗量反映了施工机械化程度与劳动生产率水平。是生产效率的重要体现，施工方法与施工机械选择的合理，其效率就可以充分发挥，从而减少劳动消耗量。

(3) 成本费：施工方法和施工机械的选用直接关系到成本费的高低，采取措施，降低成本，是选择施工方案时应注意的问题。

3.5 主要技术组织措施

应在严格执行施工验收规范、检验标准、操作规程的前提下，针对工程施工特点，制

订下述措施。

3.5.1 技术措施

对新材料、新结构、新工艺、新技术的应用，对高耸、大跨度、重型构件以及深基础、设备基础、水下和软弱地基项目，均应编制相应的技术措施。其内容包括：

（1）需要表明的平面、剖面示意图以及工程量一览表；
（2）施工方法的特殊要求和工艺流程；
（3）水下及冬、雨期施工措施；
（4）技术要求和质量安全注意事项；
（5）材料、构件和机具的特点、使用方法及需用量。

3.5.2 质量措施

保证质量措施，可从以下几方面来考虑：

（1）确保定位放线、标高测量等准确无误的措施；
（2）确保地基承载力及各种基础、地下结构施工质量的措施；
（3）确保主体结构中关键部位施工质量的措施；
（4）确保屋面、装修工程施工质量的措施；
（5）保证质量的组织措施（如人员培训、编制工艺卡及质量检查验收制度等）。

3.5.3 安全措施

保证安全施工的措施，可从下述几方面来考虑：

（1）保证土石方边坡稳定的措施；
（2）脚手架、吊篮、安全网的设置及各类洞口、临边防止人员坠落的措施；
（3）外用电梯、井架及塔吊等竖直运输机具拉结要求和防倒塌措施；
（4）安全用电和机电设备防短路、防触电的措施；
（5）易燃易爆有毒作业场所的防火、防爆、防毒措施；
（6）季节性安全措施，如雨期的防洪、防雨、夏期的防暑降温、冬期的防滑、防火等措施；
（7）现场周围通行道路及居民保护隔离措施；
（8）保证安全施工的组织措施，如安全宣传、教育及检查制度等。

3.5.4 降低成本措施

应根据工程情况，按分部分项工程逐项提出相应的节约措施，计算有关技术经济指标，分别列出节约工料数量与金额数字，以便衡量降低成本效果。其内容包括：

（1）合理进行土石方平衡，以节约土方运输及人工费用；
（2）综合利用吊装机械，减少吊次，以节约台班费；
（3）提高模板精度，采用整装整拆，加速模板周转，以节约木材或钢材；
（4）混凝土、砂浆中掺外加剂或掺合料（如粉煤灰等），以节约水泥；
（5）采用先进的钢筋焊接技术（如气压焊）以节约钢筋；
（6）构件及半成品采用预制拼装、整体安装的方法，以节约人工费、机械费等。

3.5.5 现场文明施工措施

文明施工或场容管理一般包括以下内容：

（1）施工现场围栏与标牌设置，出入口交通安全，道路畅通，场地平整，安全与消防设施齐全；

(2) 临时设施的规划与搭设，办公室、宿舍、更衣室、食堂、厕所的安排与环境卫生；

(3) 各种材料、半成品、构件的堆放与管理；

(4) 散碎材料、施工垃圾的运输及防止各种环境污染；

(5) 成品保护及施工机械的保养。

施工方案编制实例见本单元课题 6。

课题 4 施工进度计划的编制

施工进度计划是在已确定的施工方案的基础上，根据施工合同规定的工期和各项技术资源供应条件，按照各施工过程之间合理的施工顺序和组织施工的原则，将一项工程施工的全过程，用横道图或网络图的形式表示其施工的起止时间及在时间与空间上的搭接配合关系的一种计划图表。它是施工现场一切施工活动的依据。

4.1 施工进度计划的作用和种类

4.1.1 施工进度计划的作用

单位工程施工进度计划是施工组织设计的重要内容，它的主要作用是：

(1) 是控制各分部分项工程施工进度，保质保量如期完成施工任务的重要保证；

(2) 是确定各分部分项工程的施工时间及其相互之间的衔接、配合关系的主要依据；

(3) 是编制施工准备工作计划，确定所需的劳动力、机械、材料等资源数量及供应计划的依据；

(4) 是编制季度、月度施工作业计划的依据。

4.1.2 施工进度计划的种类

单位工程施工进度计划根据施工项目划分的粗细程度，可分为控制性和指导性进度计划两类。

(1) 控制性施工进度计划。控制性施工进度计划一般按分部工程来划分施工项目，控制各分部工程的施工时间及其相互搭接配合关系。它主要适用于工程结构较复杂、规模较大、工期较长而需跨年度施工的工程项目（如体育场、火车站等公共建筑以及大型工业厂房等），还适用于工程规模不大或结构不复杂但各种资源（劳动力、机械、材料等）不落实的情况，以及由于建筑结构等可能变化的情况。

(2) 指导性施工进度计划。指导性施工进度计划按分项工程或施工过程来划分施工项目，具体确定各施工过程的施工时间及其相互搭接、配合关系。它适用于任务具体而明确、施工条件基本落实、各项资源供应正常、施工工期不太长的工程。编制控制性施工进度计划的单位工程，当各分部工程的施工条件基本落实后，在施工之前还应编制指导性的分部分项工程施工进度计划。

4.2 单位工程施工进度计划的编制依据和程序

4.2.1 单位工程施工进度计划的编制依据

单位工程施工进度计划的编制，主要包括有以下资料：

(1) 有关设计图纸，如建筑结构施工图、工艺设备布置图及设备基础图。
(2) 施工组织总设计对本工程的要求及施工总进度计划。
(3) 要求的开工及竣工时间。
(4) 施工方案与施工方法。
(5) 施工条件，如劳动力、机械、材料、构件等供应情况。
(6) 定额资料，如劳动定额、机械台班定额、施工定额等。
(7) 施工合同。

4.2.2 编制程序

单位工程施工进度计划的编制程序，如图3-6所示。

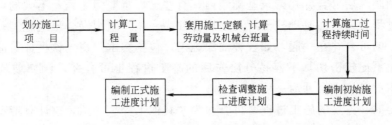

图3-6 施工进度计划的编制程序

4.3 施工进度计划的编制方法与步骤

4.3.1 划分施工项目

施工项目是包括一定工作内容的施工过程或工序，是进度计划的基本组成单元。施工项目划分的一般要求和方法如下：

(1) 明确施工项目划分的内容

应根据施工图纸、施工方案与施工方法，确定拟建工程可划分成哪些分部分项工程，明确其划分的范围和内容。如单层厂房的设备基础是否包括在厂房基础的施工项目之内；又如室内回填土是否包括在基础回填土的施工项目之内。

直接在拟建工程的工作面上施工的项目，经过适当合并后均应列出。不在现场施工而在拟建工程工作面之外完成的项目，如各种构件在场外预制及其运输过程，一般可不必列项，只要在使用前运入施工现场即可。

(2) 掌握施工项目划分的粗细

一般对于控制性施工进度计划，其施工项目可以粗一些，如划分为施工前的准备工作、打桩工程、基础工程、主体结构工程等。对于指导性施工进度计划，其施工项目的划分可细一些，特别是其中的主导施工过程均应详细列出，以便于掌握施工进度，起到指导施工的作用。

(3) 项目划分应考虑施工方案

施工项目的划分，应考虑采用的施工方案。如厂房基础采用敞开式施工方案时，柱基础和设备基础可划分为一个施工项目；而采用封闭式施工方案时，则必须分别列出柱基础、设备基础这两个施工项目。又如结构吊装工程，采用分件吊装法时，应列出柱吊装、梁吊装、屋架扶直就位、屋盖吊装等施工项目；而采用综合吊装法时，则只要列出结构吊装一项即可。

(4) 项目划分应考虑流水施工安排

在组织楼层结构流水施工时（一般指全等节拍流水施工），相应施工项目数目应小于或等于每层的施工段数目。如砖混结构每层划分为两个施工段时，施工项目可分为：砌砖墙（包括脚手架、门窗过梁、楼梯安装等）与现浇、吊装钢筋混凝土梁板（包括现浇圈梁、雨篷和安装大梁、楼板等）两项；比如划分为三个施工段时，则可将现浇圈梁、雨篷和吊装大梁、楼板划分开来，即砌砖墙、现浇圈梁和雨篷、吊装大梁和楼板等三项。

(5) 将施工项目适当合并，避免施工项目划分过细、重点不突出

为了使计划简明清晰、突出重点，一些次要的施工过程应合并到相邻的主要施工过程中去，如基础防潮层可合并在砌筑基础墙内；有些虽然重要但工程量不大的施工过程也可与相邻施工过程合并，如基础挖土可与垫层合并为一项，组织混合班组施工；同一期间由同一工种施工的可合并在一起，如各种油漆施工，包括钢木门窗、铁栏杆等油漆均可并为一项；有些关系比较密切，不容易分出先后的施工过程也可合并，例如玻璃和油漆，散水、勒脚和明沟等均可合并为一项。

对于次要的、零星的施工过程，可合并为"其他工程"一项，在计算劳动量时给予适当的考虑即可。

(6) 现浇钢筋混凝土工程的列项

根据施工组织和结构特点，一般可划分为支模、扎筋、浇筑混凝土等施工过程。现浇框架结构分项可细一些，如分为绑扎柱钢筋、安装柱模板、浇筑柱混凝土、安装梁板模板、绑扎梁板钢筋、浇筑梁板混凝土、养护、拆模等施工项目。但在砖混结构工程中，现浇工程量不大的钢筋混凝土工程一般不再细分，可合并为一项，由施工班组的各工种互相配合施工。

(7) 抹灰工程的列项

外墙抹灰一般只列一项，如有瓷砖贴面等装饰，可分别列项。室内的各种抹灰应分别列项，如地面抹灰、顶棚及墙面抹灰、楼梯面及踏步抹灰等，以便组织施工和安排进度。

(8) 设备安装应单独列项

土建施工进度计划列出的水、暖、煤、电、卫、通信和生产设备安装等施工项目，只要表明其与土建施工的配合关系，一般不必细分，可由安装单位单独编制其施工进度计划。施工项目划分和确定之后，应大体按施工顺序排列，依次填入施工进度计划表的"施工项目"一栏内。

4.3.2 计算工程量

工程量应根据施工图纸、有关计算规则及相应的施工方法进行计算，计算时应注意以下几个问题。

(1) 注意计量单位

施工定额中某些项目的工程量计量单位与预算定额有所不同。因此计算时，应使每个项目的工程量计量单位与采用的施工定额一致，以便计算劳动量及材料需要量时可直接套用定额，不再进行换算。

(2) 注意所采用的施工方法

计算工程量时，应注意与所采用的施工方法一致，以便计算所得工程量与施工实际情况相符合。例如：挖土时是否放坡，是否加工作面，坡度和工作面尺寸是多少；开挖方式是单独开挖、条形开挖，还是整片开挖，都直接影响到工程量的计算。

(3) 注意结合施工组织的要求

组织流水施工时的项目应按施工层、施工段划分，列出分层、分段的工程量。如每层、每段的工程量相等或出入不大时，可计算一层、一段的工程量，再分别乘层数、段数，即得该项目的总工程量；或根据总工程量分别除层数、段数，可得每层、每段的工程量。

(4) 正确取用预算文件中的工程量

如已编制预算文件，则施工进度计划中的工程量可根据施工项目包括的内容从预算工程量的相应项目内抄出并汇总。例如，为确定进度计划中砌筑砖墙项目的工程量，可首先分析它包括哪些内容，然后按其所包含内容从预算工程量中全部摘抄出来，再进行汇总后求得。当进度计划中的施工项目与预算项目不同或有出入时（如计量单位、计算规则、采用定额不同等），则应根据施工实际情况加以修改、调整或重新计算。

4.3.3 套用施工定额，确定劳动量或机械台班量

根据所划分的施工项目、工程量和施工方法，即可套用施工定额（或当地实际采用的劳动定额及机械台班定额），以确定劳动量和机械台班量。

施工定额一般有两种形式：即时间定额和产量定额。时间定额是指某种专业、某种技术等级工人小组或个人在合理的技术组织条件下，完成单位合格产品所必需的工作时间。一般用符号 H_i 表示，它的单位有：工日/m^3、工日/m^2、工日/m、工日/t 等。因为时间定额以劳动工日数为单位，便于综合计算，故在劳动量统计中用得比较普遍。产量定额是指在合理的技术组织条件下，某种专业、某种技术等级工人小组或个人在单位时间内所应完成的合格产品数量。一般用符号 S_i 表示，它的单位有：m^3/工日、m^2/工日、m/工日、t/工日等。因为产量定额是以产品数量来表示，具有形象化的特点，故在分配任务时用得比较普遍。

时间定额和产量定额是互为倒数的关系，即：

$$H_i = 1/S_i \quad 或 \quad S_i = 1/H_i \tag{3-1}$$

套用国家或当地颁发的定额，必须注意结合本单位工人的技术等级、实际施工技术操作水平、施工机械情况和施工现场条件等因素，确定完成定额的实际水平，使计算出来的劳动量、台班量符合实际需要，为准确编制施工进度计划打下基础。

有些采用新技术、新材料、新工艺或特殊施工方法的项目，定额中尚未编入，这时可参考类似项目的定额、经验资料，按实际情况确定。

(1) 劳动量的确定

凡是以手工操作为主完成的施工项目，其劳动量可按下式计算：

$$P_i = Q_i/S_i = Q_i \cdot H_i \tag{3-2}$$

式中　P_i——某施工项目所需劳动量（工日）；

　　　Q_i——该施工项目的工程量（m^3、m^2、m、t 等）；

S_i——该施工项目采用的产量定额（m^3/工日、m^2/工日、m/工日、t/工日等）；

H_i——该施工项目采用的时间定额（工日/m^3、工日/m^2、工日/m、工日/t等）。

【例3-1】 某工程一砖外墙砌筑（塔吊配合），其工程量为855m^3，经研究确定平均时间定额为0.83工日/m^3。试计算完成砌墙任务所需劳动量。

【解】 $P_{墙} = Q_{墙} \cdot H_{墙} = 855 \times 0.83 = 709.65$（工日），取710个工日。

当施工项目由两个或两个以上的施工过程或内容合并组成时，其总劳动量可按下式计算：

$$P_{总} = \sum P_i = P_1 + P_2 + \cdots\cdots + P_n \tag{3-3}$$

【例3-2】 某厂房杯形基础施工，划分支模板、扎钢筋、浇筑混凝土三个施工过程，其工程量分别为719.6m^2、6.284t、287.3m^3，时间定额分别为0.253工日/m^2、5.28工日/t、0.833工日/m^3，试计算完成杯形基础所需总劳动量。

【解】 $P_{模} = 719.6 \times 0.253 \approx 182$ 工日

$P_{筋} = 6.284 \times 5.28 \approx 33$ 工日

$P_{混凝土} = 287.3 \times 0.833 \approx 239$ 工日

$P_{杯基} = P_{模} + P_{筋} + P_{混凝土} = 182 + 33 + 239 = 454$ 工日

（2）机械台班量的确定

凡是以施工机械为主完成的施工项目，应按下式计算其机械台班量：

$$D_i = Q'_i / S'_i = Q'_i \cdot H'_i \tag{3-4}$$

式中 D_i——某施工项目所需机械台班量（台班）；

Q'_i——机械完成的工程量（m^3、t、件等）；

S'_i——该机械的产量定额（m^3/台班、t/台班、件/台班等）；

H'_i——该机械的时间定额（台班/m^3、台班/t、台班/件等）。

【例3-3】 某宿舍工程采用井架摇头把杆吊运楼板等，每个施工段安装楼板165块，采用产量定额为85块/台班，试求吊装完一个施工段楼板所需的台班量。

【解】 $D_{井架} = Q'_i / S'_i = 165/85 = 1.94$（台班）

取整数用2个台班即可吊完。

对于"其他工程"一项所需的劳动量，可根据其内容和数量，结合工地具体情况，以总劳动量的一定百分比计算确定。一般约占总劳动量的10%~20%。

因为水、暖、煤、电、卫、通信等建筑设备及生产设备安装工程项目，由专业安装队施工，所以，在编制施工进度计划时，不计算其劳动量和机械台班量，仅安排与一般土建工程施工配合的施工进度。

4.3.4 施工项目工作持续时间计算

施工项目工作持续时间的计算方法一般有经验估计法、定额计算法和倒排计划法。

（1）经验估计法

这种方法就是根据过去的经验进行估计，一般适用于采用新工艺材料等无定额可循的工程。为了提高其准确程度，可采用"三时估计法"。若该施工项目的最乐观时间为A、

最悲观时间为 B 和最可能时间为 C，即按下式确定该施工项目的工作持续时间：

$$T=(A+4C+B)/6 \tag{3-5}$$

（2）定额计算法

这种方法就是根据施工项目需要的劳动量或机械台班量，以及配备的劳动人数或机械台数，来确定其工作持续时间。

当施工项目所需劳动量或机械台班量确定后，可按下式计算确定其完成施工任务的持续时间：

$$T_i=P_i/(R_i \cdot b_i) \tag{3-6}$$

$$T'_i=D_i/(G_i \cdot b_i) \tag{3-7}$$

式中 T_i——某手工操作为主的施工项目持续时间（天）；

P_i——该施工项目所需的劳动量（工日）；

R_i——该施工项目所配备的施工班组人数（人）；

b_i——每天采用的工作班制（1～3班制）；

T'_i——某机械施工为主的施工项目持续时间（天）；

G_i——某机械项目所配备的机械台数（台）。

在组织分段流水施工时，也可用上式确定每个施工段的流水节拍。

在应用上述公式时，必须先确定 R_i、G_i 及 b_i 的数值。（详见单元2）

（3）倒排计划法

这种方法是根据流水施工方式及总工期要求，先确定施工项目的持续时间和工作班制，再确定施工班组人数或机械台数。其计算方法及步骤如下：

1）根据合同工期或定额工期要求确定各分部工程工期 T_L（即流水组工期）；

2）计算主导施工过程的流水节拍 t，$t=\dfrac{T_L}{m+n-1}$ (3-8)

3）确定其他施工过程的流水节拍 $t_i(t_i \leqslant t)$ 及班组人数或机械台数。

如果计算需要的施工人数或机械台数超过了本单位现有的数量，除了要求上级单位调度、支援外，应从技术上、组织上采取措施。如组织平行立体交叉流水施工，某些项目采用多班制施工，提高混凝土早期强度等。如果计算得出的施工人数或机械台数对施工项目来说是过多或过少了，应根据施工现场条件、施工工作面大小、最小劳动组合、可能得到的人数和机械等因素合理确定。如果工期太紧，施工时间不能延长，则可考虑组织多班组、多班制施工。

4.3.5 绘制施工进度计划表

施工进度计划表可采用横道图或网络图形式。采用网络计划时，对于初学者，最好先排横道图，分清各过程在组织和工艺上的必然联系，然后再根据网络图的绘图原则、步骤、要求进行绘图。

在绘制一般双代号网络计划时，应特别注意各工作间（以下将施工过程简称工作）的逻辑联系，尤其是一个节点有多个箭头和箭尾时，可能会将无逻辑联系的工作连接起来，此时必须用虚箭线切断或连接工作之间的联系。

4.3.6 施工进度计划的检查和调整

施工进度计划初步方案编出后,应根据上级要求、合同规定、经济效益及施工条件等,先检查各施工项目之间的施工顺序是否合理、工期是否满足要求、劳动力等资源需用量是否均衡,然后进行调整,直至满足要求,最后编制正式施工进度计划。

(1) 施工顺序的检查和调整

施工进度计划安排的施工顺序应符合建筑施工的客观规律。应从技术上、工艺上、组织上检查各个施工项目的安排是否正确合理,如屋面工程中的第一个施工项目应在主体结构屋面板安装与灌缝完成之后开始。应从质量上、安全上检查平行搭接施工是否合理、技术组织间歇时间是否满足,如主体砌墙一般应从第一个施工段填土完成后开始,又如混凝土浇筑以后的拆模时间是否满足技术要求。总之,所有不当或错误之处应予修改或调整。

(2) 施工工期的检查和调整

施工进度计划安排的计划工期首先应满足上级规定或施工合同的要求,其次应具有较好的经济效益,即工期安排要合理,并不是越短越好。一般评价指标有以下两种:

1) 提前工期:即计划安排的工期比上级要求或合同规定的工期提前的天数。

2) 节约工期:即与定额工期相比,计划工期少用的天数。

当工期不符合要求,即没有提前工期或节约工期时,应进行必要的调整。检查时主要看各施工项目的持续时间、起止时间是否合理,特别应注意对工期起控制作用的施工项目,即首先要缩短这些施工项目的时间,并注意施工人数、机械台数的重新确定。

(3) 资源消耗均衡性的检查与调整

施工进度计划的劳动力、材料、机械等供应与使用,应避免过分集中,尽量做到均衡。这里主要讨论劳动力消耗的均衡问题。

劳动力消耗的均衡与否,可通过劳动力消耗动态图(如图3-7所示)来反映,其竖向坐标表示人数,横向坐标表示施工进度天数。

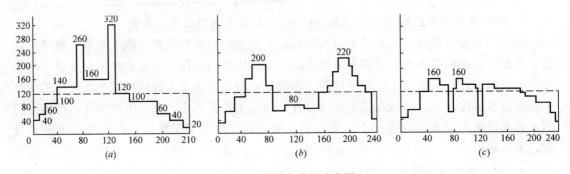

图 3-7 劳动力消耗动态图

图3-7(a)中出现短时期的高峰,即短时期施工人数骤增,需相应增加为工人服务的各项临时设施,说明劳动力消耗不均衡。图3-7(b)中出现长时期的低陷,如果工人不调出,将发生窝工现象;如果工人调出,则临时设施不能充分利用,这也说明资源消耗不均衡。图3-7(c)中出现短时期的、甚至是很大的低陷,则是允许的,只要把少数工人的工作重新安排一下,窝工情况就能消除。

劳动力消耗的均衡性可用不均衡系数来表示，用下式计算：

$$K = R_{\max}/R_{m} \tag{3-9}$$

式中　K——劳动力不均衡系数；

　　$R_{\max}$——高峰人数；

　　R_{m}——平均人数，即为施工总工日数除总工期所得人数。

K 一般应接近于 1，超过 2 则不正常。如果出现劳动力不均衡的情况，可通过调整次要施工项目的施工人数、施工时间、起止时间以及重新安排等方法来实现均衡。

应当指出，施工进度计划并不是一成不变的，在执行过程中，往往由于人力、物资供应等情况的变化，打破了原来的计划。因此，在执行中应随时掌握施工动态，并经常不断地检查和调整施工进度计划。

4.4　编制各项资源需用量计划

施工进度计划编制确定后，即可根据施工图纸、工程预算、施工方案等技术资料着手编制劳动力、材料及各种施工机械需用量计划。它们是施工单位做好各种资源的供应、调度、平衡、落实的主要依据，也是保证施工进度计划顺利执行的关键。

根据施工进度计划编制的各种资源需用量计划，一般包括劳动力、施工机具、主要材料、预制构件等需用量计划。

4.4.1　劳动力需用量计划

这种计划是根据施工预算、劳动定额和进度计划编制的，主要反映工程施工所需各种技工、普工人数，它是控制劳动力平衡、调配的主要依据。其编制方法是：将施工进度计划表上每天施工的项目所需工人按工种分别统计，得出每天所需工种及其人数，再按时间进度要求汇总。劳动力需用量计划的表格形式，见表 3-2 所示。

劳动力需用量计划　　　　　　　　　　　　　　　　　表 3-2

序号	工种名称	需用总工日数	需用人数及时间													备注
			×月			×月			×月			×月			×月	
			上	中	下	上	中	下	上	中	下	上	中	下	上	中	下	

4.4.2　主要材料需用量计划

这种计划是根据施工预算、材料消耗定额和施工进度计划编制的，主要反映施工中各种主要材料的需用量，作为备料、供料和确定仓库、堆场面积及运输量的依据。编制时应提出材料的名称、规格、数量、使用时间等要求，其计划表格形式见表 3-3 所示。

主要材料需用量计划　　　　　　　　　　　　　　　　　表 3-3

序号	工种名称	规格	需用量		需 用 时 间										备注
			单位	数量	×月			×月			×月			×月		
					上	中	下	上	中	下	上	中	下	上	中	下	

4.4.3 预制构件需用量计划

这种计划是根据施工图、施工方案、施工方法及施工进度计划要求编制的，主要反映施工中各种预制构件的需用量及供应日期，作为落实加工单位、按所需规格数量和使用时间组织构件加工和进场的依据。一般按钢构件、木构件、钢筋混凝土构件等不同种类分别编制，提出构件名称、规格、数量及使用时间等，其计划表格形式见表3-4所示。

预制构件需用量计划　　　　　　　　　　　　　表3-4

序号	构件、加工半成品名称	图号和型号	规格尺寸（mm）	单位	数量	要求供应起止日期	备注

4.4.4 施工机械需用量计划

这种计划是根据施工方案，施工方法及施工进度计划编制的，主要反映施工所需的各种机械和器具的名称、规格、型号、数量及使用时间，可作为落实机具来源、组织机具进场的依据，其计划表格形式见表3-5所示。

施工机械需用量计划　　　　　　　　　　　　　表3-5

序号	机具名称	规格	单位	需用数量	使用起止时间	备注

课题5　施工平面图的设计与绘制

5.1　概　　述

施工平面图是对拟建建筑物或构筑物的施工现场平面规划和空间布置。它是按照施工部署、施工方案和施工进度要求，对现场施工用的道路，临时水、电、热力管线，生产和生活临时设施，施工机械、材料、设备、构件的堆放场地和加工场地等进行合理规划。对整个工地各施工阶段现场上有关施工的重大措施，用图形的方式具体地表示出来，以指导现场施工。它是施工组织设计的主要组成部分，是施工准备工作的一项重要内容，是进行施工现场布置的依据，也是实现施工现场有组织、有计划、文明施工的先决条件。合理的施工平面布置对顺利执行施工进度计划是非常重要的，对现场的文明施工、工程成本、工程质量和安全生产都会产生直接的影响。认真贯彻执行合理的施工平面布置图，会使施工现场井然有序，施工顺利进行，保证进度，提高效率和经济效果，反之，则造成不良后果。

5.1.1　施工平面图的分类

施工平面图是施工组织设计的配套文件，因此与施工组织设计一样，按施工阶段不同、编制对象的范围不同和编制内容的繁简程度不同，可有以下的分类：基础开挖施工平面图、结构施工阶段施工平面图、装修阶段施工平面图。这3个阶段的施工平面图要突出表现它们不同的用处、内容及特点。

（1）基础开挖施工平面图：主要突出建筑物开挖时放坡的情况，土方运输场地进出口的安排、道路的设置、边坡围拦的设置、挖土机械的进退场线路，雨期要特别考虑基坑边缘的排水措施，防止雨水进入基坑破坏地基的承载力。

(2) 结构施工阶段施工平面图：结构施工期间所用的主要材料的堆放，如：大模板、钢筋及其加工场地、竖直运输机械的位置、道路、搅拌站、水电、消防大型机械的进出场线路，其他临设等。

(3) 装修阶段施工总平面图：主要突出装修建筑材料的堆放，同时考虑防火、防潮、防水等，安装工程（水、暖、电、通风、空调等）的机具、材料的堆放和库房的位置等。

5.1.2 施工平面图设计的一般内容

(1) 工地范围内已建和拟建的一切地上、地下的建筑物或构筑物及其他设施的位置和尺寸。

(2) 测量放线的标桩和水准点，地形等高线和土方取、弃场地。

(3) 移动式起重机械的开行路线及固定式竖直运输装置的位置。

(4) 工地内各种运输的道路以及外围运输道路情况。

(5) 各种加工用的工棚、材料堆场、仓库等（如模板、钢筋加工站、搅拌站、现场构件制作等）；

(6) 行政管理和生活用的房屋；

(7) 水、暖、电管线线路；

(8) 安全及防火设施。

5.1.3 施工平面图的设计原则

根据工程规模和现场条件，施工平面图的布置方案各不相同，但一般都应遵循以下原则：

(1) 在满足施工的条件下，场地布置应紧凑，施工占用场地尽量小。

(2) 合理划分施工区域和存放场地，减少各工程之间和各专业工种之间的相互干扰，最大限度地缩小场地内运输量，尽可能避免二次搬运，大宗材料和构件应就近堆放；在满足连续施工的条件下，各种材料应按计划分批进场，充分利用场地。

(3) 最大限度地降低临时设施的费用；尽可能利用已有或拟建工程。如利用原有水、电管线、道路、原有房屋等，为施工服务；利用可拆装式活动房屋；利用当地市政设施等。

(4) 满足劳动保护，安全生产和防火、文明施工的要求。对于易燃、易爆、有毒设施，要注意布置在下风向，保持安全距离；对于电缆等架设要有一定高度，注意布置消防设施。

5.1.4 施工平面图设计的依据

(1) 建设地区的自然条件和技术经济条件

1) 自然条件调查资料。用来解决由于气候（冰冻、洪水、风、雹等）、运输等产生的相关问题，用于布置地表水和地下水的排水沟，确定易燃、易爆及有碍人体健康的设施布置等。

2) 建设地域的竖向设计资料和土方平衡图。用来解决水、电管线的布置和土方的填挖及弃土、取土位置。

3) 建设单位及工地附近可供租用的房屋、场地、加工设备及生活设施。用来决定临时建筑及设施所需面积及其空间位置。

（2）设计资料

1）总平面图。用来正确确定临时建筑及其他设施位置，以及修建工地运输道路和解决排水等所需的资料。

2）一切已有和拟建的地下、地上管道位置。用来确定原有管道的利用或拆除以及新管线的敷设与其他工程的关系，并注意不能在拟建管道的位置上搭设临时建筑。

（3）施工组织设计资料

1）单位工程的施工方案、进度计划及劳动力、施工机械需要量计划等。用来了解各施工阶段的情况，以利于分阶段布置现场。根据各阶段不同的施工方案决定各种施工机械的位置，吊装方案与构件预制、堆场的布置。

2）各种材料、半成品、构件等的需用量计划。用来确定仓库、材料对堆放场地位置、数量及场地的规划。

5.1.5 施工平面图的设计步骤

无论是施工总平面图还是施工平面图的设计，都必须按设计原则进行合理、科学的设计，但不同施工平面设计的出发点和设计的重点将有所不同，下面以单位工程施工平面图设计为例介绍施工平面图设计时应重点解决的问题和一般的设计步骤。

根据建筑总平面图、场地实际状况绘制出场地的形状尺寸，已建和拟建的建筑物及构筑物的关系，已有的水源、电源，已有的场内、外道路，施工工地围墙界限，施工时需保护的树木、房屋或其他设施等。在此基础上，设计的一般步骤，如图3-8所示。

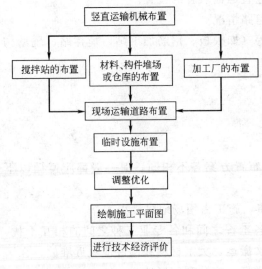

图 3-8 施工平面图绘制步骤

以上设计步骤在实际设计时，常常互相牵制、相互影响，因此，除了考虑平面布置的合理外，还要考虑它们的空间条件是否合理可行，特别要注意安全问题。

5.2 竖直运输机械的布置

竖直运输机械是单位工程主体施工阶段的主导施工机械。其位置受工作面的限制，也受到周围环境的限制，故应首先考虑设计一个合理的位置，它的设置直接影响各种材料和构件堆场、仓库、搅拌站、施工用水、电、道路等的布置。它是施工平面布置的核心内容，必须首先考虑。

其布置的一般步骤为：根据建筑物的总高、总宽、总长、起吊构件的最大尺寸、最大重量选择竖直机械的类型和规格→确定竖直机械布置的位置→绘制服务范围→复核有关参数。

5.2.1 竖直运输施工机械的选择

常用的竖直运输机械有：建筑电梯、塔式起重机、井架、门架等。选择时主要根据机械性能，建筑物平面形状和大小、施工段划分情况、起重高度，材料和构件的重量、材料供应和已有运输道路等情况来确定。其目的是充分发挥起重机械的能力，做到使用安全、方便，便于组织流水施工，并使地面与楼面的水平运输距离最短。一般来讲，多层房屋施工中，多采用轻型塔吊、井架等，而高层房屋施工，一般采用建筑电梯或自升式和爬升式塔吊等作为竖直运输机械。

起重机械数量的确定：
$$N = \frac{\sum Q}{S} \tag{3-10}$$

式中　N——起重机台数；
　　　$\sum Q$——竖直运输高峰期每班要求运输总次数；
　　　S——每台起重机每班运输产量。常用起重机械台班产量见表3-6。

常用起重机械台班产量一览表　　　　表3-6

起重机械名称	工作内容	台班产量
履带式起重机	构件综合吊装，按每吨起重能力计	5～10t
轮胎式起重机	构件综合吊装，按每吨起重能力计	7～14t
汽车式起重机	构件综合吊装，按每吨起重能力计	8～18t
塔式起重机	构件综合吊装	80～120吊次
卷扬机	构件提升，按每吨牵引力计	30～50t
	构件提升，按提升次数计（四、五层楼）	60～100次

5.2.2　轨道式塔式起重机（简称轨道式塔吊）

（1）平面布置

轨道式塔吊的平面布置主要取决于建筑物的平面形状、尺寸和施工场地的条件。布置时应保证起重机的起重幅度能够将材料和构件直接运至任何施工地点。轨道通常布置在建筑物的场地较宽的一面，沿着建筑物长度方向一侧，内、外两侧布置或跨内布置，特殊情况下，塔轨可以转弯，其半径不小于5m，并应有相应的技术和安全措施。如图3-9。

（2）塔吊的服务范围

塔吊的服务范围，通常以塔吊轨道两端为圆心，以最大回旋半径为半径画圆，再连接两个半圆，即为塔吊的服务范围，塔吊的服务范围以外的部分称服务死角（见图3-10中阴影部分）。"服务死角"越小越好，如果难以避免，也应使最重、最大、最高的构件不出现在"死角"内。如果塔吊吊运最远构件，需将构件作水平推移时，推移距离一般不得超过1m，并应有严格的技术措施。否则，考虑加井架配合工作。当多台塔吊同时工作时，应明确各塔吊的服务范围，防止发生塔吊回转时起重臂重合和碰撞事故。同时，考虑塔吊在安装与拆除期间应有的活动空间，塔臂应具有一定长度的活动范围。塔吊回转时不能碰撞井架和缆风绳，并拟定有关的组织安全措施。

（3）复核塔吊服务参数

塔吊服务参数主要有三个，回转半径R、起重高度H和起重量Q。三者要满足建筑物构件吊装的技术要求，图3-10表示的是有轨式塔吊与建筑物之间的关系要求。

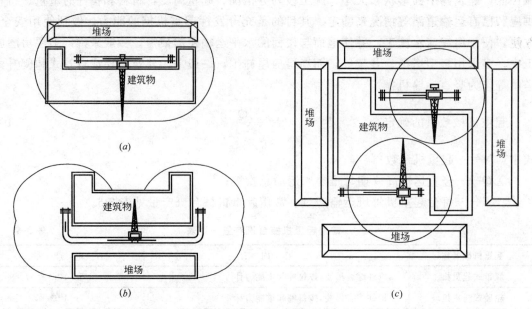

图 3-9 塔吊的平面布置

(a) 单侧布置；(b) 塔轨转弯布置；(c) 两侧布置

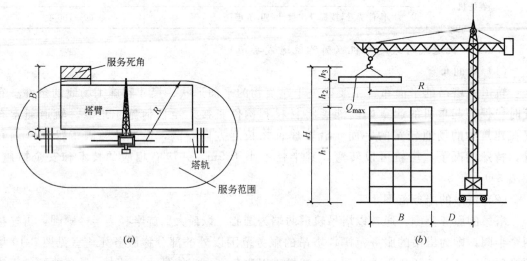

图 3-10 有轨式塔吊的布置

(a) 塔吊与拟建建筑的平面关系；(b) 塔吊与拟建建筑的立面关系

1) 回转半径 R

$$R \geqslant B+D \tag{3-11}$$

式中　R——其中机械的回转半径（m）；

　　　B——建筑物平面的最大宽度（m）；

　　　D——轨道中心线与外墙中心线的距离（m）。

2) 起重高度 H

$$H \geqslant 被起吊高度 H_{max} \tag{3-12}$$

式中　H——塔吊的起重高度，$H=h_1+h_2+h_3$；

　　　h_1——建筑物的最大高度；

　　　h_2——起吊构件与建筑物之间的距离；

　　　h_3——吊钩与起吊构件之间的距离。

3) 起重量 Q：

$$Q \geqslant 被起吊重量 Q_{max} \tag{3-13}$$

式（3-11）中的 D 取决于凸出墙面构件及脚手架的尺寸，及塔吊的型号、轨距及构件重量和位置，如式（3-11）得不到满足时，可适当减少 D 的尺寸，若 D 已是最小安全距离，则应加井架配合工作或采用双侧布置。

此外轨道式塔式起重机的塔轨路基必须坚实可靠，两旁需有排水沟和有关措施，在满足施工要求的条件下，尽量缩短塔轨的铺设长度。

5.2.3　固定式竖直运输设备的布置

固定式竖直运输设备包括：井架、龙门架、门架等。井架、门架的位置，以布置在有门、窗口处为宜，以避免砌墙留槎和减少井架拆除后的修补工作。

(1) 井架

井架一般采用角钢拼装而成，截面呈矩形，边长为 1.5~2.0m，起重量为 0.5~2t，台班吊装次数一般为 80~100 次。

1) 井架的布置要求：井架布置一般取决于建筑物的平面形状和大小、施工段、建筑物高低层的分界位置等因素。当建筑物呈长条形，层数、高度相同时，一般布置在流水段的分界处。并布置在现场较宽的一面，以便于堆放施工材料，达到缩短水平运距的要求。井架设置的数量根据竖直运输量的大小，工程进度及组织流水施工要求决定。

井架可装设 1~2 个摇头把杆，把杆长度一般为 6~15m。摇头把杆有一定的活动吊装半径，可以把一部分楼板等构件直接安装到设计位置上。

2) 井架的布置：井架可平行墙面架立，也可以与墙面呈 45°角架立，见图 3-11 所示。井字架装设的两个摇头把杆可分别服务于两个流水段竖直运输需要。把杆的服务半径根据需要选择，以井架离开建筑外墙距离，视屋面檐口挑出尺寸或双排外脚手架搭设要求决定。把杆与井架的夹角以 45°为最佳，也可以在 30~60°之间变幅；把杆长度（L）与回转半径（R）的关系，可用公式：$R=L \times \cos\alpha$ 表示。R 一般为 4.5~11m。

3) 卷扬机的布置：以保证卷扬机操作工人能方便地观察吊物的升降过程为宜。因人的视线最佳角度为 45~60°，所以卷扬机距井架的距离应不小于房屋的高度，至少不应小于 10m。另卷扬机距外脚手架的距离应不小于 3m。

4) 井架的安全要求：井架至少应有四根缆风绳拉紧并锚固牢靠，其架设的高度超出 40 米时，要拉设两道缆风绳，顶部四根，把杆支承处不少于两根。

(2) 龙门架

龙门架用两根门式立柱及附在立柱上的竖直导杆，使用卷扬机将吊篮提升到需要高度，吊篮尺寸较大，可提升材料、预制空心板等构件。龙门架平面布置与井架基本相同，其形式如图 3-12。

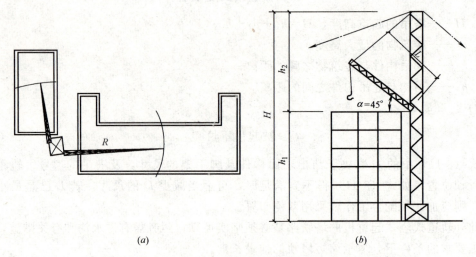

图 3-11 井架装把杆示意图

(a) 一个井架装两根把杆示意；(b) 井架高度关系示意

h_1—建筑物总高；h_2—建筑物最高处至井架顶高度，当只设吊篮时，

取 3～5m，加摇头把杆时 $h_2=2R$

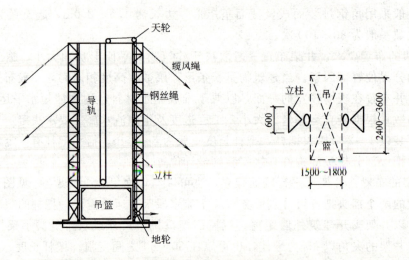

图 3-12 龙门架基本构造示意图

5.2.4 自行式起重机

对履带吊、汽车吊等，一般要考虑其起重高度、构件的重量、回转半径、吊装方法及建（构）筑物的平面形状等。对于装饰工程一般只考虑固定式竖直运输设备最小起重臂长的影响，避免臂杆与已建结构或构件相碰撞。自行式起重机的开行路线要尽量的短，尤其是对汽车式或轮胎式起重机，尽量使其停机一次能吊足够多的构件，避免反复打支腿影响吊装的速度。

5.2.5 自升式和爬升式塔吊

在高层建筑施工中一般采用自升式和爬升式塔吊，这类塔吊可以随工程进展而不断自行接高塔身或沿主体结构爬升。由于这类塔吊是固定的，所以具有较大工作半径（30～

60m）。在这类建筑的施工中，往往还配备若干台固定式升降机（或户外电梯）在主体结构施工阶段作为塔吊的辅助设备，在装饰工程插入施工时，作为主要运输设备，主体结构施工完毕，塔吊可提前拆除转移到其他工程。

5.3 搅拌站、材料临时仓库及堆场布置

施工现场材料一般包括砂、石、水泥、石灰、脚手架材料、钢筋、水电设备等。堆放方式按材料的性质，可采用露天堆放、半封闭式（棚）或封闭式（仓库）三种方式堆放。

露天堆放：用于堆放不受自然气候影响而损坏质量的材料。如石料、砖、和混凝土预制构件。

半封闭式（棚）：用于储存需防雨、雪、阳光直接侵蚀的材料。如镶面陶瓷砖、油毛毡、沥青等。

封闭式（仓库）：用于储存在大气侵蚀下易发生变质的建筑制品、贵重材料以及容易损坏或散失的材料，如水泥、石膏、五金零件及贵重设备、机具等。

5.3.1 布置的原则

搅拌站、材料、构件仓库或堆场的位置应尽量靠近竖直运输机械及使用地点，以减少运距或二次搬运。

(1) 应根据起重机的类型进行布置

对不同的起重机械的布置也有区别，一般有以下几种情况：

1) 当采用井架、龙门架等固定式竖直运输设备时，应尽可能靠近布置竖直运输，以减少运距或两次搬运；

2) 当采用有轨式塔式起重机进行竖直运输时，应布置在塔式起重机有效起重幅度范围内；

3) 当采用自行式起重机进行水平或竖直运输时，应沿起重机运行路线布置，位置应在起重臂的最大外伸长度范围以内。

(2) 应根据施工阶段、施工部位和使用时间不同，将材料、构件堆场的位置分区域、分阶段设置。

1) 建筑物基础和第一层施工所用的材料，应该布置在建筑物的四周。材料堆放位置应根据基槽（坑）的深度、宽度及其坡度或支护形式确定，与基槽边缘保持一定距离，以免造成基槽（坑）土壁的塌方事故。

2) 第二层以上的施工材料，应布置在起重机附近；砂、石等大宗材料，尽量布置在搅拌站附近。

3) 多种材料同时布置时，对大宗的、重量大的和先期使用的材料，尽可能靠近使用地点或起重机附近布置；而少量的、轻的和后期使用的材料，则可布置得稍远一些。

4) 按不同施工阶段、不同材料的特点，在同一位置上可先后布置几种不同的材料，例如砖混结构民用房屋采用毛石基础时，在基础施工阶段，可在其四周布置毛石，而在主体结构第一层施工阶段可沿四周布置砖等。

(3) 按材料性质考虑

1) 一般石灰仓库和淋灰池的位置要接近砂浆搅拌站并在下风处；

2) 沥青堆场及熬制锅的位置要远离生活区，离开易燃仓库或堆场布置在下风位置；

3) 石子堆场的位置应考虑石子的清洗用水和排水等问题；

4) 木工和钢筋加工车间等的位置可考虑布置在建筑物四周较远，无火源、无腐蚀性影响的地方，但应有一定的场地堆放木材、钢筋和加工成品。

(4) 混凝土搅拌站的布置

混凝土搅拌站的布置方式有集中、分散、集中与分散相结合三种，当现场的运输条件较好时，以采用集中布置较好，或当混凝土的体积较大时，现场不采用商品混凝土，则混凝土搅拌站可以直接布置在使用点边缘附近，待混凝土浇筑完后再转移，以减少混凝土的运输距离。当运输条件较差时，则以分散布置在使用点或竖直运输机械附近为宜，此外根据现场的情况还可采用集中与分散相结合的方式布置。

5.3.2 搅拌站、仓库或堆场面积计算

(1) 搅拌站的面积计算

$$F=1.3\times 每台搅拌设备需用面积\times 机械台数+站台水泥存放棚面积 \quad (3-14)$$

式中 每台搅拌设备需用面积——混凝土搅拌机按 $20\sim 25m^2/台$（冬季施工时按 $50m^2/台$），砂浆搅拌机按 $10\sim 15m^2/台$；

站台水泥存放棚面积——根据是否需要存放水泥而设置，需存放水泥时按存放水泥量 $4m^2/t$ 考虑。

(2) 材料仓库、堆场面积计算

1) 方法一：按材料储备量计算

$$F=\frac{n\cdot k\cdot Q}{T\cdot q} \quad (3-15)$$

式中 F——堆场面积（m^2）；

q——每 m^2 能存放的材料、半成品和制品的数量，见表 3-7；

n——储备天数，见表 3-7；

k——材料消耗不均衡系数，$k=$日最大消耗量/日平均消耗量；

Q——计划期内材料总需要量（根据施工准备的资源需用量计划表取用）；

T——需要该项材料的施工天数，大于 n。

【例 3-4】 某工程每月需用碎石约 $220m^3$，日最大消耗量为 $15m^3$，计算碎石堆场面积（人工堆放）。

【解】 查表 3-7，$n=20$ 天，$q=1.2m^3/m^2$

每月按 25 个工日计算，日平均消耗量为 $\frac{220}{25}=8.8m^3/天$，则 $k=\frac{15}{8.8}=1.7$

$$F=\frac{n\cdot k\cdot Q}{T\cdot q}=\frac{20\times 1.7\times 220}{25\times 1.2}=249m^2$$

所以碎石堆场的面积为 $249m^2$

2) 方法二：按系数计算

$$F=m\phi \quad (3-16)$$

式中 F——仓库或堆场面积（m^2）；

m——计算基础数；

ϕ——计算指标（参见表 3-8）。

仓库、材料堆场的面积计算数据参考指标 表 3-7

序号	材料名称	单位	储备天数 n	每 m^2 储备量 q	堆置高度	仓库类别
1	水泥	t	30~40	2	12~15袋	库
2	钢筋（直筋）	t	40~50	1.8~2.4	1.2m	露天
3	钢筋（盘圆）	t	40~50	0.8~1.2	1.0m	棚
4	砂、石（人工堆放）	m^3	10~30	1.2	1.5m	露天
5	砂、石（机械堆放）	m^3	10~30	2.4	3.0m	露天
6	红砖	千块	10~30	0.5	1.5m	露天
7	木材	m^3	40~50	0.8	2.0m	露天
8	生石灰（块）	t	20~30	1.0~1.5	1.5m	棚
9	生石灰（袋）	t	10~20	1.0~1.3	1.5m	棚
10	五金	t	20~30	1.0	2.2m	库
11	油漆料	桶/t	20~30	50~100/0.3~0.6	1.5m	库
12	电线电缆	t	40~50	0.3	2.0m	库或棚
13	玻璃	箱	20~30	6~10	0.8m	棚或库
14	卷材	卷	20~30	15~24	2.0m	库
15	沥青	t	20~30	0.8	1.2m	露天
16	木门窗扇	m^2	3~7	30	2.0m	棚
17	钢门窗	t	10~20	0.6	2.0m	棚

仓库面积计算参考系数 表 3-8

项次	名 称	计算基数 m	单 位	系数 ϕ
1	仓库（综合）	按工地全员	m^2/人	0.7~0.8
2	水泥库	按当年水泥用量的40%~50%	m^2/吨	0.7
3	其他仓库	按当年工作量	m^2/万元	2 或 3
4	五金杂品库	按年建安工作量计算 按在建建筑面积计算	m^2/万元 m^2/100m^2	0.2~0.3 0.5~1
5	土建工具库	按年（季）平均高峰人数	m^2/人	0.1~0.2
6	水暖器材库	按年在建建筑面积	m^2/100m^2	0.2~0.4
7	电器器材库	按年在建建筑面积	m^2/100m^2	0.3~0.5
8	化工油漆危险品库	按年建安工作量	m^2/万元	0.1~0.15
9	三大工具堆场（脚手架、跳板、模板）	按在建建筑面积 按年建安工作量	m^2/100m^2 m^2/万元	1~2 0.5~1

（3）现场加工作业棚面积确定

现场加工作业棚主要包括各种料具仓库、加工棚等，其面积大小参考表3-9确定。

（4）机具检修间面积计算

机具检修间面积可按表3-10考虑。

现场作业棚面积计算基数和计算指标表　　　　表 3-9

序号	名称	面积	堆场占地面积	序号	名称	面积	堆场占地面积
1	木作业棚	$2m^2$/人	棚的 3～4 倍	8	电工房	$15m^2$	
2	电锯房	$40～80m^2$		9	钢筋对焊	$15～24m^2$	棚的 3～4 倍
3	钢筋作业棚	$3m^2$/人	棚的 3～4 倍	10	油漆工房	$20m^2$	
4	搅拌棚	$10～18m^2$/台		11	机钳工修理	$20m^2$	
5	卷扬机棚	$6～12m^2$/台		12	立式锅炉房	$5～10m^2$/台	
6	烘炉房	$30～40m^2$		13	发电机房	$0.2～0.3m^2$/kW	
7	焊工房	$20～40m^2$		14	水泵房	$3～8m^2$/台	

现场机运站、机修间、停放场所需面积参考指标表　　　　表 3-10

施工机械名称	所需场地（m^2/台）	存放方式	检修间所需建筑面积 内容	数量（m^2）
一、起重、土方机械类				
塔式起重机	200～300	露天	10～20 台设 1 个检修台位（每增加 20 台增 1 个检修台位）	200（增 150）
履带式起重机	100～125	露天		
履带式正铲或反铲，拖式铲运机，轮胎式起重机	75～100	露天		
推土机，拖拉机，压路机	25～35	露天		
汽车式起重机	20～30	露天或室内		
二、运输机械类				
汽车（室内）	20～30	一般情况下室内不少于 10%	每 20 台设 1 个检修台位（每增加 1 个检修台位）	170（增 160）
（室外）	40～60			
平板拖车	100～150			
三、其他机械类				
搅拌机，卷扬机，电焊机，电动机水泵，空压机，油泵，少先吊等	4～6	一般情况下室内 30% 露天占 70%	每 50 台设 1 个检修台位（每增加 1 个检修台位）	50（增 50）

说明：1. 露天或室内视气候条件而定，寒冷地区应适当增加室内存放。
　　　2. 所需场地包括道路、通道和回转场地。

5.4 施工道路的布置

5.4.1 施工道路的布置的要求

（1）首先根据施工项目及其堆场、仓库或加工场相应位置，认真研究它们之间物资转运路径和转运量的大小，区分场内运输道路的主次关系，然后进行规划；优化确定场内运输道路主次和相互位置，应考虑车辆行驶安全、运输方便和道路修筑费用低。

（2）临时道路要把仓库、加工场、堆场和施工点贯穿起来；要尽可能利用原有道路或充分利用拟建的永久性道路，提前修建永久性道路或先修其路基和简单路面，为施工服务，以达到节约投资的目的。

（3）合理安排施工道路与场内地下管网间的施工顺序，保证场内运输道路时刻畅通，尽量避免临时道路与铁轨、塔轨交叉。

(4) 现场道路一般设置为环形或"U"字形。

5.4.2 现场临时施工道路的技术要求

场内主要道路应采用双车道环行布置，宽度不小于6m，次要道路宜采用单车道，宽度不小于3.5m；道路应有两个以上进出口，道路末端要设置回车场；工地临时道路可按简易公路进行修筑，有关技术指标可参见表3-11、表3-12。

施工现场道路最小宽度　　　　　　　　　　　　　　　　表3-11

序号	车辆类别及要求	道路宽度(m)	序号	车辆类别及要求	道路宽度(m)
1	汽车单行道	不小于3.0	3	平板拖车单行道	不小于4.0
2	汽车双行道	不小于6.0	4	平板拖车双行道	不小于8.0

施工现场道路的最小转弯半径　　　　　　　　　　　　表3-12

车辆类型	路面内侧的最小转弯半径(m)		
	无拖车	有一辆拖车	有两辆拖车
小客车、三轮汽车	6		
一般二轴载重汽车	单车道9 双车道7	12	15
三轴载重汽车 重型载重汽车	12	15	18
起重型载重汽车	15	18	21

5.4.3 合理选择运输道路的路面结构

临时道路的路面结构应根据运输情况和运输工具的不同类型进行选择。一般场外与省、市公路相连的干线，因其以后会成为永久性道路，因此一开始就建成混凝土路面；场区内的干线和施工机械行驶路线，最好采用碎石级配路面，以利修补；场内支线一般为土路或砂石路，以利修补；道路做法应查阅施工手册或参照下列做法：

(1) 路面，对于砂质土可直接碾压成型，对黏土应加骨料碾压成型；骨料应就地取材，如碎石、碎砖、大石块等。

(2) 路基：如永久性道路需要可做永久性路基，否则可做成临时性路基。路基要坚实，做到雨期不泥泞、不翻浆。

(3) 排水要求：道路两侧要设有排水沟，以利雨期排水，排水沟深度不小于0.4m，底宽不小于0.3m。路面应高出自然地面0.5m左右。

5.5 行政生活福利性临时设施

行政生活福利性临时设施包括办公室、宿舍、食堂、医务室、活动室等。

5.5.1 布置原则

办公用房要兼顾场内指挥和场外联系，一般设在场区入口附近与生活用房应有适当的隔离，减少相互干扰，其他生活设施应根据工程工地的大小考虑，生活设施在不影响上下班的情况下设在离施工点稍远的清洁安静的位置，最好是南北朝向；生活服务设施设在办公用房与生活用房之间。工地较大时，使其到各施工点的距离最短为宜，符合安全、防火、卫生等有关规定和经济可行。

5.5.2 面积计算

$$F = N \times P \tag{3-17}$$

式中 F——生活福利性临时设施的修建面积；
N——使用人数；
P——面积指标见表3-13。

行政生活福利临时设施建筑面积参考指标　　　　表3-13

临时房屋名称		参考指标(m²/人)	说　　明
办公室		3～4	按管理人员人数
宿舍	双层床	2.0～2.5	按高峰年（季）平均职工人数
	单层床	3.5～4.5	（扣除不在工地住宿人数）
食堂		3.5～4	按高峰年平均职工人数
浴室		0.5～0.8	
活动室		0.07～0.1	
现场小型设施	开水房	0.01～0.04	
	厕所	0.020～0.07	

使用人数包括基本工人平均人数和基本工人高峰人数。

基本工人平均人数 $N = [施工总工日 \times (1-缺勤率)] / 施工有效天数$ (3-18)

基本工人高峰人数 = 基本工人平均人数 × 施工不均匀系数　(3-19)

式中　缺勤率——一般为5%；
施工不均匀系数——一般为1.1～1.3。
施工总工日数根据施工进度计划中的总工日数计算或按下式计算：

施工总工日数 = 施工工程总建筑面积 × 概算人工指标

施工有效天数为计划施工工期；办公管理人员约为基本高峰人数的15%。

5.6 临时水、电设施布置

5.6.1 临时供水设计

工地临时供水，应先进行用水量、管径计算，然后进行布置。

（1）用水量 Q 计算

施工现场用水包括施工、生活和消防三方面。

1）现场施工用水 q_1

$$q_1 = K_1 \sum \frac{Q_1 \cdot N_1}{T_1 \cdot b} \times \frac{K_2}{8 \times 3600} \tag{3-20}$$

式中 q_1——施工工程用水量（L/s）；
K_1——未预计的施工用水系数，取1.05～1.15；
Q_1——年（季）度有效工作量（以实物计量单位表示）；
N_1——施工用水定额。可以通过查表3-14所得；

T_1——年（季）度有效作业日（d）；

b——每天工作班数（班）；

K_2——用水不均衡系数，从表 3-18 中查。

施工用水量（N_1）定额　　　　　表 3-14

用水名称	单位	耗水量(L)	用水名称	单位	耗水量(L)
浇筑混凝土全部用水	m³	1700~2400	抹灰工程全部用水	m³	30
搅拌普通混凝土	m³	250	砌耐火砖砌体(包括砂浆搅拌)	m³	100~150
搅拌轻质混凝土	m³	300~350	浇砖	千块	200~250
混凝土自然养护	m³	200~400	浇硅酸盐砌块	m³	300~350
混凝土蒸汽养护	m³	500~700	抹灰(不包括调制砂浆)	m²	4~6
模板浇水湿润	m³	10~15	楼地面抹砂浆	m²	190
搅拌机清洗	台班	600	搅拌砂浆	m³	300
人工冲洗石子	m³	1000	石灰消化	t	3000
机械冲洗石子	m³	600	原土地坪、路基	m²	0.2~0.3
洗砂	m³	1000	上水管道工程	m	98
砌筑工程全部用水	m³	150~250	下水管道工程	m	1130
砌石工程全部用水	m³	50~80	工业管道工程	m	35

2）施工机械用水量 q_2

$$q_2 = K_1 \sum Q_2 \cdot N_2 \cdot \frac{K_3}{8 \times 3600} \tag{3-21}$$

式中　q_2——施工机械用水量（L/s）；

K_1——未预计施工用水系数，取 1.05~1.15；

Q_2——同一种机械台数（台）；

N_2——施工机械台班用水定额，参考施工机械用水量 N_2 定额表 3-15；

K_3——施工机械用水不均衡系数，查施工用水不均衡系数表 3-18。

施工机械用水量（N_2）定额　　　　　表 3-15

机械名称	单位	耗水量(L)	机械名称	单位	耗水量(L)
内燃挖土机	m³/台班	200~300	拖拉机	台/昼夜	200~300
内燃起重机	t/台班	15~18	汽车	台/昼夜	400~700
蒸汽起重机	t/台班	300~400	锅炉	台/h	1050
蒸汽打桩机	t/台班	1000~1200	点焊机 50 型	台/h	150~200
内燃压路机	t/台班	12~15	点焊机 75 型	台/h	250~300
蒸汽压路机	t/台班	100~150	对焊机-冷拔机	台/h	300
蒸汽机车	t/昼夜	10000~20000	凿岩机	台/min	8~12
内燃机动力装置	kW/台班	160~400	木工场	台/台班	20~25
空压机	m³/min 台班	40~80	锻工场	炉/台班	40~50

3) 工地生活用水量 q_3

$$q_3 = \frac{P_1 N_3 K_4}{b \times 8 \times 3600} \quad (3-22)$$

式中 q_3——施工工地生活用水量（L/s）；
P_1——施工工地高峰昼夜人数（人）；
N_3——施工工地生活用水定额表3-16；
K_4——施工工地生活用水不均衡系数，查用水不均衡系数表，见表3-18；
b——每天工作班数（班）。

4) 生活区生活用水量 q_4

$$q_4 = \frac{P_2 N_4 K_5}{24 \times 3600} \quad (3-23)$$

式中 q_4——生活区生活用水（L/s）；
P_2——生活区居住人数；
N_4——生活区昼夜全部生活用水定额，见生活用水量定额表3-16；
K_5——生活区生活用水不均衡系数，查不均衡系数表，见表3-18。

生活用水量（N_3、N_4）定额表　　　表3-16

用水名称	单位	耗水量	用水名称	单位	耗水量
洗、饮用用水	L/人	25～40	学校	L/学生	10～30
食堂	L/人	10～15	幼儿园、托儿所	L/幼儿	75～100
沐浴带大池	L/人	50～60	医院	L/(病床)	100～150
洗衣房	L/人斤	40～60	施工现场生活用水	L/人	20～60
理发室	L/人次	10～25	生活区全部生活用水	L/人	80～120

5) 消防用水量 q_5

消防用水量 q_5，可根据消防范围及发生次数查表3-17计算。

消防用水表　　　表3-17

用水名称	用水范围	火灾同时发生次数	单位	耗水量(L)
居住区消防用水	5000人以内	一次	L/s	10
	10000人以内	二次	L/s	10～15
	25000人以内	三次	L/s	15～20
施工现场消防用水	施工现场在25公顷内	二次	L/s	10～15
	每增加25公顷			5

施工用水不均衡系数　　　表3-18

系数	用水名称	系数取值
K_2	现场施工用水	1.50
	附属生产企业用水	1.25
K_3	施工机械、运输机械	2.00
	动力设备	1.05～1.10
K_4	施工现场生活用水	1.30～1.50
K_5	生活区生活用水	2.00～2.50

6) 施工工地总用水量 Q 取值：

当 $q_1+q_2+q_3+q_4 \leqslant q_5$ 时，则：

$$Q=q_5+(q_1+q_2+q_3+q_4)/2 \tag{3-24}$$

当 $(q_1+q_2+q_3+q_4)>q_5$ 时，则：

$$Q=q_1+q_2+q_3+q_4 \tag{3-25}$$

当工地面积小于 5 公顷，而且 $q_1+q_2+q_3+q_4<q_5$ 时，则：

$$Q=q_5 \tag{3-26}$$

最后计算出的总用水量还要增加 10%，以补偿不可避免的水管漏水损失。

(2) 供水管径计算

$$D=\sqrt{\frac{4Q\times 1000}{\pi \cdot v}} \tag{3-27}$$

式中 D——配水管直径（m）；
Q——施工工地用水量（L/s），在用水量计算中已经算出；
v——管网中水流速度（m/s），见表 3-19，一般生活及施工用水取 1.5m/s，消防用水取 2.5m/s。

临时水管经济流速表　　　　　　　　　　　　　　　表 3-19

管 径	流速(m/s)	
	正常时间	消防时间
$D<100$	0.5~1.2	
$D=100$~500	1.0~1.6	2.5~3.0
$D>300$	1.5~2.5	2.5~3.0

当管网中水流速度确定后，供水管径也可以查表选用。一般 5000~10000m² 的建筑物，其施工用水主管直径为 50mm，支管直径为 15~25mm。

(3) 临时供水水源的选择、管网布置

临时供水水源，可用现成的给水管、地下水（如井水）及地面水（如河水、湖水等）等。在选择水源时，应该注意：水量能满足最大需水量的需要；生活用水的水质应符合卫生要求；搅拌混凝土及灰浆用水的水质应符合搅拌用水的要求。

临时供水方式有三种情况：利用现有的城市给水或工业给水系统；在新开辟地区没有现成的给水系统时，在可能条件下，应尽量先修建永久性给水系统；当没有现成的给水系统，而永久性给水系统又不能提前完成时，应设立临时性给水系统。

配水管网布置的原则是在保证连续供水的情况下，管道铺设越短越好。分期分区施工时，应按施工区域布置，并同时还应考虑到，在工程进展中各段管网应便于移置。

临时给水管网的布置有下列三种方案：环式管网、枝式管网、混合式管网，如图 3-13。施工临时给水管网的布置常采用枝式管网，因为这种布置的总长度最小，但此种管网若在其中某一点发生局部故障时，有断水之威胁。从保证连续供水的要求上看，环式管网最为可靠，但这种方案所铺设的管网总长度较大。混合式总管采用环式，支管采用枝式，

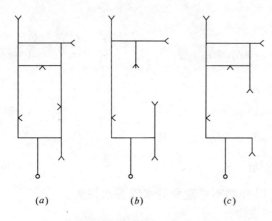

图 3-13　供水管网布置方式示意图
(a) 环状式；(b) 枝状式；(c) 混合式

可以兼有以上两种方案的优点。

还应将供水管分别接到各用水点（如砖堆、石灰池、搅拌站等）附近，分别接出水龙头，以满足现场施工用水需要。在保证供水的前提下，应使管线越短越好，管线可暗铺，也可明铺。一般以暗管最为合适，它既不妨碍施工，又不影响运输工作。工地内要设置消火栓，消火栓的间距不大于120m，距离建筑物不应小于5m，也不应大于25m，距路边不大于2m。

5.6.2 临时供电

由于施工机械化程度的提高，工地上用电量越来越多，临时供电业务显得更为重要。临时供电业务的组成包括以下内容：

（1）用电需要量的确定

工地总用电量包括：全工地使用的电力机械设备（额定功率参见表3-20）、工具和照明的用电功率；施工总进度计划中，施工高峰期同时用电数量；各种电力机械用电情况。

电动施工机具额定功率参考表　　　　　　　表3-20

机具名称	额定功率(kW)	机具名称	额定功率(kW)
单斗挖掘机 W150	55	双盘水磨石机	3
单斗挖掘机 W100	100	塔式起重机 QTF-80（广西）	99.5
单斗挖掘机 W-4	250	塔式起重机 QJ4-10A（北京）	119
推土机 T1-100	1	塔式起重机 88HC（德国）	42
蛙式夯土机 HW-30～60	1.5～2.8	塔式起重机 FO/23B（法国）	61
振动夯土机 HZ-330A	4	1～1.5t 单筒卷扬机	7.6～11.0
振动沉桩机（北京580型）	45	3～5t 慢速卷扬机	7.5～11.0
振动沉桩机 CH-20型	55	500L 混凝土搅拌机	7.3
振动沉桩机 CZ-80型	90	325～400 混凝土搅拌机	5.5～11.0
螺旋钻孔桩	22～30	800L 混凝土搅拌机	17
冲击式钻孔桩	20～30	J4-375 强制式混凝土搅拌机	10
潜水式钻机	22	J4-1500 强制式混凝土搅拌机	55
深层搅拌桩机 SJB-1	60	200～325L 砂浆搅拌机	1.2～6.0
塔式起重机 QT-80A	55.5	混凝土输送泵 HB-15	32.2
塔式起重机 ZT120（上海）	70.5	灰浆泵（1～6m³/h）	1.2～6.0
插入式振动器	1.1～2.2	地面磨光机	0.4
平板式振动器	0.5～2.2	木工圆锯机	3.0～4.5
外附振动器	0.5～2.2	普通木工带锯机	20～47.5
钢筋切断机（GJ-40）	7	单面压刨床	8～10.1
钢筋调直机（GJ4-14/4）	9	木工平刨床	2.8～4.0
钢筋弯曲机 GJ7-40	2.8	单头直榫开榫机	1.5
交流电弧焊机	21(kVA)	泥浆泵（红星-30）	30
直流电弧焊机	10(kVA)	泥浆泵（红星-75）	60
单盘水磨石机	2.2	100m 高扬程水泵	20

$$P=(1.05\sim1.1)\left(K_1\frac{\sum P_1}{\cos\phi}+K_2\sum P_2+K_3\sum P_3+K_4\sum P_4\right) \quad (3\text{-}28)$$

式中 P——供电设备总需要容量（kVA）；

P_1——电动机额定功率（kW）；

P_2——电焊机额定容量（kVA）；

P_3——室内照明功率（kW）；

P_4——室外照明功率（kW）；

$\cos\phi$——电动机的平均功率因数（施工现场最高为 0.75～0.78，一般为 0.65～0.75）；

K_1——需要系数，电动机总数 10 台以内取 0.75，10～30 台取 0.7，30 台以上取 0.6；

K_2——电焊机需要系数，取 0.5；

K_3——室内照明设备同时使用系数；$K_3=0.80$；

K_4——室外照明设备同时使用系数；$K_4=1.0$。

(2) 确定变压器输出功率

$$P=K\left(\frac{\sum P_{\max}}{\cos\phi}\right) \quad (3\text{-}29)$$

式中 P——变压器输出功率（kVA）；

K——功率损失系数，取 1.05；

$\sum P_{\max}$——各施工区最大计算负荷（kW）；

$\cos\phi$——功率因数。

(3) 确定配电导线截面积

1) 按机械强度确定：导线必须具有足够的机械强度以防止受拉或机械损伤而折断。

2) 按允许电流选择：导线必须能承受负荷电流长时间通过所引起的温升。

A. 三相五线制线路上的电流可按下式计算

$$I=\frac{P}{\sqrt{3}\cdot V\cdot\cos\phi} \quad (3\text{-}30)$$

B. 二线制线路上的电流可按下式计算

$$I=\frac{P}{V\cdot\cos\phi} \quad (3\text{-}31)$$

式中 I——电流值（A）；

P——功率（W）；

V——电压（V）；

$\cos\phi$——功率因数，临时电网取 0.7～0.75。

3) 按容许电压降确定

$$S=\frac{\sum P\cdot L}{C\cdot\varepsilon} \quad (3\text{-}32)$$

式中　　S——导线断面积（mm^2）；

　　　　P——负荷电功率或线路输送的电功率（kW）；

　　　　L——送电线路的距离（m）；

　　　　C——系数，视导线材料，送电电压及配电方式而定；

　　　　ε——容许的相对电压降（即线路的电压损失百分比）。照明电路中容许电压降不应超过 2.5%～5%。

选择导线截面时应同时满足上述三项要求，即以求得的三个截面积中最大者为准，从导线的产品目录中选用线芯。通常先根据负荷电流的大小选择导线截面，然后再以机械强度和允许电压降进行复核。在小负荷的架空线路中，往往以机械强度选定。

（4）临时供电电源选择

1）完全由工地附近的电力系统供电，包括在全面开工前把永久性供电外线工程做好，设置变电站（所）；

2）工地附近的电力系统只能供给一部分，尚须自行扩大原有电源或增设临时供电系统以补充其不足；

3）利用附近高压电力网，申请临时配电变压器；

4）工地位于边远地区，没有电力系统时，电力完全由临时电站供给。

（5）布置配电线路

布置配电线路尽量利用原有的高压电网及已有变压器。变压器应布置在现场边缘高压线接入处，离地应大于 3m，四周设有高度大于 1.7m 的铁丝网防护栏，并有明显的标志。不要把变压器布置在交通道口处。线路应架设在道路一侧，距建筑物应大于 1.5m，竖直距离应在 2m 以上，电杆间距一般为 25～40m，分支线及引入线均应由杆上横担处连接。线路应布置在起重机械的回转半径之外。否则必须搭设防护栏，机械运转时还应采取相应措施，以确保安全。现场机械较多时，可采用埋地电缆代替架空线路，以减少互相干扰。供电线路跨过材料、构件堆场时，应有足够的安全架空距离。各种用电设备的闸刀开关应单机单闸，不容许一闸多机使用，闸刀开关的安装位置应便于操作。配电箱等在室外时，应有防雨措施，严防漏电、短路及触电事故。

5.7　绘制施工平面图

绘制单位工程施工平面图时，应尽量将拟建单位工程放在图的中心位置，图幅一般采用 2 号和 3 号图纸，比例为 1∶200～1∶500，通常使用 1∶200 的。施工平面图的内容和数量一般根据工程特点、工期长短、场地情况等确定。一般中小型单位工程只绘制主体结构施工阶段的平面布置图即可；对于工期较长或场地受限制的大中型工程，则应分阶段绘制多张施工平面图；又如单层工业厂房的建筑安装工程，则应分别绘制基础、预制吊装等施工阶段的施工平面图。综上所述，工程施工是一个复杂多变的生产过程，各种机械、材料、构件随着工程的进展不断进场，消耗，施工平面图在各施工阶段会有很大变化，故对于大型工程项目，由于工期长，变化大，就需要按不同施工阶段设计若干张施工平面图，以便把不同施工阶段内工地的合理布置具体反映出来。施工平面图的绘制方法和要求如下。

5.7.1 确定图幅的大小和比例

图幅大小和绘图比例应根据工地大小及布置的内容多少来确定。图幅一般采用2号和3号图纸，比例为1∶200～1∶500，通常使用1∶200的比例。

5.7.2 合理规划和设计图纸

根据图幅大小，按比例尺寸将拟建房屋的轮廓绘制在图中的适当位置，以此为中心，将施工方案选定的起重机械，按布置原则和要求绘制起重机及配套设施的轮廓线。

5.7.3 绘制工地需要的临时设施

按各临时设施的要求和计算面积，逐一绘制其轮廓线位置，其图例应符合建筑制图要求。

5.7.4 绘制正式施工平面图

在完成各项布置后，再经过分析、比较、优化、调整修改，形成施工平面图草图；然后再按规范规定的线型、线条、图例等对草图进行加工，并作必要的文字说明，标上图例、比例、指北针等，则成为正式的施工平面图。施工平面图的形式和内容可参见图3-14。施工平面图图例见表3-21。

施工平面图图例　　　　　　　　　　　表3-21

序号	名称	图例	序号	名称	图例
一、地形及控制点			10	烟囱	
1	三角点	△ 点名/高程	11	水塔	
2	水准点	⊗ 点名/高程	12	房角坐标	X=1240 / Y=2300
二、建筑物、构筑物			13	室内、外地面水平标高	136.00
1	原有房屋		三、交通运输		
2	拟建房屋		1	现有永久性公路	
3	施工期间利用的拟建正式房屋		2	拟建永久性公路	
4	将来拟建的正式房屋		3	临时施工公路	
5	临时房屋：密闭式 敞棚式		4	现有大车道	
			5	现有标准轨铁路	
6	拟建的各种材料围墙		6	拟建标准轨铁路	
7	临时围墙	—×—×—	7	施工期间利用拟建标准轨铁路	
8	建筑工地地界线		8	现有铁路	
9	工地内的分区线	— — —	9	施工期间利用拟建窄轨铁路	

续表

序号	名 称	图 例	序号	名 称	图 例
四、材料、构件堆场			五、动力设施		
1	临时露天堆场		1	临时水塔	
2	施工期间利用永久堆场		2	临时水池	
3	土堆		3	贮水池	
4	砂堆		4	永久井	
5	砾石、碎石堆		5	临时井	
6	块石堆		6	加压站	
7	砖堆		7	原有的上水管线	
8	钢筋堆场		8	临时给水管线	—S—S—
9	型钢堆场		9	给水阀门(水嘴)	
10	钢管堆场		10	支管接管位置	—S—
11	钢筋成品堆场		11	消火栓(原有)	
12	钢结构堆场		12	消火栓(临时)	
13	屋面板存放场		13	消火栓	
14	砌块存放场		14	原有上下水井	
15	矿渣、灰渣堆		15	拟建上下水井	
16	废料堆场		16	临时上下水井	
			17	原有排水管线	
			18	临时排水管线	—P—
			19	临时排水沟	
			20	原有化粪池	
17	脚手架模板堆场		21	拟建化粪池	

114

续表

序号	名　称	图　例	序号	名　称	图　例
				六、施工机械	
22	水源	水─	1	塔轨	
23	电源		2	塔吊	
24	总降压变电站		3	井架	
25	发电站		4	门架	
26	变电站		5	卷扬机	
27	变压器		6	履带式起重机	
28	投光灯		7	汽车式起重机	
29	电杆	─○─	8	外用电梯	▲
30	现有高压 6kV 线路	─WW$_6$─WW$_6$─	9	混凝土搅拌机	
31	施工期间利用的永久高压 6kV 线路	─LWW$_6$─LWW$_6$─	10	砂浆搅拌机	
32	临时高压 3kV~5kV 线路	─W$_{3.5}$─W$_{3.5}$─		七、其他	
			1	脚手架	
33	现有低压线路	─VV─VV─	2	壁板插放架	
34	施工期间利用的永久低压线路	─LVV─LVV─	3	淋灰池	灰
35	临时低压线路	─V─V─	4	沥青锅	
36	电话线	─·─○─·─○─	5	避雷针	

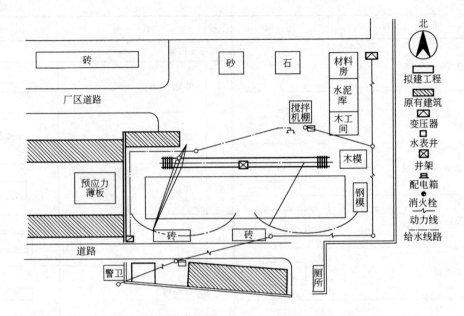

图 3-14 某框架结构主体施工阶段施工平面图

绘制施工平面图的要求是：比例要准确，要标明主要位置尺寸，要按图例或编号注明布置的内容、名称，线条粗细分明，字迹工整、清晰，图面清楚、美观。

5.8 技术经济分析

施工组织设计技术经济分析的目的是从技术和经济两个方面对所做的施工组织设计的优劣进行客观评价，论证施工组织设计在技术上是否可行，在经济上是否合算。通过科学的计算和分析比较，选择技术经济效果最佳的方案，为不断改进和提高施工组织设计水平提供依据，为寻求增产节约途径和提高经济效益提供信息。

5.8.1 技术经济分析指标

单位工程施工组织设计中技术经济分析指标应包括：工期指标、质量指标、劳动生产率指标、安全指标、降低成本率指标、主要工种机械化程度、三大主要材料节约指标等。这些指标应在单位工程施工组织设计基本完成后进行计算，并反映在施工组织设计文件中，作为考核的依据。

施工组织设计技术经济分析指标体系如图 3-15 所示。

主要指标的计算方式如下：

（1）总工期指标，即从破土动工至竣工的全部日历天数。

（2）质量优良品率。它是在施工组织设计中确定的控制目标，主要通过保证质量措施实现，可分别对单位工程、分部分项工程进行确定。

（3）单方用工。它反映劳动的使用和消耗水平。不同建筑物的单方用工之间有可比性。

$$单方用工 = \frac{总用工量(工日)}{建筑面积(m^2)} \tag{3-33}$$

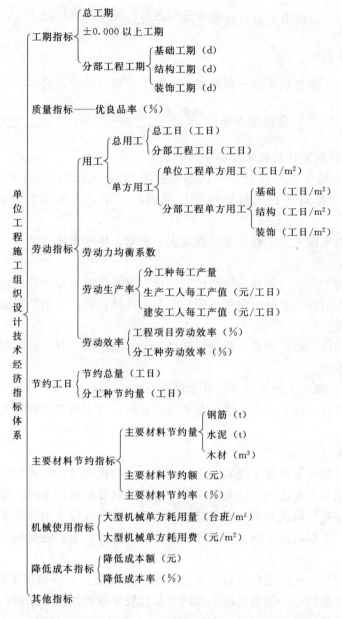

图 3-15 单位工程施工组织设计技术经济评价指标体系

(4) 主要材料节约指标。主要材料节约情况随工程不同而不同，靠材料节约措施实现。可分别计算主要材料节约量、主要材料节约额或主要材料节约率。

$$主要材料节约量 = 预算用量 - 施工组织设计计划用量 \qquad (3-34)$$

$$主要材料节约率 = \frac{主要材料节约量}{主要材料预算用量} \times 100\% \qquad (3-35)$$

(5) 大型机械耗用台班数及费用

$$大型机械单方耗用台班数 = \frac{耗用总台班(台班)}{建筑面积(m^2)} \qquad (3-36)$$

$$单方大型机械费 = \frac{计划大型机械台班费(元)}{建筑面积(m^2)} \qquad (3-37)$$

(6) 降低成本指标

$$降低成本额 = 预算成本 - 施工组织设计计划成本 \qquad (3-38)$$

$$降低成本率 = \frac{降低成本额(元)}{预算成本(元)} \times 100\% \qquad (3-39)$$

5.8.2 施工组织设计的技术经济分析的重点

对于单位工程施工组织设计，不同的结构类型设计内容，应有不同的技术经济评价侧重点。但总的原则是在质量能达到优良的前提下，工期合理，成本节约，施工安全。

（1）基础工程应以土方工程，现浇混凝土，桩基、排水和地下防水、运输进度与工期为重点。

（2）主体结构工程应以竖直运输机械的选择、流水段的划分、劳动组织、现浇钢筋混凝土支模板、绑扎钢筋、混凝土浇筑运输、脚手架选择、特殊分项工程施工方案和各项技术组织措施为重点。

（3）装饰工程应以施工顺序、质量保证措施、劳动组织、分工协作配合、节约材料及技术组织措施为重点。

5.8.3 单位工程施工组织设计的技术经济分析的方法

对施工组织设计（施工方案）进行技术经济分析，常用的有两种方法，即定性分析法和定量分析法。

（1）定性分析法

定性分析法是根据实际施工经验对不同施工方案的优劣进行分析比较，例如：对竖直运输设备，是采用井字架适当，还是采用塔吊适当；划分流水作业时，是二段流水有利于加快施工进度，还是三段流水有利于加快施工进度；钢筋混凝土烟囱是采用滑模施工，还是采用提模施工；冬期混凝土施工是采用保温法冬期施工方案，还是采用电热法冬期施工方案。

定性分析法主要凭经验进行分析、评价，虽比较方便，但精确度不高，也不能优化，容易受主观因素的制约，一般常在施工实践经验比较丰富的情况下采用。

（2）定量分析法

定量分析法是对不同的施工方案进行一定的数学计算，将计算结果进行优劣比较。如有多个计算指标的，为便于分析、评价，常常对多个计算指标进行加工，形成单一（综合）指标，然后进行优劣比较。

定量分析法一般有评分法和价值法两种方法。评分法是通过综合打分来分析评价施工方案的优劣而择优选用。

课题 6 单位施工组织设计实例

某教学楼工程施工组织设计。

6.1 工程概况及施工条件

6.1.1 工程概况

(1) 工程建设概况

教学楼工程位于省府所在地的某学校院内，紧邻市区主干道，交通便利。本工程为六层现浇钢筋混凝土框架结构，总建筑面积 6218.68m²，建筑物长 52m，宽 20.8m，总高度 23.95m，室内外高差为 0.85m，一层层高为 4m，二层以上层高为 3.6m（其平面简图见图 3-16）。该工程投资约 500 多万元，采用公开招标。施工合同已签订，计划 2005 年 2 月 1 日开工，至 2005 年 9 月底竣工。

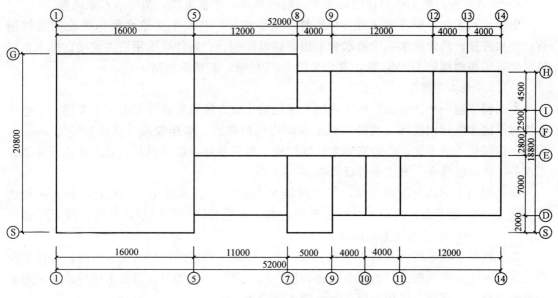

图 3-16 教学楼平面图

(2) 建筑设计概况

1) 内外墙体：除卫生间及特殊注明部位外均为 400 厚加气混凝土块。

2) 门窗：外墙部位采用 80 系列塑钢窗和 90 系列铝合金窗，设备间及楼梯间疏散口采用钢质防火门，其他教室及办公室采用木夹板门，木门外刷浅灰色磁漆两遍。

3) 室内装饰：一层楼梯间、走廊及一层展、门厅为米黄色地板砖；二层以上楼面楼梯间、走廊采用暗红色地板砖，其他房间地面为米黄色地板砖面层；一层展厅及门厅顶棚采用亚白色微孔方形铝合金板吊顶，房间及公共部分内墙及顶棚为混合砂浆刮腻子刷亚白色乳胶漆，卫生间、走廊及楼梯间墙面采用彩釉面砖，顶棚为水泥砂浆刷白色乳胶漆。

4) 外墙面装饰：外墙立面采用浅灰色外墙面砖，入口处立柱采用浅灰色磨光花岗岩，其他为米黄色外墙面砖。

5) 屋面：屋面为二级防水上人屋面，采用 SBS 改性沥青卷材防水层，70mm 厚水泥聚苯板保温层。

(3) 结构设计概况

该工程主体为现浇钢筋混凝土框架结构，抗震设计按地震烈度 7 度设防，建筑抗震设防类别为丙类，框架抗震等级为三级；框架柱、梁、板混凝土强度等级二层以下为C35，二层以上为C30；地基基础设计等级为乙级，基础设计为C30人工挖孔混凝土灌注桩，设计桩长为11.5m，桩径为900mm，共计41根，最大单桩承载力为300kN。

(4) 安装工程设计概况

1) 电气工程：本工程设计为配电与照明系统、防雷与接地系统、电话通信系统、CATV电视系统、有线广播系统、计算机网络和电话系统。

电力干线采用镀锌钢管，消防管路全部采用镀锌钢管，其余采用PVC电线管，防雷采用避雷网与柱内两根主筋焊接，在各引入点距地1.5m处做断接卡子，在距墙（外墙）3m处做一环形接地网。

2) 管道工程：本工程设计内容为生活给水系统，排水系统，消防给水系统等。

生活给水系统，横支管采用PP-R管，热熔连接，其余生活给水管均采涂塑镀锌钢管，丝扣连接；消防给水系统给水管采用镀锌焊接钢管，附件处采用法兰连接；排水系统排水立管采用内螺旋UPVC管，其余采用UPVC管，胶粘剂粘结。

6.1.2 施工条件

本工程三通一平已完成，施工现场交通运输比较方便，可通过大型施工车辆，水电可直接与市区水电管网连接，直接在施工现场边缘提供水、电接驳点，供水管径为50mm，用电负荷可供150千瓦，办公室和生活临时设施也已修建，施工机具、施工队伍及其他施工准备工作均已落实，开工条件已具备。

施工期间主导风向为东南风，基本风压$0.45kN/m^2$，雨期在七、八月，最大降雨量为189.4mm。地下水位较深，对施工没有影响。土质有轻微湿陷性，稳定性较好；表层土为1.2～2.6m厚的杂填土，以下为粉土。

本工程处于教学区，紧临1号教学楼，施工期间不得妨碍学校的正常上课，确保学校师生员工安全，文明施工。为减少噪音、加快施工进度，现场不设混凝土搅拌站，采用泵送商品混凝土，现浇有梁板采用12mm厚木胶合板。

6.2 施 工 方 案

6.2.1 确定施工程序及流向

根据先地下后地上、先主体后围护、先结构后装修、先土建后设备的原则，以及工程结构和施工特点，本工程总的施工划分为四个施工阶段：地下工程、主体结构工程、围护工程和装饰工程。外装修可与屋面工程同时施工，内装修必须在屋面刚性防水层施工完成后才能进行。

基础施工阶段划分为两个施工段，自西向东施工；主体工程同一平面上划分两个施工段，见图3-17，六层共12段，自下而上分层施工；屋面工程不分段，顺序施工；室外装饰工程不分段，自上而下完成；室内装饰一层一段，自上而下进行。由于工期短，质量要求高，不同的分部分项工程之间可组织平行、搭接、立体交叉流水作业，屋面工程、墙体工程、地面工程应密切配合。外脚手架应配合主体工程，且在室外装饰完成之后、散水施工之前拆除。

6.2.2 主要工种施工方法、施工机械的选择

(1) 基础施工阶段

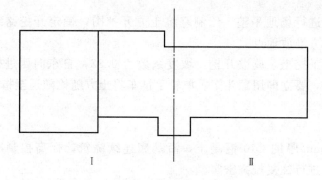

图 3-17 基础与主体阶段施工段划分

本工程地基基础采用钢筋混凝土挖孔桩基础，其施工顺序见图 3-18。

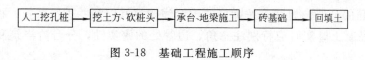

图 3-18 基础工程施工顺序

1）人工挖孔桩

工艺流程为：定位放线→机具就位→人工挖孔→验孔→安放钢筋笼→浇筑混凝土→试桩。

A. 定位放线：依据建筑物测量控制网资料和桩基础平面图，测定桩位控制网和高程基准点，确定好桩位中心。以桩位中心为圆心，以桩身半径加护壁厚度为半径画出桩位开挖线。

定桩位：采用 50mm×50mm×300mm 的小木桩插入桩中心作桩位标识，并在每个桩位上砌筑砖圈，用水泥砂浆粉顶压光，将桩号及桩位定位墨线标上去。

确定深度：根据高程确定每个桩顶标高和桩底标高，确保桩顶、桩底各处在同一个平面上。

B. 开挖桩孔土方：人工挖孔采用工地常规机具，包括提升工具、挖土工具、运土工具、小直径插入式振动器、平板振捣仪、插钎、串筒、吊挂式软爬梯、井内外照明设施、潜水泵、空气压缩机及胶皮软管等。挖土时，配备经纬仪、水准仪各一台，随时控制基底标高。采用汽车运土，其他小型机械按工地需要配给。

开挖桩孔应从上到下逐层进行，先挖中间部分土方，然后向周边扩挖，严格控制桩孔底截面尺寸。开挖时应根据土质条件设计确定每节底标高，每挖完一节，必须根据桩孔口上底轴线吊直、修边，使孔壁圆弧保持上下顺直一致。

C. 安放钢筋笼：钢筋笼按设计要求配置，采用汽车吊运输及吊装。

运输及吊装时应防止钢筋笼扭转弯曲变形。钢筋笼放入前应在四周绑好砂浆垫块，作为定位垫块。吊放钢筋笼时，要对准孔位，直吊扶稳，缓慢下沉，避免碰撞孔壁。钢筋笼吊至设计位置时，应立即固定。吊放钢筋笼时注意不碰撞孔壁。

D. 浇筑混凝土：本工程拟采用混凝土泵送车布料机浇筑混凝土。

浇筑混凝土时应连续进行，分层振捣密实。第一步浇筑至扩底部位的顶面，然后浇筑上部混凝土。分层振捣厚度不宜大于 1.5m。

2) 土方开挖

土方开挖前应进行场地平整，绘制基坑土方开挖图，确定开挖路线、顺序、基底标高、边坡坡度及土方堆放地点。

本工程采用人工挖土，放坡开挖，坡度系数为 0.33，自东向西进行。由于施工现场场地小，挖出的土，要立即用翻斗车、单轮手推车将土方随挖随运至指定地点，待室内回填土时运回。

3) 基础垫层

垫层采用 100mm 厚的 C10 混凝土，沿基底连续浇筑，标高控制准确，注意表面平整，用平板振捣器进行往复振捣密实。

4) 混凝土桩承台、基础梁

钢筋混凝土桩承台、基础梁采用普通组合钢模板，应控制好模板的位置和稳定性。绑扎钢筋时，应注意控制保护层的厚度及底板钢筋位置和柱的插筋，桩承台钢筋绑扎前先在垫层上弹好钢筋的分档位置线，按弹好的位置线摆放好钢筋并进行绑扎。桩头进入承台尺寸为 50mm。混凝土捣实时应特别注意角、边等处的密实性，分台阶浇筑和捣实。基础梁原槽浇筑。

5) 砖基础

砌砖基础采用一顺一丁组砌形式、等高式大放脚。基础砌筑应检查垫层的水平度和控制基础的轴线、边线位置，注意退台的砌筑要求，采用小皮数杆控制砖层水平和灰缝的厚度。

6) 回填土

基础回填土应在基础拆模及外围基础墙砌好后立即进行，以便外架子的搭设。室内回填土可在一层楼板模板及支撑拆除、基础墙砌筑完毕后进行。土方回填拟采用人工填土和机械填土压实相结合的方法进行。

工艺流程：基坑底清理→检验土质→分层铺土、耙平→夯打密实→检验密实度→修整、找平验收。

土方回填土时应严格选用回填土料，控制含水率、夯实遍数。

A. 回填土应分层铺摊。每层铺土厚度应根据土质、密实度要求和机具性能确定。一般蛙式打夯机每层铺土厚度为 200～250mm；人工打夯不大于 200mm。每层铺摊后，随之耙平。

B. 回填土每层至少夯打三遍，检验压实系数达到设计要求。打夯应一夯压半夯，夯夯相接，纵横交叉。

C. 回填土每层填土夯实后，应按规范规定进行环刀取样，测出干土的质量密度；达到要求后，再进行上一层的铺土。

D. 修整找平：填土全部完成后，应进行表面拉线找平，凡超过标准高程的地方，及时依线铲平；凡低于标准高程的地方，应补土夯实。

回填土应连续进行，尽快完成。施工时应有防雨措施，要防止地面水流入基坑内，以免边坡塌方或基土遭到破坏。

(2) 主体施工阶段

主体结构工程的施工顺序见图 3-19。

图 3-19 主体结构施工顺序安排示意图

1) 施工机械选择

竖直运输机械：选用 QTZ-40 自升式塔吊，塔身截面 1.4m×1.4m，底座 3.8m×3.8m，节距 2.5m，附着式支架设于电梯井北侧，最大起升高度 120m，最大起重量 4t，最大幅度 42m，最大幅度时起重量 0.965t；泵送混凝土施工采用 HBT60A 型拖式混凝土高压输送泵。

其他加工机械：钢筋加工，配备钢筋切断机 1 台，钢筋弯曲机 1 台，对焊机 1 台，冷拉卷扬机 1 台。

2) 钢筋工程

A. 钢筋加工：根据图纸及规范要求进行钢筋下料，钢筋加工按钢筋下料单加工，钢筋的形状、尺寸必须符合现行设计及施工规范要求。受力钢筋的弯钩和弯折应符合设计及规范要求：HPB235 级末端应作 180°弯钩，弯弧内径不小于钢筋直径的 2.5 倍；弯钩的平直部分长度不小于钢筋直径的 3 倍；所有梁柱箍筋末端均应做成不小于 135°的弯钩，弯钩端头平直部分长度不应小于 $10d$。

B. 钢筋连接

根据图纸要求，结合公司实际情况，为加快施工速度，同时在保证质量的前提下，钢筋连接采用如下方法施工：

A) 框架柱纵向钢筋采用直螺纹套筒连接，其他部位纵向钢筋，$d<16mm$ 时采用焊接或绑扎连接；$d>16mm$ 时采用直螺纹套筒连接。

B) 同一连接区段内，纵向钢筋搭接接头面积百分率应符合设计要求；当设计无具体要求时，应符合下列规定：对梁类、板类构件，不宜大于 25%；对柱类构件，不宜大于 50%。

C. 钢筋绑扎

A) 柱子钢筋绑扎：按设计要求的箍筋间距和数量，先将箍筋按弯钩错开要求套进柱子主筋，在主筋上用粉笔标出箍筋间距，然后将套好的箍筋向上移动，由上往下用钢丝绑扎。箍筋应与主筋竖直，箍筋转角与主筋交点均要绑扎。

B) 梁、板钢筋绑扎：梁钢筋在底模上绑扎，先按设计要求的箍筋间距在模板上或梁的纵向钢筋上划线，然后按次序进行绑扎。框架梁钢筋应放在柱的纵向钢筋内侧，梁的上部贯通筋采用机械连接或焊接；板、次梁与主梁交叉处，板的钢筋在上，次梁的钢筋居中，主梁的钢筋在下。

配有双层钢筋网的楼板钢筋，应根据钢筋直径、网格大小配置钢筋马凳以防止上层钢筋在施工过程中受压变形或被踩下。绑扎时，应注意钢筋弯钩方向，不得任意颠倒，端部的弯钩应与所靠底模板面竖直，不得倾斜式平放。

C) 梁、柱节点钢筋绑扎：现浇钢筋混凝土框架梁、柱节点的钢筋绑扎质量将直接影响结构的抗震性能，而且该部位又是钢筋加密区，因此应严格控制该部位的施工程序，即：支设梁底模→穿梁底钢筋→套节点处柱箍筋→穿梁面筋。

柱、梁板钢筋的接头位置、锚固长度、搭接长度应满足设计和施工规范要求，钢筋绑扎完成后应固定好垫块或撑铁，以防止出现露筋现象，同时要控制内外排钢筋之间的间距，防止钢筋保护层过大或过小。

3）模板工程

A. 材料准备。依据工程量大、工期紧、模板周转快的特点，拟定选用木桁架、木胶合板、钢模结合的模板体系。一层采用圆木支撑，二层以上采用钢支撑。为了提高细部工程（梁、板之间，梁、柱之间，梁、墙之间）的质量，达到顺直、方正、平滑连接的要求，在以上部位，采用特殊加工的薄钢板，同时改进预埋件的预埋工艺。有拉接筋的框架柱选用拉筋预埋件专用模板。

B. 柱模板安装。其工艺流程为：弹柱位置线→抹找平层作定位墩→安装柱模板→安柱箍筋→安拉杆或斜撑→预检。

柱模板采用截面可调钢模板（从 900mm×900mm 截面调节到 650mm×650mm 截面）。先安装两端柱，校正、固定、拉通线校正中间各柱。模板按柱子大小预拼，就位后先用钢丝与主筋绑扎临时固定，用 U 形卡将两侧模板连接卡紧，安装完两面再安另外两面模板，每层柱支模到梁底标高。柱模每边设 2 根拉杆，固定于事先预埋在楼板内的钢筋环上，用经纬仪控制，用花篮螺栓调节校正模板竖直度。拉杆与地面夹角值为 45°，预埋的钢筋环与柱距离为 3/4 柱高。

C. 安装梁、板模板。梁底及侧模板采用组合钢模板，梁与梁及梁与柱交接处配以阴角连接。模板使用 12mm 厚木胶合板，压帮铺设。梁钢管支撑间距不小于 900mm（跨中 1/3 部分间距 600mm），楞方间距不小于 600mm。对于层高 6.5m 以上的截面较大梁及板，采用多功能门式脚手架支撑，楞方间距为 500mm。梁跨度较大，支梁底模时起拱高度为梁跨度的 1‰。此外，模板必须有足够的刚度和稳定性。

D. 安装楼梯模板。楼梯竖墙采用定制钢模，板面为 6mm 厚钢板，竖向次龙骨为 Φ48mm×3.5mm 钢管，横向主龙骨为 10 号槽钢。楼梯板、预留洞口、施工缝处采用 12mm 厚夹板模板（木背楞），根据楼梯尺寸现场加工。

4）混凝土浇筑

本工程主体结构采用的混凝土，除少数构造柱、圈梁混凝土在现场自拌外，其他均采用商品混凝土。

A. 准备工作。浇筑前应对模板的尺寸、位置、标高、竖直度，钢筋和预埋件的数量、位置，材料、机具、运输道路、泵送管道等进行检查，在底部先填 50～100mm 厚与混凝土成分相同的水泥砂浆。

B. 浇筑方法。混凝土应分层浇筑，厚度控制在 300～400mm 之间，后一层混凝土应在前一层混凝土浇筑后 2h 以内进行，混凝土倾落高度不超过 2m。梁、板应同时浇筑，浇筑板混凝土的虚铺厚度应略大于板厚。楼梯混凝土应沿梯段自下而上进行浇筑，先振实底板混凝土，达到踏步位置时再与踏步混凝土一起浇筑，连续向上推进，并用木抹子将踏步上表面抹平。

浇筑与振捣必须紧密配合，每一层均振实后再下料，振捣时不要触动钢筋及预埋件。根据结构截面尺寸、钢筋密集程度分别采用不同直径的插入式振动棒及平板式、附着式振动机械。楼面混凝土采用混凝土抹光机（HM-69）HZJ-40 真空吸水技术，降低水灰比，增加密实度，提高早期强度。

此外，施工缝的位置宜留在结构受剪较小且便于施工的部位。楼梯施工缝留置在楼梯板长度的1/3处。

A）柱混凝土浇筑。

a. 柱混凝土在楼面模板安装后，钢筋绑扎前进行。一次连续浇筑高度不宜超过0.5米，待混凝土沉积、收缩完成后再进行第二次混凝土浇筑，但应在前层混凝土初凝之前，将次层混凝土浇筑完毕。

b. 每层柱混凝土浇筑至梁底标高，浇筑时要控制混凝土自落高度和浇筑厚度，防止离析、漏振。

c. 使用插入式振动器应快插慢拔，插点要均匀排列，逐点移动，按顺序进行，不得遗漏，做到均匀振实。加强柱四角和根部混凝土振捣，防止漏振捣造成根部结合不良，接角残缺现象出现。

B）楼板、楼梯混凝土浇筑

a. 浇筑前在板的四周模板上弹出板厚度水平线，钉上标记，在板跨中每距1500mm焊接水平标志筋，并在钢筋端头刷上红漆，作为衡量板厚和水平的标尺。

b. 浇筑楼面混凝土采用A字凳搭设水平走桥，严禁施工人员碾压钢筋。楼梯浇混凝土，不得将整车倒下，应打铲浇筑，均匀布料，并用灰匙清理找平。专门派瓦工把高出的混凝土铲出、抹平，同时在模板边"插浆"，消除蜂窝，终凝前，严禁人员上下。

c. 浇筑混凝土时应注意保持钢筋位置准确和混凝土保护层厚度，特别要注意负筋的位置，设专人负责，发现偏差及时校正。梁柱接头设计要求按高一级强度的混凝土等级浇筑，为保证柱混凝土的强度等级，柱边超出300mm内梁板按柱混凝土强度等级浇筑。浇筑时可采用先浇柱头后浇梁板的做法进行，但要严格控制在初凝前覆盖。

d. 楼板混凝土采用平板振捣器捣实，随打随抹平，梁底及梁帮部位要注意振实。当混凝土面收水后再进行二次压光，以减少裂缝的产生。混凝土浇筑方向一般平行次梁方向推进。为保证混凝土的密实，梁浇筑采用震动棒振捣时，间距应控制在500mm左右，插入时间控制在10秒，以表面翻浆冒出气泡为宜。

5）养护

采用湿润养护法。混凝土浇筑完毕后，短期内应避免太阳光暴晒，12小时以内应在混凝土表面浇水并加以覆盖，浇水次数应能保持混凝土足够的湿润。混凝土需补充水分时，在薄膜和底板接触面浇水，然后尽快覆盖，养护7昼夜。

6）拆模

模板的拆除应在混凝土强度超过设计强度等级的70%以后进行。混凝土表面与环境温差不超过15℃，以防止混凝土表面产生裂缝。

模板拆除后，设专人对模板进行清理，铲除粘带的混凝土残渣，刷好隔离剂，按规格堆放整齐，对夹板模板更要轻拆慢放，来增加周转次数，降低成本。

（3）围护工程的施工顺序

包括墙体工程（包括搭设内脚手架、砌筑内外墙、安装门窗框、安装过梁）、屋面工程（包括隔汽层、保温层、找平层、防水层施工）等内容。

围护工程搭设SMZ150施工升降机2台，供竖直运输使用。

1) 墙体工程

砌筑前应做好砂浆配合比的技术交底及配料的计量准备。砌筑用砖及砌块应在砌筑前一天浇水湿润，一般以水浸入砖四边1.5cm为宜，含水率砖为10%～15%，加气块为5%～8%。砌筑前应弹好建筑物的墙体中心线和控制边线，经检查合格后方可施工。除一层砌筑采用双排外脚手架外，其他层砌筑均采用里脚手架。

填充墙施工顺序：楼层清理→楼层放线→机制砖做底→加气混凝土块砌筑→构造柱、圈梁绑钢筋、支模板、浇筑混凝土。

A. 砌墙。砌墙应遵守混凝土砌块规范的各项规定，做好块体组砌，墙体与混凝土柱、墙的拉结，构造柱与圈梁的设置，埋设件或穿墙件的留设，洞口加强措施等等，同时应注意：

A) 砌筑前，将墙体部位的楼板面清理干净，弹出墙身位置线，检查墙或柱上预埋的拉结筋位置是否正确，清除砌块表面粉尘，然后挂立线和水平线进行砌筑。

B) 砌筑前还应立好皮数杆，根据砌块尺寸和灰缝厚度计算砌块皮数和排数。砌筑时应底面朝上砌筑，横竖灰缝砂浆饱满，上下层错缝搭砌，搭接长度不小于150mm，否则应在水平灰缝中加设钢筋网片。灰缝宽（厚）8～12mm，水平灰缝的砂浆饱满度不小于90%，竖直灰缝的砂浆饱满度不小于80%。砂浆稠度控制在5～7cm之间，在4h以内使用完毕。

C) 框架柱的拉筋，应埋入砌体内不小于600mm。沿砌体高度每隔2～3皮砌块，在墙体内埋放2根$\Phi 6$钢筋（通长），钢筋应平直无弯曲，与主体结构中预埋铁件焊接牢固，以免因砌筑过高而影响砌体质量。

D) 应按设计规定或施工所需要的孔洞、管道井沟槽和预埋件、脚手眼等，在砌筑时预留、预埋或将砌块孔洞朝内侧砌。不得在砌筑好的砌体上打洞、凿槽。

E) 在门窗洞口两侧应采用预制素混凝土砌块砌筑，并在素混凝土砌块中预埋木砖，以便于固定门窗框。

F) 每天砌筑高度不宜超过一步架或1.5m。当砌块砌到梁底或板底时，应留出20mm空隙，用斜砖塞紧，保持墙体顶部与梁紧密结合。

B. 构造柱、圈梁的施工。按照设计和规范要求，填充墙长度大于5m时，墙中部设置构造柱；墙高超过4m时，在墙中部设置与柱连接的圈梁。构造柱、圈梁等均采用C20混凝土，构造柱的柱顶，柱脚应在主体结构中预埋$4\Phi 12$短竖筋，钢筋搭接长度$35d$。先砌墙，后浇柱，竖筋用$4\Phi 12$，箍筋用$\Phi 6@200$，墙与柱的拉结筋应在砌墙时预埋。钢筋混凝土圈梁120mm厚，纵向钢筋放置$4\Phi 8$，箍筋采用$\Phi 6@250$。

拟在现场设小型搅拌站，以满足零星混凝土的搅拌需要。浇筑混凝土时，应注意以下几点：

A) 构造柱：浇筑前构造柱根部宜先铺5cm厚与混凝土配合比相同的水泥砂浆或细石混凝土。浇筑混凝土构造柱时，先将振捣棒插入柱底根部，使其振动再灌入混凝土，应分层浇筑、振捣，每层厚度不超过60cm，边下料边振捣，一般浇筑高度不宜大于2m。

B) 圈梁：圈梁混凝土每振捣完一段，应随即用木抹子压实、抹平。表面不得有松散混凝土。

C) 振捣：振捣构造柱时，振捣棒尽量靠近内墙插入。振捣圈梁混凝土时，振捣棒与混凝土面应成斜角,斜向振捣,振捣板缝混凝土时,应选用Φ30mm小型振动棒。振捣层厚度不应超过振捣棒的1.25倍。

D) 混凝土养护:混凝土浇筑完12h以内,应对混凝土加以覆盖并浇水养护。常温时每日至少浇水两次,养护时间不得少于7d。

2) 屋面工程

屋面工程施工顺序为:15mm 1:2水泥砂浆找平层→70mm厚水泥聚苯板保温层→20mm厚1:2.5水泥砂浆找平层→4mm厚SBS防水卷材。

A. 保温层施工

施工工艺:基层清理→管根固定→隔气层施工→保温层铺设并找坡。

A) 基层清理:基层表面清理干净,洒水湿润。

B) 管根固定:穿楼板的管根在保温层施工前,应用细石混凝土塞堵密实。

C) 隔气层施工:按设计要求做隔气层,涂刷均匀无漏刷。

D) 保温层铺设:板块应紧密铺设、铺平、垫稳。保温板缺棱掉角,可用同类材料的粉屑加适量的水泥填嵌缝隙。应紧贴基层铺设,铺平垫稳,找坡正确,上下两层板块缝应错开,表面两块相邻的板边厚度应一致,下层应错缝并嵌填密实。铺设后的保温层不得直接推车行走或堆积重物。

B. 找平层施工

找平层施工质量的好坏,直接影响到卷材铺帖质量,施工时必须予以重视。操作前将基层表面清理干净,洒水湿润,刷纯水泥浆一次,随刷随铺砂浆,使之与基层粘结牢固,无松动、空鼓、凹坑、起砂、掉灰等现象。砂浆铺设应有远及近、由高到低进行,最好在每分格内一次连续铺成,严格控制坡度,可用2m长的方尺找平。待砂浆收水后,用抹子压实抹平,终凝前,轻轻取出嵌缝条,完工后表面少踩踏。

工艺顺序:基层清理→管根封堵→标高坡度弹线→洒水湿润→找平层施工→养护→验收。

A) 基层清理:将结构层、保温层上表面的松散杂物清扫干净,凸出基层表面的灰渣等粘结杂物要铲掉,不得影响找平层的有效厚度。

B) 管根封堵:大面积做找平层,应先将出屋面的管根、变形缝、屋面暖沟墙根部处理好。

C) 抹水泥砂浆找平层

a. 洒水湿润:抹找平层水泥砂浆前,应适当洒水湿润基层表面,主要是利于基层与找平层的结合,但不可洒水过量,以免影响找平层表面的干燥。防水层施工后窝住水汽,使防水层产生空鼓。所以以洒水达到基层和找平层能牢固结合为度。

b. 标点标高、冲筋:根据坡度要求,拉线找坡,一般按1~2m贴点标高(贴灰饼),铺抹找平砂浆时,先按流水方向以间距1~2m冲筋,并设置找平层分格缝,宽度一般为20mm,并且将缝与保温层连通,分格缝最大间距为6m。

c. 铺水泥砂浆:按分格块装灰、铺平,用刮杠靠冲筋条刮平,找坡后用木抹子搓平,铁抹子压光。待浮水沉失后,以人踏上去有脚印但不下陷为度,再用铁抹子压第二遍即可完工。找平层水泥砂浆一般配合比为1:3,拌合稠度控制在7cm。

d. 养护:找平层抹平、压实以后24h可浇水养护,一般养护期为7d,干燥后铺设防水层。

C. 卷材防水层施工。水泥砂浆找平层养护一周后铺设SBS卷材。SBS卷材施工选用FL-5型胶粘剂，涂刷胶粘剂厚薄要一致，待内含溶剂挥发后开始铺贴SBS卷材。铺贴采用明火烘烤推滚法，用圆辊筒滚平压紧，排除其间空气，消除皱折。卷材开卷后清除卷材表面隔离物，先在天沟、烟道口、水落口等薄弱环节处涂刷胶粘剂，铺贴一层附加层。再按卷材尺寸从低处向高处分块弹线，弹线时应保证有10cm的重叠尺寸。

工艺流程：清理基层→涂刷基层处理剂→铺贴卷材附加层→铺贴卷材→热熔封边→蓄水试验→保护层。

A) 清理基层：施工前将验收合格的基层表面尘土、杂物清理干净。

B) 涂刷基层处理剂：高聚改性沥青卷材施工，按产品说明书配套使用，基层处理剂是将氯丁橡胶沥青胶粘剂加入工业汽油稀释，搅拌均匀，用长把滚刷均匀涂刷于基层表面上，常温经过4h后，开始铺贴卷材。

C) 附加层施工：一般用热熔法使用改性沥青卷材施工防水层，在女儿墙、水落口、管根、檐口、阴阳角等细部先做附加层，附加层的范围应符合设计和屋面工程技术规范的规定。

D) 铺贴卷材：卷材的层数、厚度应符合设计要求。多层铺贴时接缝应错开。将防水卷材剪成相应尺寸，用原卷心卷好备用，铺贴时随放卷随火焰喷枪加热基层和卷材的交界处，喷枪距加热面300mm左右，经往返均匀加热，趁卷材的材面刚刚溶化时，将卷材向前滚铺、粘贴，搭接部位应满粘牢固，满粘法搭接宽度为80mm。

E) 热熔封边：将卷材搭接处用喷枪加热，趁热使二者粘结牢固，以边缘挤出沥青为度，末端收头用密封膏嵌填严密。

（4）装饰工程

装饰工程是多工种、多工序配合施工的复杂过程，各分项工程开始施工前，应组织有关人员编制技术措施，其内容包括：施工准备、操作工艺、质量标准及成品保护等，应先做样板间，经各方检验确认后，方可进行大面积的施工。装饰工程阶段采用物料提升机作为竖直运输机械，水平运输采用双轮手推车。外装修采用外墙双排脚手架，内装修采用里脚手架和满堂脚手架。

其施工流向：先室内，后室外；室外装饰自上而下，室内装饰自第五层开始由上而下，再至六层，最后施工一层。

室内装修的施工顺序：顶棚、墙面抹灰→墙面釉面砖→楼地面抹灰→门窗框扇安装→油漆、涂料→玻璃安装。

1) 顶棚、墙面抹灰

抹灰坚持"两遍成活"面层表面光滑洁净，阴阳角顺直方正。抹灰前认真对墙体基层进行处理，并提前一天浇水湿润，然后找规矩，贴灰饼，冲筋。窗口先抹灰，后装塑钢窗窗框。抹窗口时，使用定型塑钢窗框模，确保窗口抹灰方正，上下通顺，水平一致。

A. 抹灰前，检查门窗框及预留洞位置是否正确，预留架眼应提前堵塞填实，砖墙表面的灰尘，污垢和油渍应清除干净。

B. 必须找好规矩，即四角规方，横线找平，立线吊直弹出准线和踢脚线，然后贴饼冲筋，销干后可进行底层抹灰。抹灰前基层要先刷一道107胶水泥浆。

C. 阴、阳角抹灰时，其方正、竖直、平整，要符合规范要求。

D. 所有门窗洞口及阳角部位，均需先竖直找平后再行抹灰，并用1∶2水泥砂浆抹出工程包角线，角边50mm，露明10mm，并与罩面灰齐。

2) 瓷砖饰面

本工程卫生间及走廊墙面采用瓷砖饰面。其工艺流程：基层处理→吊竖直套方→找规矩→贴灰饼→抹底层砂排砖→浸砖→镶贴面砖→面砖勾缝与擦缝。

施工前墙面基层清理干净，脚手眼、窗台、窗套等应事先砌堵好，按面砖尺寸、颜色进行选砖，并分类存放备用，大面积施工前应先放大样，并做出样板墙，确定后再施工。

瓷砖使用前应在清水中浸泡2～3h后（以瓷砖吸足水不冒泡为止），阴干备用。镶贴釉面砖时，先浇水湿润墙面。采用掺107胶水泥浆作粘结层，贴时一般从阳角开始，由上往下逐层粘贴。

3) 陶瓷地砖地面施工

施工顺序：基层处理→找标高、弹线→抹找平层砂浆→弹铺砖控制线→铺砖→勾缝、擦缝→养护→踢脚板安装。

A. 基层处理：将混凝土基层上的杂物清理掉，并用铲子剔掉砂浆落地灰，用钢丝刷刷净浮浆层。如基层有油污时，应用10%火碱水刷净，并用清水及时将其上的碱液冲净。

B. 找标高、弹线：根据墙上的+50cm水平标高线，往下量测出面层标高，并弹在墙上。

C. 抹灰饼和标筋：在已弹好的面层水平线下量至找平层上皮的标高（面层标高减去砖厚及粘结层的厚度），抹灰饼间距1.5m，灰饼上平就是水泥砂浆找平层的标高，然后从房间一侧开始抹标筋（又叫冲筋）。有地漏的房间，应由四周向地漏方向放射形抹标筋，并找好坡度。抹灰饼和标筋应使用干硬性砂浆，厚度不宜小于2cm。

D. 装档（即在标筋间装铺水泥砂浆）：清除抹标筋的剩余浆渣，涂一遍水泥浆（水灰比为0.4～0.5）粘结层，要随涂刷随铺砂浆。然后根据标筋的标高，用小平锹或木楂子将已拌合的水泥砂浆（配合比为1∶3～1∶4）铺装在标筋之间，用木抹子摊平、拍实，小木杠刮平，再用木抹子搓平，使其铺设的砂浆与标筋找平，并用大木杠横竖检查其平整度，同时检查其标高和泛水坡度是否正确，24h后浇水养护。

E. 弹铺砖控制线：当找平层砂浆抗压强度达到1.2MPa时，开始上人弹砖的控制线。预先根据设计要求和砖板块规格尺寸，确定板块铺砌的缝隙宽度，当设计无规定时，紧密铺贴缝隙宽度不宜大于1mm，虚缝铺贴缝隙宽度宜为5～10mm。在房间中从纵、横两个方向排尺寸，当尺寸不足整砖倍数时，将非整改用于边角处。根据已确定的砖数和缝宽，在地面上弹纵、横控制线（每隔4块砖弹一根控制线）。

F. 铺砖：为了找好位置和标高，应从门口开始，纵向先铺2～3行砖，以此为标筋拉纵横水平标高线，铺时应从里向外退着操作，人不得踏在刚铺好的砖面上。操作程序是：铺砌前将砖板块放入半截水桶中浸水湿润，晾干后表面无明水时，方可使用。找平层上洒水湿润，均匀涂刷素水泥浆（水灰比为0.4～0.5），涂刷面积不要过大，铺多少刷多少。

G. 勾缝：面层铺贴应在24h内时行擦缝、勾缝工作，并应采用同品种、同标号、同颜色的水泥。勾缝用1∶1水泥细砂浆，缝内深度宜为砖厚的1∶3，要求缝内砂浆密实、平整、光滑。随勾随将剩余水泥砂浆清走、擦净。

4）门窗框扇安装

本工程窗均采用塑钢窗，内门采用木门。外门有塑钢门、防火门等。塑钢窗配5mm厚透明玻璃，塑钢门配6mm厚透明玻璃。

A. 塑钢门窗安装工作应在室内粉刷和室外粉刷找平、刮糙等湿作业完成后进行。塑钢门窗工艺流程：弹线找规矩→门窗洞口处理→门窗洞口内埋设连接软件→塑钢门窗拆包检查→按图纸编号运至安装地点→检查塑钢保护膜→塑钢门窗安装→门窗口四周嵌缝、填保温材料→清理→安装五金配件→安装门窗密封条→质量检验→纱扇安装。

B. 塑钢门窗框实行后装工艺，用膨胀螺栓与墙体固定，固定点间距、数量须符合规范规定，确保与墙体间固定牢固。窗框与墙面间的缝隙用岩棉分层填塞，缝隙外表留5~8mm的槽口，填嵌密封材料，确保塑钢窗与墙体的弹性连接。

C. 室内门框应根据图纸位置和标高安装，为保证安装的牢固，应提前检查预埋木砖数量是否满足要求。木门安装前刷底油防潮，框对墙面刷沥青漆防腐。木门框安装应在地面工程和墙面抹灰施工以前完成。门框与墙体之间的缝隙。用沥青麻丝分层填塞后再塞灰。缝隙经填嵌后做到缝平直、光洁、不开裂，不漏嵌，四周缝隙均匀。三天内不得碰撞门框。

5）油漆、涂料

油漆、涂料严格按操作程序施工，保证不透底，不流坠，无刷痕裹边、无起皮皱纹、咬色和五金污染现象，表面应光洁，手感柔滑。

6）外墙面砖

面砖的品种、规格、图案、颜色均匀性必须符合设计要求。砖表面要平整方正，厚度一致，不得有缺楞、掉角和断裂等缺陷。面砖的吸水率不得大于18%。所用砂浆、水泥必须检验合格后方可使用。施工前必须搭设好双排脚手架，其横竖杆及拉杆等应离开墙面和门窗口角15~20cm。架子的步高要符合施工要求。

工艺流程：基层处理→吊竖直→套方→找规矩→贴灰饼→抹底层砂、排砖→浸砖→镶贴面砖→面砖勾缝与擦缝。

外墙面砖施工应分格缝控制均匀，纵横通顺，整齐清晰。具体施工方法为：

A. 施工时墙面应提前清扫干净，撒水湿润。

B. 吊竖直、套方、找规矩、贴灰饼：大墙面、四角及门窗口边，必须由顶层到底一次弹出竖直线，并确定面砖出墙尺寸，分层设点，做灰饼。横线以楼层为水平线交圈控制，竖向线则以四周大角和柱子为基线控制。每层打底时以此灰饼为基准点进行冲筋，使底层灰横平竖直。同时要注意找好突出檐口、窗台、雨篷等饰面的流水坡度。

C. 抹底层浆：先将墙面浇水湿润，然后用6mm厚1:3水泥砂浆刮一道，紧跟用相同标号砂浆与所冲的筋抹平，随即用木杠刮平，木抹搓平。终凝后浇水养护。

D. 弹线分格：待基层灰达到六七成干时，即可按图纸要求进行分段、分格弹线，同时进行面层贴标准点的工作，以控制面层出墙尺寸及面层的竖直度、平整度。

E. 排砖：根据大样图及墙面尺寸进行横竖向排砖，以保证面砖缝隙均匀，符合设计图纸要求，注意大墙面、垛子要排整砖，以及在同一墙面上的横竖排列，均不得有一行以上的非整砖。非整砖行应排在次要部位，如窗间墙或阴角处等。但亦要注意一致和对称。如遇有突出的卡件，应用整砖套割吻合，不得用非整砖随意拼凑镶贴。

F. 浸砖：釉面砖镶贴前，首先要将面砖清扫干净，放入净水中浸泡2h以上，取出待表面晾干或擦干后方可使用。

G. 镶贴釉面砖：镶贴应自上而下进行，墙较高时，可分段进行。在每一分段或分块内的面砖，均为自下而上镶贴。从最下一层砖下皮的位置线先稳好靠尺，以此托住第一皮釉面砖。在面砖外皮上口拉水平通线，作为镶贴的标准。

（4）安装工程施工

1）给排水安装工程：采用常规施工方法，但要注意抓好以下几个环节：一是配合土建施工及时做好预留洞、预埋件工作；二是搞好安装组合件制备，尽量扩大预制量，减少现场临时加工量；三是组织好安装阶段的交叉穿插施工；四是及时作好单体、分系统和系统的通水和水压试验。

2）电气安装工程：要抓的关键是紧密配合土建预留配电箱洞口，及时搞好埋管、敷线和开关、插座安装；并尽量扩大安装件的预制量和预组含量，减少现场工作量。对安装完毕的设备、器具进行细部处理，调试、试运行。

6.2.3 主要技术组织措施

（1）保证工程质量组织措施

1）加强技术管理，认真贯彻各项技术管理制度；落实好各级人员岗位责任制，做好技术交底，认真检查执行情况；积极开展全面质量管理活动，认真进行工程质量检验和评定，做好技术档案管理工作。

2）认真进行原材料检验。进场钢材、水泥、砌块、混凝土、焊条等建筑材料，必须提供质量保证书或出厂合格证，并按规定做好抽样检验；各种强度等级的混凝土，要认真做好配合比试验；施工中按规定制作混凝土试块。

3）加强材料管理。建立工、料消耗台账，实行"当日领料、当日记载、月底结账"制度；对高级装饰材料，实行"专人检验、专人保管、限额领料、按时结算"制度；未经检验，不得用于工程。

4）认真贯彻质量检验制度，进行质量监督，发现问题及时整改，实行质量奖罚措施。

5）严格控制主楼的标高和竖直度，控制各分部分项工程的操作工艺，完工后必须经班组长和质量检验人员验收，达到预定质量目标签字后，方准进行下道工序施工，并计算工作量，实行分部分项工程质量等级与经济分配挂钩制度。

6）加强工种间的配合与衔接，在土建工程施工时，水、卫、电、暖等工程应与其密切配合，设专人检查预留孔、预埋件等位置、尺寸，逐层检验，不得遗漏。

（2）保证质量的技术措施

1）桩基础施工

A. 在挖孔桩施工前，必须认真进行挖孔桩的定位放线工作，用直角坐标法定出每根桩的中心点，然后根据中心点弹出其开挖圆周线。

B. 桩孔中心点的控制：为防止杂物在开挖时落入孔中，便于第一节混凝土护壁施工，防止地表水渗入孔内，开挖前应以桩中心点为中心，按相应的桩径加大40cm用砖砌一圈，宽度为120mm，高出井周围地面150~200mm，同时通过桩中心引两条竖直直径线与井圈相得四点，在这四点处设置四个钢钉，或用油漆在这四点作标记，作为控制中心点及施工中控制竖直度的依据。要求每模都进行吊中，拆模后进行复检，及时修正，做到中心偏差小于20mm。

C. 挖孔桩按节挖孔，每一节挖深一般为1000mm，每掘进1.0m必须当天修筑护壁，根据桩孔中心点校正模板，保证护壁厚度、桩孔尺寸和竖直度，按设计配护壁钢筋，然后浇筑护壁混凝土，上下护壁间应搭接50mm，且用钢筋插实以保证护壁混凝土的密实度，应四周均匀浇筑，以保证中心点位置的正确。

D. 当桩孔挖至设计标高时，及时通知建设方（或监理单位）会同设计、勘察、质监等单位共同鉴定，满足要求后迅速扩大桩头，清理孔底及时验收。验收后用稍高于设计强度等级的混凝土封底100mm，防止岩石风化。

E. 吊放钢筋笼时注意不碰撞孔壁。安装时应慢吊慢放，竖直下放到位后，检查钢筋笼中心与桩孔中心是否重合，钢筋笼与井壁间垫混凝土垫块，以确保保护层的厚度均等。

F. 在浇筑挖孔桩桩身混凝土过程中，注意防止地下水进入，不能有超过50mm厚的积水层，否则，应设法把混凝土表面积水层用导管吸干，才能浇筑混凝土。

2）模板工程质量保证措施

A. 模板安装前必须熟悉安装的模板图，模板要有足够的强度、刚度和稳定性，拼缝严密，模板最大拼缝宽度应控制在1.5mm以内。

B. 为了提高工效，保证质量，模板重复使用时应编号定位，清理干净模板上砂浆，刷隔离剂，使混凝土达到不掉角，不脱皮，表面光洁。

C. 注意墙、柱、梁、板交接处的模板拼装，做到稳定、牢固、不漏浆。

D. 对固定在模板上的预埋件和预留孔洞不得遗漏，安装牢固，位置准确，其允许偏差均应控制在允许值内。

E. 模板支模应按规定的作业程序进行，模板未固定前不得进行下一道工序。严禁在连接件和支撑件上攀登上下，并严禁在上下同一竖直面上装、拆模板。高处作业，应配置蹬高用具或搭设支架。

3）钢筋工程质量保证措施

A. 施工现场的钢筋必须要有出厂证明书或试验报告单、标牌，由材料员和质检员按照规范标准分批抽检验收，合格后方能加工使用。

B. 钢筋的规范、数量、品种、型号均应符合图纸要求，绑扎成形的钢筋骨架不得超出规范规定的允许偏差范围。

C. 钢筋的接头焊接必须按设计要求和规范标准进行焊接和搭接，钢筋焊接的质量符合《钢筋焊接及验收规范》规定。

D. 为了保证楼板施工时，上、下层钢筋位置准确，在梁中部区域每3m加设支撑加设混凝土垫块，保证上层钢筋网不踩踏和变形。

E. 独立柱钢筋固定方法：插筋前，在上、下层钢筋网上放置一定位箍筋并与承台筋点焊连接，插筋放置后再在底面标高以上800mm处扎三道箍筋将柱插筋予以固定。

F. 混凝土浇筑时，对钢筋尤其是柱的插筋进行跟踪测量，发现问题及时纠正。

4）混凝土工程质量保证措施

A. 选择优质砂子、石子、水泥和外加剂，使用时严格按照砂、石、水泥、外加剂配合比配料过秤，以确保混凝土的质量。

B. 混凝土配合比按设计要求进行试配。根据配合比确定的每盘（槽）各种材料用量，均要过秤。

C. 装料顺序：一般先装石子，再装水泥，最后装砂子，需加掺合料时，应与水泥一并加入。

D. 混凝土浇筑若遇雨天时，应及时调整混凝土配合比，备足防雨棚布，并做好已浇混凝土保护。

E. 混凝土搅拌的最短时间根据施工规范要求确定，掺有外加剂时，搅拌时间应适当延长。粉煤灰混凝土的搅拌时间宜比普通混凝土延长 10～30s。

F. 混凝土浇筑前，模板内部应清洗干净，严禁踩踢钢筋，踩踏变形的钢筋应及时地在浇筑前复位。下落的混凝土不得发生离析现象，应保证好混凝土面层养护工作，由专人负责。

G. 对班组进行施工技术交底，浇捣实行挂牌制，谁浇捣的混凝土部位，就由谁负责混凝土的浇捣质量，要保证混凝土的质量达到内实外光。

5) 砌体工程

A. 砌体应放置一段时间才能使用，砌筑前应充分湿润。

B. 按设计要求设过梁、圈梁带，拉结钢筋及压砌钢筋网片要符合设计要求。

C. 砌体采用合理的组砌方式。

6) 装饰工程

A. 装饰工程开工前应先确定标准，做样板经有关人员认可后，方可进行大面积施工。

B. 装饰施工每一道工序开始前，必须对上一道工序进行全面检查，全部合格后方能进行下一步的施工。

C. 室内抹灰时，凡带洞口的墙仅抹底子灰，暂不抹罩面灰，并在距洞口边缘 100mm 处留反槎。堵洞口，两侧留槎和堵洞砌块应充分浇水浸润，待表面无明水时可向反槎内掺素水泥浆，用与底灰相同的砂浆抹洞口。当新抹底灰达到一定强度时，将整面墙浇水浸润，水浸入墙体内深度以 10～15mm 为宜，再抹罩面灰，即可根除洞口边缘裂缝和痕迹。

(3) 安全防火措施

严格执行各项安全管理制度和安全操作规程，并采取以下措施。

1) 进场人员必须进行安全防火教育，提高职工对安全工作的认识，充分发挥"三保"的作用，熟知本工种安全操作规程。

2) 进场人员一律戴好安全帽，高空作业系好安全带，并沿建筑物周围随楼层设安全网一道。

3) 禁止双层作业，施工人员一律到指定的出入口通行，并在通行口处搭好安全防护棚。

4) 所使用的各种机械、工具要定期进行检查，不得带电作业。所有电气设备，一律做接零保护，非机械操作人员禁止操作各种机械。

5) 在各层预留洞口、通道口及楼梯两侧加以封闭或加防护栏。

6) 暂设线路设专人管理，非电工和无操作证的电工一律禁止动用电气设施，电工用电要安装好触电保护器材。

7) 固定的塔吊、物料提升机等设置避雷装置，其接地电阻不大于 4Ω。所有机电设备，均应实行专人负责。

8) 塔式起重机基座、升降机基础、龙门架地基必须坚实，雨期要做好排水导流工作，防止塔、架倾斜事故，作业前必须仔细检查悬挑的脚手架牢固程度。

9) 任何人不得从楼上往下扔任何物体。各层电梯口、楼梯口、预留洞口设置安全护栏。

10) 加强防火、防盗工作，指定专人巡检。每层要设防火装置，每逢"三层"、"六层"、"九层"设一临时消防栓。在施工期间严禁非施工人员进入工地。

11) 未列之项严格按安全操作规程及有关文件认真执行。

（4）雨期施工措施

工程所在地年降水总量达 1223.9mm，日最大降雨量达 18.9mm 时，最大降雨量达 59.2mm，为此设气象预报情报人员一名，与气象台（站）建立正常联系，做好季节性施工的参谋。

1) 施工现场按规划做好排水管沟工程，及时排除地面雨水。

2) 做好塔吊、井架、电机等设备的接地接零及防雷装置。

3) 备置一定数量的覆盖物品，保证尚未终凝的混凝土免受雨水冲淋。

4) 做好脚手架、通道的防滑工作。

（5）确保施工工期的保证措施

根据甲方要求该工程工期定为 220 天，为确保按期竣工，特采取以下措施。

1) 由建设单位、施工单位双方组成现场领导小组，密切协作配合及时解决施工准备工作和施工过程中的各种问题，确保工程顺利进行。

2) 加强施工现场的组织领导，成立施工现场项目经理部，统一指挥，协调项目经理部内各部门之间的协作配合及工序搭接，按照拟订的施工组织设计的进度计划，精心组织施工，根据施工段和施工层的划分，要集中人力、物力组织钢筋绑扎、模板安装、混凝土浇筑和粉刷各阶段等工序进行流水作业，同时上下主体装饰交叉组成多层次，多部位，施工的综合性施工程序，保证施工连续地、均衡地、有节奏地开展。

3) 在施工过程中，加强技术、材料、质量、安全、进度及施工现场等各方面的管理工作。落实项目经理部内各项岗位责任制，严格实行奖罚制度，保证工程按期竣工。

4) 采取切实可行的雨期施工措施，尽量减少停工，确保施工进度和质量。

5) 为了确保施工进度计划，尽可能提前完成主体工程，使粉刷工程有更多的时间，施工高峰期可适当组织两班作业，在农忙期间采取有效措施尽量少减员，使工程进度不受较大的影响。

6) 在混凝土中掺加早强剂，加速混凝土的硬化，减少技术间歇时间，加快施工进度。

（6）确保文明施工的技术组织措施

1) 建立现场文明施工制度，文明施工要落实到人，按照公司现场文明施工检查评分办法进行打分，每月进行一次。

2) 施工现场按照文明施工的有关规定，在明显位置设立施工标牌，主要管理人员名单、总平面图等。

3) 实行分项包干制度，生活区域及施工现场划分出清洁责任区，现场保持整洁、平整、道路畅通，不积水。

4) 现场材料堆放必须做到散材成方、型材成垛，并标明标识。

5) 现场管理人员及操作人员必须佩戴胸卡。

6) 严格遵守地方政府和有关部门对施工噪声等管理规定。

7) 对各工种操作人员进行教育,在施工中搬运架管和钢模板要轻拿轻放,不得乱扔,减少噪音。

8) 木工电锯不得在深夜使用,因夜深人静时噪音传播很远,在夜晚十点到次日凌晨,主要进行无噪音施工操作。

6.3 施工进度计划的编制

6.3.1 划分施工项目,确定劳动工日数

劳动工日的确定,如表3-22。

劳动量一览表　　　　　　表3-22

序号	分项工程名称	劳动量（工日或台班）	序号	分项工程名称	劳动量（工日或台班）
	基础工程		14	梁、板混凝土（含楼梯）	756
1	人工挖孔桩	455	15	拆模	396
2	开挖基础土方、截桩头	232	16	砌空心砖墙（含门窗框）	1101
3	混凝土垫层			屋面工程	
4	承台混凝土、基础梁模板	137	17	保温隔热层（含找坡）	118
5	承台混凝土、基础梁钢筋（含构造柱筋）	86	18	屋面找平层	89
6	承台混凝土、基础梁混凝土	39	19	屋面防水层	124
7	砖基础	79		装饰工程	
8	回填土	258	20	顶棚墙面中级抹灰	1645
	主体工程		21	外墙面砖	521
9	脚手架	237	22	楼地面及楼梯地砖	846
10	柱筋	345	23	门窗扇安装	365
11	柱、梁、板模板（含楼梯）	3468	24	油漆、涂料	798
12	柱混凝土	298	25	室外散水、台阶等	62
13	梁、板筋（含楼梯）	1080		水、电	

6.3.2 编制施工进度计划表

本教学楼工程合同工期220天（日历天数）。考虑施工准备工作为15天,工程首尾10天,因此,安排进度计划时以190天作为工期要求。

为便于计划安排和按期完成施工任务,以基础、主体、装修三大分部工程的施工进度来控制单位工程的工期。基础工程工期一般占总工期的18％～25％（含桩基础）,本工程取20％,则其控制工期为:190天×20％＝38天；主体工程工期一般占总工期的40％～45％,本工程取42％则其控制工期为:190天×42％＝80天；装修工程的控制工期则为:190天×(1－20％－42％)＝72天。

(1) 基础工程的施工进度计划

根据施工方案,基础工程划分两段组织流水施工的特点,由于桩基础不分段,故组入

流水的施工项目有四个，即：挖土及垫层、承台及基础梁、砖基础和回填土。

1) 计算流水节拍

桩基础劳动量为455工日，安排30人，持续时间为455÷30=15天。

土方开挖班组人数为30人，持续时间为232÷30≈8天，流水节拍为4天。

承台及基础梁支模板劳动量为137工日，班组人数为35人，流水节拍为2天。

承台及基础梁绑扎钢筋劳动量为86工日，班组人数为25人，流水节拍为2天。

承台及基础梁浇混凝土劳动量为39工日，班组人数为20人，流水节拍为1天。

砖基础及回填土的流水节拍各为2天，其班组人数分别为20人和30人。

2) 工期

$$T_1=15+4\times 2+2+2+1+2+2=32 \text{ 天}$$

3) 编制施工进度计划表（图3-20）

施工过程	班组人数	工作天数	施工进度（天）														
			2	4	6	8	10	12	14	16	18	20	22	24	26	28	30	32
桩基础	30	15																
挖土及垫层	30	8																
承台、基础模板	35	4																
承台、基础钢筋	25	4																
承台、基础混凝土	20	2																
砌砖基础	20	4																
回填土	30	4																

图3-20 基础工程施工进度计划

（2）主体工程的施工进度计划

主体工程每层划分两段，六层共12段。

主体工程包括立柱子钢筋，安装柱、梁、板模板，浇捣柱子混凝土，梁、板、楼梯钢筋绑扎，浇捣梁、板、楼梯混凝土，搭脚手架，拆模板，砌空心砖墙等施工过程，主导施工过程是柱、梁、板模板安装，后三个施工过程属平行穿插施工过程，只根据施工工艺要求，尽量搭接施工即可，不纳入流水施工。本工程中平面上划分为两个施工段 $m_0=2$，主体工程施工段数为 $m=2\times 6=12$。由于有层间关系，要保证主导施工过程流水施工，避免发生层间间断，出现窝工现象，必须处理好每层的施工段数 m_0 与参与流水施工的施工过程数 n 之间的合理关系。本工程中，主导施工过程是柱、梁、板模板安装，柱、梁、板、楼梯钢筋绑扎及浇捣混凝土为次要施工过程。为便于组织，将次要施工过程综合为一个施工过程来考虑其流水节拍，且流水节拍之和不得大于主导施工过程的流水节拍，以保证主导施工过程的连续性，因此，主体工程参与流水的施工过程数 $n=2$ 个，满足 $m_0 \geq n$ 的要求。具体组织如下：

1) 计算流水节拍

主导施工过程柱、梁、板模板劳动量为2468个工日，两班制施工，每班人数为24人，则流水节拍为：

$$t_{模} = \frac{3468}{24 \times 12 \times 2} = 6.02 \text{ 天（取 6 天）}$$

柱子钢筋劳动量为 345 个工日，一班制施工，施工班组人数为 30 人，则其流水节拍为：

$$t_{柱筋} = \frac{345}{30 \times 12 \times 1} = 0.95 \text{ 天（取 1 天）}$$

柱子混凝土劳动量为 298 个工日，一班制施工，每班人数为 25 人，其流水节拍为：

$$t_{柱混凝土} = \frac{298}{25 \times 12 \times 1} = 0.99 \text{ 天（取 1 天）}$$

梁、板钢筋劳动量为 1080 个工日，一班制施工，每班人数为 45 人，其流水节拍为：

$$t_{梁、板筋} = \frac{1080}{45 \times 12 \times 1} = 2 \text{ 天}$$

梁、板混凝土劳动量为 756 个工日，一班制施工，班组人数为 30 人，其流水节拍为：

$$t_{混凝土} = \frac{756}{30 \times 12 \times 1} = 2.1 \text{ 天（取 2 天）}$$

拆模施工过程计划在梁、板混凝土浇捣 12 天后进行，其劳动量为 246 个工日，施工班组人数为 18 人，一班制施工，其流水节拍为：

$$t_{拆模} = \frac{396}{18 \times 12 \times 1} = 1.83 \text{（取 2 天）}$$

由于搭脚手架、拆模板可平行穿插施工过程，不占工期，因此：

$$T_{主体} = 6 \times 12 + (1+1+2+2) = 72 + 6 = 78 \text{天}$$

2）编制施工进度计划表（图 3-21）

（3）围护工程施工进度计划

围护工程包括墙体工程和屋面工程等内容。

砌墙在拆模以后进行，一层一段，共六施工段；屋面工程包括屋面保温隔热层、找平层和防水层三个施工过程。考虑屋面防水要求高，所以不分段施工，即采用依次施工的方式。

流水节拍的确定：

砌墙（含门窗框）劳动量为 1101 个工作日，施工班组人数为 30 人，一班制施工，每层一段，共六段。其每层工作时间为 $t_{砌墙} \approx 6$ 天。

屋面保温隔热层劳动量为 118 个工日，施工班组人数为 20 人，一班制施工，其施工持续时间为：$t_{保温} = 118 \div 20 \approx 6$ 天。

屋面找平层劳动量为 89 个工日，18 人，一班制施工，其施工持续时间为：$t_{找平} = 89 \div 18 \approx 5$ 天。

屋面找平层完成后，安排 7 天的养护和干燥时间，方可进行屋面防水层的施工。SBS 改性沥青防水层劳动量为 49 个工作日，安排 22 人一班制施工，其施工持续时间为：

序号	主体工程	劳动量(工日)	班组人数	持续天数	工作进度
1	脚手架		5		
2	柱筋	345	30	12	
3	柱、梁、板模板(含楼梯)	3468	24(双)	72	
4	柱混凝土	298	25	12	
5	梁、板筋(含楼梯)	1080	45	24	
6	梁、板混凝土(含楼梯)	756	30	24	

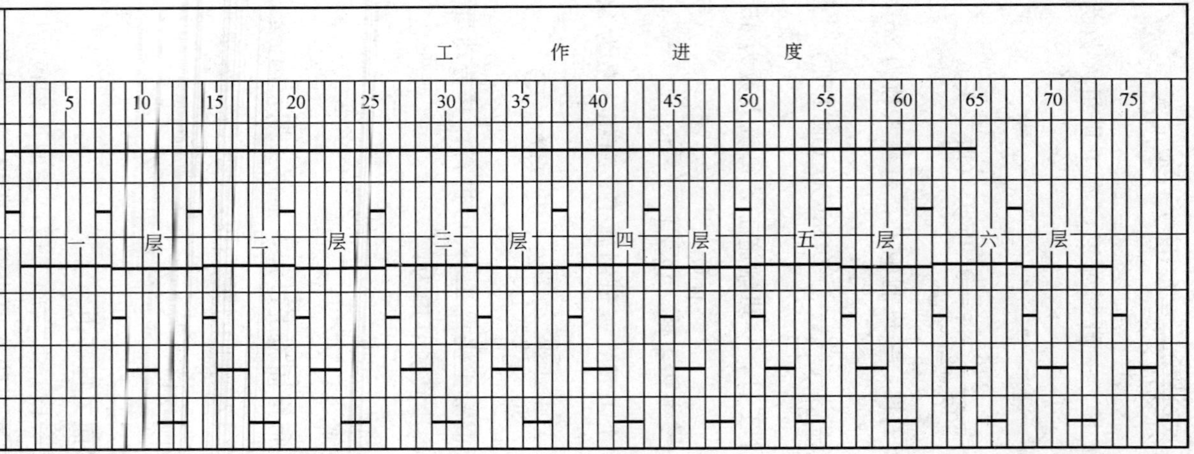

图 3-21 主体工程施工进度计划

$t_{防水} = 124 \div 22 \approx 6$ 天。

(4) 装饰工程

装饰工程包括顶棚、墙面中级抹灰，外墙面砖，地面垫层，楼地面及楼梯地砖，铝合金窗扇安装，胶合板门安装，内墙涂料、油漆等施工过程。地面垫层可以在模板拆除后穿插施工，不参与流水，因此参与流水的施工过程为 $n=7$。

装修工程采用自上而下的施工起点流向。结合装修工程的特点，把每层房屋视为一个施工段，共6个施工段（$m=6$），其中抹灰工程是主导施工过程，组织有节奏流水施工如下：

1) 流水节拍的确定

顶棚、墙面抹灰劳动量为1645个工日，施工班组人数为45人，一班制施工，其流水节拍为6天。

外墙面砖劳动量为521个工日，施工班组人数为30人，一班制施工，其施工持续时间为18天。

楼地面及楼梯地砖劳动量为846个工日，施工班组人数为28人，一班制施工，其流水节拍为5天。

门窗扇安装365个工日，施工班组人数为20人，一班制施工，流水节拍为3天。

内墙涂料、油漆劳动量为789个工日，施工班组人数为34人，一班制施工，流水节拍为4天。

室外散水、台阶等劳动量为62个工日，施工班组人数为15人，施工时间为4天。

2) 工期计算

由于外墙面砖与室内抹灰工程平行施工，不影响工期计算，故组入流水施工的施工过程共有6个，即顶棚墙面抹灰，楼地面及楼梯地砖，门窗扇安装、胶合板门安装，内墙涂料油漆、室外散水等施工过程。

$$T_L = (t_{抹灰} + t_{地面} + t_{安装} + t_{油漆}) \times 6 + t_{散水} = (6+3+5+3+4) \times 6 = 126 (天)$$

3) 编制施工进度计划表

装饰工程施工进度计划，如图3-22。

	装饰工程	劳动量（工日）	班组人数	持续天数	工作进度
1	外墙面砖	521	30	18	
2	楼地面及楼梯地砖	846	28	30	
3	顶棚、墙面抹灰	1645	45	36	
4	门窗扇安装	365	20	18	
5	油漆、涂料	798	34	24	

图3-22 装饰工程施工进度计划

将基础工程、主体工程、装修工程等三部分施工进度计划进行合理搭接，并在基础工程与主体工程之间，加上搭脚手架的工序。在主体工程与装修工程之间，以围护工程作为过渡连接。最后把室外工程和其他扫尾工程考虑进去形成单位工程的施工进度计划。见图3-23。

6.4 施工准备工作规划及各种资源需用量计划

6.4.1 劳动力需用量计划

根据工程施工需要,在各施工阶段建立主导工程施工队。施工队中应包括该阶段施工的主要工种。在基础、主体施工阶段将选择一支素质高、能打硬仗、不受秋收季节影响的综合型施工作业队伍作为本工程施工的主力军,负责该阶段的混凝土、模板、钢筋分项工程的施工。砌墙粉刷、装修施工阶段组成两个施工队,主要有粉刷工、瓦工负责砌墙、粉刷。装修专业施工队负责室内装修。水电安装由公司水电分公司承担施工,在各阶段水电施工队配合土建施工。施工员、技术员、质检员、安全员、测量员、机械工、试验员等由项目部配备。各职能部门均在现场办公,直接参与施工管理和协调。

在结构施工阶段,由于钢筋、模板和混凝土工程量大,任务比较饱满,故三大工种采取专业队的劳动组织形式进行分段流水作业,以充分提高工时利用率。

各施工阶段所需主要工种人数及进场时间,详见表 3-23。

劳动力需用量计划　　　　　表 3-23

序号	工种名称	最高人数	进 场 月 份							
			2月	3月	4月	5月	6月	7月	8月	9月
1	普通工	30	30	30						
2	瓦工	30		20				30		
3	混凝土工	60	30							
4	钢筋工	45	25	45	45	45	45	45		
5	木工	45	35	45	45	45	45	45		
6	抹灰工	120					20	80	80	120
7	油漆工	20							20	20
8	其他工种	15	15	15	15	15	15	15	15	15

6.4.2 施工机具需用量计划

竖直施工机械:在现场南立面布置安装自升塔式起重机 1 台,塔吊中心线距外墙 4m,回转半径 50m,塔高 35m,可覆盖整个工程,满足主体阶段钢筋、模板及脚手架等材料的竖直运输。主体施工到结顶后,安装 2 台物料提升机,可满足建筑材料、砌筑材料及小型机械设备的运输。现场安装混凝土搅拌站 1 台,用于少量混凝土搅拌。

现场配置 2 台 HBC60 高压混凝土输送泵加快混凝土的施工。设钢筋成型、切断机械 1 套,负责钢筋的成型、切断;配木工机械 1 套,负责模板及木制品的制作。待主体结顶后,塔吊拆除。详见表 3-24。

6.4.3 主要材料需用量计划

根据施工所需材料用量及施工进度计划要求,本教学楼工程主要材料需用量计划见表 3-25。

主要施工机具需用量计划 表 3-24

序号	机具名称	规格	数量	进场日期	用途
1	自升固定式塔吊	QTZ—40	1	05年3月15日	竖直运输
2	拖式混凝土高压输送泵	HBT60A	1	05年3月5日	输送混凝土
3	混凝土泵车	28M	1	05年2月15日	输送混凝土
4	砂浆搅拌机	JHZ250	4	05年7月10日	砂浆搅拌
5	对焊机	UM—100	1	05年2月15日	钢筋焊接
6	钢筋切断机	GQ32—1	1	05年2月15日	钢筋加工
7	钢筋成型机	GW40	1	05年2月15日	钢筋加工
8	钢筋调直机	GT3/9	1	05年2月15日	钢筋调直
9	电锯	MT104	2	05年2月25日	模板加工
10	电刨	MAB504	1	05年2月25日	模板加工
11	混凝土搅拌机	400L	1	05年7月10日	混凝土搅拌
12	砂浆搅拌机	350L	2	05年2月25日	砂浆搅拌
13	混凝土震动棒	HZ70	5	05年2月15日	振捣梁柱混凝土
14	平板震动器		2	05年2月25日	振捣板混凝土
15	交直流电焊机	BX330	4	05年2月15日	铁件等焊接
16	蛙式打夯机	HW60	2	05年2月25日	土方夯实
17	物料提升机	SMZ150	2	05年7月10日	竖直运输
18	汽车吊	15T	1	05年2月20日	下钢筋笼

主要材料需用量计划表 表 3-25

序号	材料名称	单位	总需用量	进场日期
1	水泥	t	508	05年3月1日
2	钢筋	t	254	05年2月15日
3	模板	m³	35	05年3月5日
4	混凝土	t	1732	05年3月20日
5	标准砖	千块	37	05年3月1日
6	砌块	m³	1008	05年7月5日
7	砂	m³	954	05年3月1日
8	SBS卷材	m²	1393	05年7月25日
9	石灰膏	m³	61	05年6月5日
10	玻璃	m²	70	05年8月10日
11	面砖	m²	32	05年7月20日
12	水泥聚苯板	m²	1099	05年6月28日

6.5 施工平面图

6.5.1 主体施工阶段平面布置图

本工程采用商品混凝土，主体施工阶段现场不需要设混凝土搅拌机及砂石堆场。

（1）起重运输机械位置的确定

基础回填土进行完毕，即可在建筑物的北面安装一台 QTZ-40 型固定式塔吊。

（2）各种作业棚、工具棚的布置

1）钢筋棚及堆场

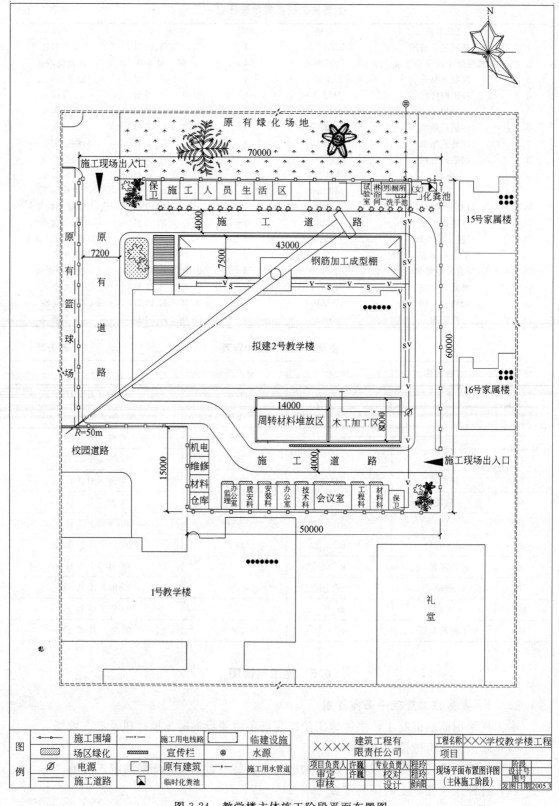

图 3-24 教学楼主体施工阶段平面布置图

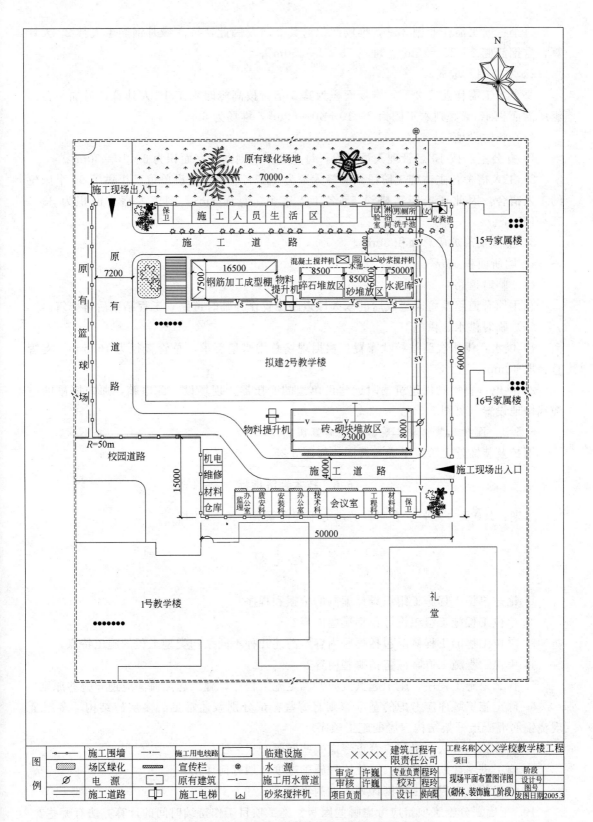

图 3-25 教学楼围护与装饰施工阶段平面布置图

每个钢筋工需作业棚 $3m^2$，堆场面积为其 2 倍，因此，按高峰时钢筋工人数 25 人计算，需钢筋棚 $3×25=75m^2$，堆场 $75×2=150m^2$。

2) 木工棚及堆场

每个木工需作业棚 $2m^2$，堆场面积为其 3 倍，按高峰时木工 10 人计算，另加一台圆锯所需面积 $40m^2$，则木工棚为 $2×10+40=60m^2$，堆场为 $60m^2$。

(3) 临时设施

1) 办公室：按 10 名管理人员考虑，每人 $3m^2$，则办公室面积为 $3×10=30m^2$。

2) 工人宿舍：主体施工阶段最高峰人数为 105 名，由于建设单位已提供了 60 个床位的工人宿舍，因此现场还需搭设 55 名工人宿舍。每人 $3m^2$，则工人宿舍面积为 $33×55=165m^2$。

3) 食堂及茶炉房总面积 $30m^2$。

4) 厕所面积 $10m^2$。

(4) 临时道路

利用原有道路及将来建成后的永久性道路位置作为临时道路，工程结束后再修筑。

(5) 临时供水、供电

1) 供水：供水线路按枝状布置，根据现场总用水量要求，总管直径为 100mm，支管直径取 40mm。

2) 供电：直接利用建筑物附近建设单位的变压器。现场设一配电箱，通向塔吊的电缆线埋地设置（见图 3-24）。

6.5.2 围护及装饰施工阶段平面布置图

围护及装饰施工阶段平面布置图，如图 3-25。

6.6 技术经济指标

工期：190 天；质量：合格；劳动力不均衡系数：$K=1.84$。

复习思考题

1. 论述单位工程施工组织设计编制的依据和程序。
2. 单位工程施工组织设计包括哪些内容？
3. 单位工程的工程概况包括哪些内容？简述几种不同结构类型工程的施工特点。
4. 单位工程施工方案应包括哪些内容？
5. 什么是施工程序、施工起点流向？确定施工程序、施工起点流向应遵守哪些原则？
6. 确定施工顺序应考虑的基本原则有哪些？试分别叙述常见的多层砖结构、多层全现浇钢筋混凝土框架结构房屋的施工顺序。
7. 选择施工方法和机械应着重考虑哪些问题？
8. 施工进度计划有几类？单位工程施工进度计划有何作用？
9. 叙述单位工程施工进度计划的编制步骤。
10. 正确划分施工项目应考虑哪些因素？施工项目工作持续时间的计算方法有哪些？
11. 施工进度计划初步方案编出后，应如何进行检查与调整？

12. 如何判定劳动消耗的均衡性？
13. 施工平面图的内容有哪些？试述施工平面图的一般设计步骤。
14. 什么叫塔吊的服务范围、"死角"？龙门架如何布置？
15. 搅拌站的布置有哪些要求？各种堆场的布置有哪些注意事项？
16. 施工用水管网布置的原则和要求？
17. 试述施工道路的布置有什么要求。
18. 评价单位工程施工组织设计的技术经济指标有哪些？

单元 4 分部工程作业计划

分部工程作业计划又称分部工程施工方案，它是针对施工工程量较大，或施工技术比较复杂的分部工程，依工程具体情况作出具体的施工方案和详细的计划安排，用以充实单位工程施工组织设计的一种实施性补充文件。如大型基础土方工程、复杂的基础加固工程、大体积混凝土工程、大型的桩基工程、大面积预制构件吊装工程等都应作出详细的作业计划，以便保证单位工程的施工质量和施工计划的顺利完成。

分部工程作业计划的设计内容和步骤如下：

(1) 编写工程概况

即从单位工程施工组织设计或施工组织总设计所介绍的工程概况中，摘录与制定本分部工程作业计划有关的内容，并进行更进一步的详细介绍。

(2) 制定施工方案

详细叙述分部工程的具体任务和机具安排、划分施工段和施工流向、制定重要分项工程的施工方法等。

(3) 编制施工进度计划

根据施工方案的安排，以横道图或网络图的形式，编制出分部工程的进度计划表。

(4) 绘制施工平面布置图

主要是根据分部工程施工方案中的某些要求，绘制那些需要用平面布置加以表述的内容，如大型施工机械的布置、机械施工的开行路线、需要补设的临时设施等。

(5) 拟订质量、安全技术措施

主要是拟订分部工程质量和安全的一些技术措施。

以上内容和步骤针对各种分部工程而有所区别，但总体要求均大同而小异。分部工程作业计划的重点是制定施工方案，对具体布置和施工做法一般都要求叙述得比较详细，这也是与单位工程组织设计的最大区别。

课题 1 深基础土方工程作业计划的设计示例

本工程是某大型旅游饭店的基础土方开挖工程，因开挖范围大，挖土深度深，需要制定具体的施工作业计划。

1.1 工程概况

1.1.1 工程特征

本工程已经场地平整，场地平面标高为 37.58m，开挖范围，南北长约 110m，东西宽约 140m。挖土深度分为四个部分，如图 4-1 所示：

(1) 主楼部分：主楼有三个开挖标高，即中部 28.30m，挖深 9.28m；南翼 28.10m，挖深9.48m；西翼27.30m，挖深10.28m。

(2) 蓄水池部分：开挖标高30.45m，挖深7.13m。

(3) 服务楼部分：开挖标高33.40m，挖深4.18m。

(4) 汽车库部分：外侧开挖标高30.00m，挖深7.58m；内侧开挖标高28.50m，挖深9.08m。

根据单位工程施工组织设计确定，挖土方工程量为114000m³，采用机械挖土，要求32天挖完，分别运至五个堆土区堆放，运距分别为：

一区：堆土44000m³，运距1.5km；

二区：堆土43000m³，运距6.6km；

三区：堆土15000m³，运距2.0km；

四区：堆土5000m³，运距12km；

五区：堆土7000m³，运距0.3km。

1.1.2 地质、水文情况

根据地质勘探资料，从自然地面向下1.58m深为人工杂质土；1.58～5.08m为轻亚黏土；5.08～9.08m为亚黏土；9.08m以下为中细砂。地下水位在地面以下11.41m处，对施工无任何影响。

1.1.3 施工现场布置

施工现场布置及其临时设施，均由公司统一安排就绪。

1.2 施 工 方 案

1.2.1 施工段的划分

根据本工程情况和施工时间要求，拟将工程划分为东、西两个施工段。东段包括：主楼中部、北翼、南翼、西翼的二层、蓄水池等；西段包括：主楼西翼一层、服务楼和汽车库等，这样两个施工段土方量大致相等。

为使挖土机械作业方便，将整个挖土分为两个施工层：第一层除服务楼、门厅挖至标高32.40m（挖深3.18m）外，其余均挖至标高32.10m（挖深3.48m）；第二层在标高32.10m的基础上，分别挖至各槽底标高。

1.2.2 施工方法

根据挖土层深度和工作面大小采用机械挖土、汽车运土，在西段布置2台W-1001反铲挖土机（最大挖深6.0m）。配备15t拖拉汽车8辆。

东段布置1台KU-1206反铲挖土机（最大挖深6.2m）和1台W-1001拉铲挖土机。分别配备15t拖拉汽车5辆和2.5t解放汽车6辆。

采用放坡开挖。第一层按1∶0.50放坡，第二层按1∶0.75放坡，层间加设1.5m宽平台。为防止雨水冲刷和冻融而造成的边坡剥落和塌方，采用30mm厚钢丝网水泥砂浆护面。

在汽车库西侧因有地下管道和电缆，不能放坡，则采用I63a钢板桩木挡土板护坡（见图4-1）。

1.2.3 施工顺序

第一层西段两台挖土机分别就位于门厅和服务楼，由东向西开挖；东段KU-1206挖土机就位于中楼由西向东开挖，W-1001拉铲挖土机就位于主楼南翼由北向南开挖，待门

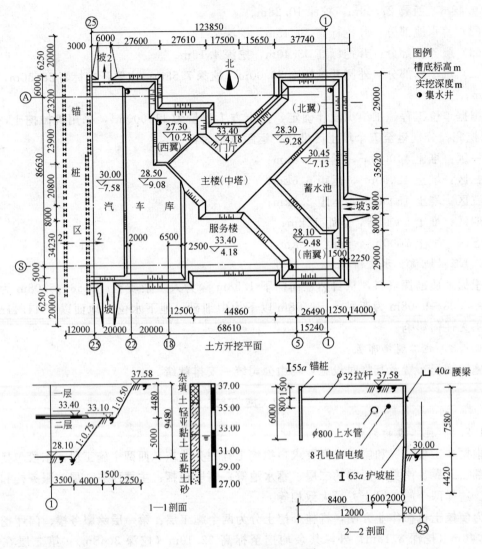

图 4-1 基础土方开挖平面图

厅、主楼西翼、中楼一层和蓄水池南半部一层完工后,立即开设行走坡道3,以便下槽开挖主楼西翼二层土方。

在西段开挖第一层土方的同时,分别在西侧的南北两端挖筑行车坡道1和坡道2。当开挖第二层时,2台W-1001就位于其汽车库东边,由东向西同步进行。

东段第二层的挖土,由主楼三个翼楼的顶端向中间收拢,最后开挖蓄水池。

1.3 施工进度计划

基槽挖土工期:单位工程施工组织设计规定32天,依此安排各挖土计划如图4-2所示。计划中均不包括节假日和其他因素影响。

1.4 施工平面布置图

基槽土方的施工平面布置如图4-3所示,将挖土机进出坡道,按1:8放坡。坡道1、

施工部位		工程量 m³	台班量	机械台数	工作班制	工作天数	施工进度(天)														
							2	4	6	8	10	12	14	16	18	20	22	24	26	28	30	32
西段	门厅、服务楼主楼西翼一层	16012	32	2	2	8																
	汽车库	47305	96	2	2	24					一层							二层				
东段	主楼北翼蓄水池	32882	128	2	2	32					一层							二层				
	主楼南翼	17780	92	2	2	23			一层						二层							

图 4-2 土方工程施工进度计划

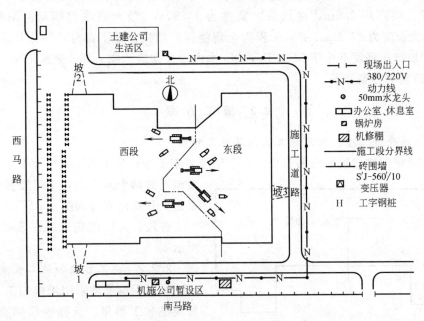

图 4-3 施工平面布置图

坡道 2 宽 6m，长 36m（基槽内占 16m，基槽外 20m），布置在西南、西北；坡道 3，宽 8m，长 35m（基槽内 20m，基槽外 15m），布置在东边。

1.5 质量安全技术措施

1.5.1 质量措施

（1）施工中要配备专职人员进行质量控制。要及时复撒灰线，及时控制开挖标高，做到 5m 扇形挖土工作面内，标高白灰点不少于 2 个。

（2）认真执行交接班制，交接挖深、边坡和操作方法。

（3）开挖边坡时尽量采用沟端开行，挖土机的开行中心线要对准边坡下口线。

（4）每台挖土机要配备 4～5 人随时配合清槽修坡，将土送至开挖半径内，以省时省力。

1.5.2 安全措施

(1) 施工机械不准撞击护坡桩、腰梁和拉杆。机械挖土与人工清槽要采用轮换工作面作业，确保配合施工的安全。

(2) 挖、卸土场的出入口要设安全岗，配备专人指挥车。

(3) 距基槽边线5m范围内，不准机械行驶和停放、不准堆放其他物品，以防边坡坍塌。

课题2 框架结构主体施工作业计划

2.1 工程概况

本工程为某学校图书馆工程，建筑面积4369.81m²，建筑平面布局为由东向西为一狭长矩形，各层层高均2.6m，建筑最大宽度为18.99m，最大高度包括顶面附属结构为25.2m，最大长度为47.2m。主体工程为全现浇框架结构。地下部分墙体采用240mm厚实心砖，砌块抗压强度不小于5.0MPa，M5水泥砂浆砌筑。地上部分全部采用240mm厚灰砂砖，M5混合砂浆砌筑。

2.2 施工方案

2.2.1 划分施工段，确定施工流向及施工顺序

主体工程施工按建筑平面图布局，在⑦轴设置施工缝，将工作面在平面上划分为工作量相同的两个施工段，空间按层分段，施工起点和流向安排如图4-4所示。

各段、各层的施工顺序安排如图4-5所示：

2.2.2 施工方法和施工机械选择

本工程钢筋均采用场内加工，根据钢筋规格和工程量，选择钢筋调直、弯曲、切断各两台，交流焊机2台，直流焊机1台进行钢筋加工。混凝土采用现场搅拌，选择2台350L混凝土搅拌机，每小时产出的混凝土量约6~8m³可满足混凝土连续浇筑

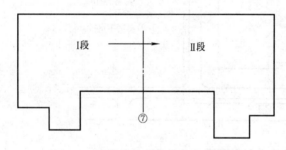

图4-4 主体施工分段及流向示意图

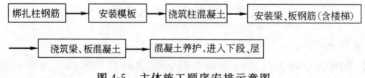

图4-5 主体施工顺序安排示意图

的需要，配置混凝土振捣仪、双轮小车若干。柱、梁优先采用组合钢模板，楼板采用18mm厚夹板，配备三套模板和适量的周转材。选择3台锯木机用于模板加工。模板支撑系统采用多功能门式脚手架。现场配置2台2m×3m钢井架附设把杆，作为主要的竖直运

输机械，用于吊运钢筋、材料和混凝土浇筑施工，砌筑和装修时用作运输砌体和装修工程建筑材料和小型机械，外脚手架采用全高搭设扣件式钢管脚手架（搭设方法略）。为确保学校师生安全，在建筑物的西面搭设安全平台，用于遮蔽校道上空。

主要施工过程的施工工艺及要求如下。

（1）钢筋工程

1）材料准备与加工

配筋及半成品钢筋在现场加工，包括钢筋加工、钢筋绑扎；主体结构的框架梁、柱及抗震混凝土墙按一级抗震构件设计及构造，参加机械连接作业的人员经过厂家技术培训，并经考核合格后持证上岗。为了保证本工程钢筋原材料的质量，供应厂家采用国家定点厂家生产的产品，钢筋采购严格执行 ISO 9002 质量标准和相关程序文件。

绑扎安装钢筋前应先做好下列准备工作：

A. 验收模板，核对成品钢筋的钢号、直径、形状、尺寸和数量与料牌相符。

B. 绑扎前先整理调直下层伸出的搭接筋，并将锈蚀、水泥砂浆等污垢清除干净。

C. 根据标高检查下层伸出搭接筋处的混凝土表面标高（柱顶、墙顶）是否符合图纸要求，如有松散不实之处，要剔除并清理干净。

D. 按要求搭好脚手架。

E. 根据设计图纸及工艺标准要求，向班组进行技术交底。

2）柱钢筋绑扎

工艺流程为：套柱箍筋→搭接绑扎竖向受力筋→画箍筋间距线→绑箍筋。

A. 套柱箍筋：按图纸要求间距和计算好的箍筋数量，将箍筋套在下层伸出的搭接筋上，然后立柱子钢筋，在搭接长度内，绑扣不少于 3 个。

B. 搭接绑扎竖向受力筋：柱子主筋立起之后，按钢筋直径进行帮扎或机械连接。接头的位置应按要求相互错开，搭接长度应符合设计要求。

C. 画箍筋间距线：在立好的柱子竖向钢筋上，按图纸要求用粉笔划箍筋间距线。

D. 柱箍筋绑扎：按已划好的箍筋位置线，将已套好的箍筋往上移动，由上往下绑扎。箍筋与主筋要垂直，箍筋转角处与主筋交点均要绑扎，非转角部分的相交点成梅花交错绑扎，箍筋的弯钩叠合处应沿柱子竖筋四角交错布置，并绑扎牢固。柱上下两端箍筋应加密，加密区长度及加密区内箍筋间距应符合设计图纸要求。如设计要求箍筋设拉筋时，拉筋应钩住箍筋，柱筋保护层厚度应符合规范要求，主筋外皮为 25mm，垫块应绑在柱竖筋外皮上，间距一般 1000mm，以保证主筋保护层厚度准确。

3）梁钢筋的绑扎

模内绑扎的工艺流程为：画主次梁箍筋间距→放主梁次梁箍筋→穿主梁底层纵筋及弯起筋→穿次梁底层纵筋并与箍筋固定→穿主梁上层纵向架立筋→按箍筋间距绑扎→穿次梁上层纵向钢筋→按箍筋间距绑扎。

模外绑扎的工艺流程为（先在梁模板上口绑扎成形后再移入模内）：画箍筋间距→在主次梁模板上口铺横杆数根→在横杆上面放箍筋→穿主梁下层纵筋→穿次梁下层钢筋→穿主梁上层钢筋→按箍筋间距绑扎→穿次梁上层纵筋→按箍筋间距绑扎。

A. 在梁侧模板上画出箍筋间距，摆放箍筋。

B. 先穿主梁的下部纵向受力钢筋及弯起钢筋，将箍筋按已画好的间距逐个分开；穿次梁的下部纵向受力钢筋及弯起钢筋，并套好箍筋；放主次梁的架立筋；隔一定间距将架立筋与箍筋绑扎牢固；调整箍筋间距使间距符合设计要求，绑架立筋，再绑主筋，主次梁同时配合进行。

C. 梁中钢筋间的净距应满足，梁底不小于25mm，梁面为35mm。当梁面或梁底配有二排或二排以上钢筋时，则二排及其以上的各排钢筋必须同梁面或梁底的第一排对齐。

D. 梁中配有两排或两排以上钢筋时，上下钢筋的净距不得小于25mm，为了保证上下两排钢筋之间的净距，可用$\phi 25$的短钢筋夹在中间，该钢筋应同上、下两排钢筋均扎牢。

E. 主梁在次梁处设有元宝吊筋，按设计要求进行设置，无交待时按下列要求设置。

A）元宝筋的底宽为次梁宽度每边加50mm。

B）钢筋的弯起角度：梁高≤700mm，为45°；梁高＞700mm，为60°。

C）元宝筋在主梁梁面的长度不小于$20d$，d为元宝吊筋的直径。

D）元宝筋的底部应在次梁梁底钢筋的下面，且不低于主梁梁底最下一皮钢筋。

F. 梁与柱交错时，梁中的外侧的钢筋应放在柱外侧钢筋的内侧。

G. 高度大的梁的钢筋绑扎，应在梁底模上安装，绑扎完成后（经验收）再封上侧模。

H. 箍筋的绑扎应注意下列各点：

A）箍筋的接头（弯钩叠合处）应交错布置在梁两角的纵筋上。

B）箍筋在离梁边或柱边50mm处起扎。

C）在砖墙上或搁置在梁上的梁箍筋，应是在进入支座50mm处扎一道箍筋，端部再扎一道箍筋。

4）板钢筋的绑扎

工艺流程：清理模板→模板上画线→绑板下受力筋→绑负弯钢筋。

A. 清理模板上面的杂物，用粉笔在模板上划好主筋、分布筋间距。

B. 按划好的间距，先摆放受力筋、后放分布筋。预埋件、电线管、预留孔等要及时配合安装。

C. 在现浇板中有板带梁时，应先绑板带梁钢筋，再摆放板钢筋。

D. 楼板中钢筋不宜过长，太长的板中，钢筋宜分成数段安装。

E. 楼板中的板底钢筋可伸到梁的中点，但较窄的梁（梁宽＜120mm），钢筋进入梁边不少于80mm。板面钢筋可放在梁上部钢筋的外面，即与箍筋在同一水平。

F. 钢筋四周两行钢筋的交叉点应逐点扎牢。中间部分的交叉点可相隔交错扎牢，但必须保证受力钢筋不移位。

G. 双层钢筋网时，在上层钢筋上面应设置钢筋撑。钢筋撑的形状一般为"⌐⌐"高度为板厚减20～30mm，间隔不大于1m×1m，支撑钢筋的直径为12mm，钢筋撑放在长边钢筋的上面。

H. 钢筋网中短钢筋放在长边钢筋的上面。

5）楼梯钢筋的绑扎：

工艺流程：划位置线→绑主筋→绑分布筋→绑踏步筋。

A. 在楼梯底板上划主筋和分布筋的位置线。

B. 根据设计图纸中主筋、分布筋的方向，先绑扎主筋后绑扎分布筋，每个交点均应绑扎。楼梯梁钢筋绑扎后，再绑扎楼梯板筋，板筋要锚固到梁内。

C. 底板筋绑扎完，待踏步模板吊绑支好后，再绑扎踏步钢筋。主筋接头数量和位置均要符合施工规范的规定。

较为复杂的柱、梁节点，由配属队伍技术人员按图纸要求和有关规范进行钢筋摆放放样，并对操作工人进行详细交底。

钢筋安装完毕，必须由各方有关人员检查验收合格并办理了隐蔽工程验收手续（签证）后，方可浇筑混凝土

（2）模板工程

1）准备工作。为便于施工及质量保证，各层模板安装均须按图放线和加工，安装时必须严格按施工规范进行操作。模板安装前应作好如下工作：

A. 在混凝土板面上定出柱、墙的500mm控制线，作为竖向结构的定位依据。

B. 在柱、墙模板面上用鲜明记号标出结构1m线位置，作为梁、板支模高度的依据，梁的位置根据轴线定出。等模板拆除后，在柱、墙混凝土表面弹出地面结构1m线。

C. 为了竖向结构根部的固定，需在下层板面施工时预埋顶撑锚固用钢筋头、环。

D. 模板均应涂刷隔离剂。

2）柱模板安装

工艺流程：弹柱位置线→抹找平层作定位墩→安装柱模板→安装柱箍→安拉杆或斜撑→办预检。

A. 按标高抹好水泥砂浆找平层，在柱四边离地5～8cm处的主筋上焊接支杆，从四面顶住模板，以防止产生位移。

B. 安装柱模板：柱模采用截面可调钢模（可从900mm×900mm截面调节到650mm×650mm截面），6mm钢面板。先装两端柱模，校正、固定、拉通线校正中间各柱。模板按柱子大小预拼，就位后先用钢丝与主筋绑扎临时固定，再用U形卡将两侧模板连接卡紧，安装完两面再安装另外两面模板。

C. 安装柱箍：柱箍用角钢制成，根据模板设计中确定柱箍尺寸间距安装。

D. 安装柱模的拉杆或斜撑：柱模每边设2根拉杆，固定于事先预埋在楼板内的钢筋环上，用经纬仪控制，用花篮螺栓调节校正模板竖直度。拉杆与地面夹角应为45°，预埋的钢筋环与柱距离为3/4柱高。

E. 将柱模内清理干净，封闭清理口，办理柱模预检。

3）安装梁、板模板

梁底及侧模板采用组合钢模板，梁与梁及梁与柱交接处配以阴角连接。板使用18mm厚夹板，压帮铺设。梁钢管支撑间距不大于900mm（跨中1/3部分间距600mm），楞方间距不大于600mm。对于层高3.5m以上的截面较大的梁及板采用多功能门式脚手架支撑，楞方间距为500mm。梁跨度较大，支梁底模时起拱高度为梁跨度的1‰。

4）安装楼梯模板

楼梯竖墙采用定制钢模，板面为6mm厚钢板，竖向次龙骨为$\Phi 48 \times 2.5$钢管，横向主龙骨为10号槽钢。楼梯板、预留洞口、施工缝处采用18mm厚夹板模板（木背楞），根据楼梯尺寸现场加工。

5）拆模

模板的拆除应在混凝土强度达到设计要求或规范规定（表4-1）的强度等级以后进行。混凝土表面与环境温差不超过15℃，以防止混凝土表面产生裂缝。

拆模时混凝土强度要求　　　　　　表4-1

结构类型	结构跨度(m)	按设计的混凝土强度标准值的百分率计(%)
板	≤2	50
	>2,≤8	75
	>8	100
梁、拱、壳	≤8	75
	>8	100
悬臂构件	≤2	75
	>2	100
墙、柱		1.2MPa

模板拆除后，设专人对模板进行清理，铲除粘带的混凝土残渣，刷好隔离剂，按规格堆放整齐，对夹板模板更要轻拆慢放，来增加周转次数，降低成本。

（3）混凝土工程

本工程采用自拌混凝土，混凝土浇筑操作按国家标准《混凝土结构工程施工及验收规范》有关内容执行。

混凝土施工工艺为：浇混凝土浇筑→混凝土找平养护→拆模。

1）混凝土的浇筑。浇筑前对模板浇水湿润，墙、柱模板的清理口应在清除杂物及积水后再封闭。混凝土自吊斗口下落的自由倾落高度不得超过2m，如超过2m时必须采取加串筒措施。浇筑混凝土时应分段分层进行，每层浇筑高度应根据结构特点、钢筋疏密决定。严格控制混凝土的振捣时间，不得震动钢筋及模板，以保证混凝土质量。

浇筑混凝土应连续进行，尽量避免留施工缝，但如果相互搭接覆盖时间超过2小时则视为施工缝，在施工缝处继续浇筑混凝土时，已浇混凝土的强度（抗压）不应小于1.2N/mm^2；在已硬化的混凝土表面上，应清除水泥薄膜和松动的石子以及软弱混凝土层，并加以充分湿润和冲洗干净，且不得积水；在浇混凝土前，宜先在施工缝处铺一层水泥浆或与混凝土内成分相同的水泥砂浆。混凝土应细致捣实，使新旧混凝土紧密结合。

A．柱混凝土浇筑

A）柱混凝土在楼面模板安装后，钢筋绑扎前进行。一次连续浇筑高度不宜超过0.5m，待混凝土沉积、收缩完成后再进行第二次混凝土浇筑，但应在前层混凝土初凝之前，将次层混凝土浇筑完毕。

B）柱混凝土浇至梁底，浇筑时要控制混凝土自落高度和浇筑厚度，防止离析、漏振。

C）使用插入式振动器应快插慢拔，插点要均匀排列，逐点移动，按顺序进行，不得遗漏，做到均匀振实。加强柱四角和根部混凝土振捣，防止漏振捣造成根部结合不良，接角残缺现象出现。

B．楼板、楼梯混凝土浇筑

A）浇筑前在板的四周模板上弹出板厚度水平线，钉上标记，在板跨中每距1500mm焊接水平标志筋，并在钢筋端头刷上红漆，作为衡量板厚和水平的标尺。

B）浇筑楼面混凝土采用A字凳搭设水平走桥，严禁施工人员碾压钢筋。楼梯浇混凝土，不得将整车倒下，应打铲浇筑，均匀布料，并用灰匙清理执平。专门派瓦工把高出的混凝土铲出、抹平，同时在模板边"插浆"，消除蜂窝，终凝前，严禁人员上落。

C）浇筑混凝土时应注意保持钢筋位置准确和控制混凝土保护层厚度，特别要注意负筋的位置，发现偏差设专人负责及时校正。梁柱接头设计要求按高一级的混凝土强度等级浇筑，因此为保证柱混凝土的强度等级，在柱边出300mm梁板位置按柱混凝土强度等级浇筑。浇筑时可采用先浇柱头后浇梁板的做法进行，但要严格控制在初凝前覆盖。

D）楼板混凝土采用平板振捣器捣实，随打随抹平，当混凝土面收水后再进行二次压光，以减少裂缝的产生。混凝土浇筑方向一般平行于次梁方向。为保证混凝土的密实，梁浇筑采用振动棒振捣时，间距应控制在500mm左右，插入时间控制在10秒，以表面翻浆冒出气泡为宜。

2）混凝土的找平及养护

楼地面混凝土浇筑前，在柱筋等处弹出标高控制线，并在楼板面留设 $\phi 6$ 钢筋标点，间距为3米，用平板振动器振捣后，用3米双人刮尺按控制标高刮平，并使用一台水准仪跟班复测整平。混凝土找平工艺流程为：混凝土摊平→振动→按水平标高刨平→吸水→用3米刮尺刮平→磨平机挫平→人工用木抹子挫平。

楼板混凝土浇筑完成后12h以内对其进行覆盖和浇水养护，7d内必须充分淋水保养，8～14d内每天淋水不少于2次。

混凝土应在浇筑完毕后，必须保证有12h的候干期，不得装拆模板、不得运输钢材、模板等各种材料和机具，不得绑扎钢筋，不得从事一切可能影响楼板稳定的工作。

2.3 施工进度计划的编制

2.3.1 施工项目的划分

本工程每层划分两个施工段。主体工程包括立柱子钢筋，安装柱、梁、板模板，浇捣柱子混凝土，梁、板、楼梯钢筋绑扎，浇捣梁、板、楼梯混凝土，搭脚手架，拆模板等施工过程。柱、梁、板模板安装是主导施工过程，搭脚手架，拆模板属平行穿插施工过程，根据施工工艺要求，尽量搭接施工即可，不纳入流水施工，因此组入主体工程流水施工的施工过程 $n=5$。图4-6为该工程的控制性施工网络计划图，从图中可以知道，主体工程的工期为60天。

2.3.2 计算劳动量

根据施工图纸及施工方案计算各施工项目的工程量，套用施工定额确定劳动量，见表4-2。

2.3.3 流水节拍的计算

主体工程划分为两个施工段（$m_0=2$），由于有层间关系，且 $m_0<n$，要保证主导施工过程连续作业，为此，其他次要施工过程流水节拍值不得大于主导施工过程的流水节拍，即满足公式：$m_0 t_{\max} \geqslant \sum t_i + \sum t_j$。具体组织安排如下：

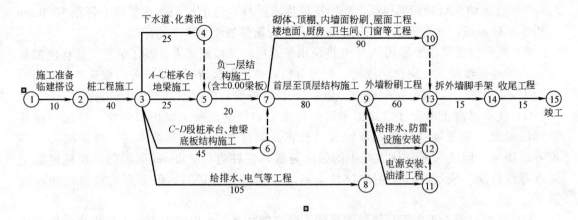

图 4-6 某图书馆施工网络计划图

劳动量一览表　　　　　　　　　表 4-2

序号	分项工程名称	劳动量(工日)	班组人数	持续时间	备注
	柱筋	203	18	12	一班组施工
1	柱、梁、板模板(含楼梯)	3003	42	72	一班组施工
2	柱混凝土	298	25	12	一班组施工
3	梁、板筋(含楼梯)	1353	30×2	24	二个班组施工
4	梁、板混凝土(含楼梯)	1265	18×3	24	三个班组施工

(1) 首先确定主导施工过程的流水节拍：主导施工过程柱、梁、板模板的劳动量为 3003 个工日，施工班组人数为 42 人，一班制施工，则流水节拍为：

$$t_{模} = \frac{3003}{42 \times 12} = 6.02 \text{ 天（取 6 天）}$$

(2) 绑柱筋：柱子钢筋劳动量为 203 个工日，施工班组人数为 18 人，一班制施工，则其流水节拍为：

$$t_{柱筋} = \frac{203}{18 \times 12} = 0.94 \text{ 天（取 1 天）}$$

(3) 浇柱混凝土：其劳动量为 298 个工日，施工班组人数为 25 人，一班制施工，其流水节拍为：

$$t_{柱混凝土} = \frac{298}{25 \times 12} = 0.99 \text{ 天（取 1 天）}$$

(4) 绑梁、板钢筋：梁、板钢筋劳动量为 1353 个工日，每班人数为 28 人，两班制施工，其流水节拍为：

$$t_{梁、板筋} = \frac{1353}{28 \times 12 \times 2} = 2.01 \text{ 天（取 2 天）}$$

(5) 梁、板混凝土：劳动量为 1265 个工日，每班人数为 18 人，三班制施工，其流水节拍为：

$$t_{混凝土} = \frac{1265}{18 \times 12 \times 3} = 1.95 \text{ 天（取 2 天）}$$

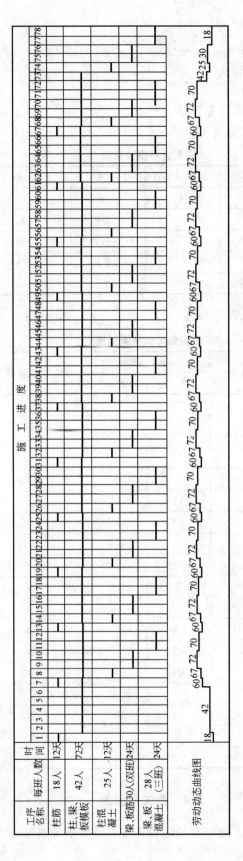

图 4-7 主体工程施工进度计划

2.3.4 工期计算

$T_{L2}=t_{柱筋}+12\times t_{模板}+t_{柱混凝土}+t_{板筋}+t_{板混}=1+12\times 6+1+2+2=78$（天）

2.3.5 绘制施工进度计划表

施工进度计划安排如图 4-7。

2.3.6 主要材料及机具需用量计划

(1) 主要材料需要量表（见表 4-3）

主要材料需要量表 表 4-3

序号	材料名称	规格	单位	数量	备注	序号	材料名称	规格	单位	数量	备注
1	水泥	32.5级	t	230		6	石灰		t	36.3	
2	水泥	42.5级	t	815		7	方材板	杂木	m³	115	
3	钢筋		t	145		8	灰砂砖	240×115×53	千块	251.5	
4	中砂		m³	1899.8		9	彩釉砖	240×60	千块	138.3	
5	碎石	10、20、30	t	2061							

(2) 施工机械设备表（见表 4-4）

主要施工机械需用量 表 4-4

序号	设备名称	规格型号	功率(kW) 每台	功率(kW) 小计	单位	数量	备注
1	发电机		120	120	台	1	
2	井架	2m×3m			座	1	
3	砂浆搅拌机	200L	2.5	10.5	台	3	基础、主体为1台,砌筑、装修时增加2台
4	木工圆锯机		3	9	台	3	
5	交流电弧焊机		23(kVA)	46(kVA)	台	2	
6	直流电弧焊机		14(kVA)	14(kVA)	台	1	
7	插入式振动器		1.1	8.8	支	8	
8	平板式振动器		2.2kW	2.2kW	台	1	
9	钢筋切断机	(GJ-40)	7	14	台	2	
10	钢筋调直机	(GJ4-14/4)	9	18	台	2	
11	钢筋弯曲机	GJ7-40	2.8	5.6	台	2	
12	混凝土搅拌机	350L	7.5	15	台	2	
13	卷扬机		3.5	9	台	2	
14	空气压缩机	9m³			台	1	带发电机
15	潜水泵		1.8	21.6	台	12	
16	风镐				支	10	
	合计			292.7			

2.4 施工平面图

图 4-8 建筑总平面图中施工道路及场地边界按管理要求设置临时围墙,并进行美化装

饰，做好邻近建筑物和道路的安全防护工作。新建建筑物东南面为现场主入口和办公区域，整个场地铺80mm厚碎石并压实，做100mm厚C15混凝土面层压光抹平，做好排水坡度和排水设施；入口处空地建一洗车台，并建沉淀池，洗车污水经沉淀池沉淀后排向市政排水管网。

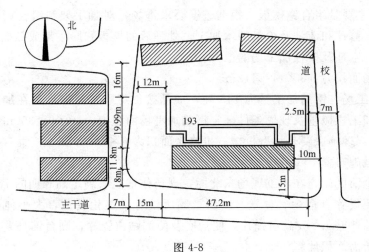

图 4-8

2.4.1 起重机的布置

本工程的最大宽度为20m，最大高度为25.2m，最长为47.2m，根据施工方案安排，现场配备2台2m×3m的钢井架附设把杆，把杆服务半径为11m，作为主要的竖直运输机械，根据现场条件布置在③～④轴、ⓒ轴、⑩～⑪轴、ⓒ轴处，施工中无大型构件需吊装，服务能力能满足施工要求，其位置详见施工平面布置图（图4-9）。

2.4.2 搅拌站、材料堆场、仓库及加工场地布置

根据校方要求，旧建筑物的首层间隔全部拆除作为本建筑功能上的出入交通和活动场地，施工阶段可作为施工场地，因此将混凝土及砂浆搅拌站设在旧楼的首层位置，东西两头的房间间隔不全部拆除，设置为1号、2号水泥仓库，两台混凝土搅拌机与1台砂浆搅拌机（砌筑和装修时增设2台）面向拟建建筑物并排设置，出料口面向钢井架。旧楼南面沿运输道路和施工围墙间布置满足工程需要的砂、石堆场，砂、石均可就近用手推车运送到搅拌操作平台。钢筋工场设在建筑物西侧的空地，沿运输道路布置钢筋调直、弯曲、切断设备各两套，交流焊机2台，直流焊机1台进行钢筋加工。模板加工设在建筑物西北侧的空地，沿运输道路布置，主要是组合钢模板，楼板采用18mm厚夹板，配备三套模板和适量的周转材。准备3台锯木机用于模板加工。

（1）搅拌站面积

根据公式（3-14）：$F=1.3(2\times25+3\times15)=122.5m^2$

旧建筑底层中间位置有230m²，满足使用要求。

（2）材料堆场面积计算

查主要材料需用量表4-3，中砂用量=1899.8m³，碎石用量=2061m³

中砂堆场面积：查表3-7，$n=30$天，$q=1.2$，$k=1.5$；工期$T=240$天，按式（3-15）则：

$$F=\frac{n \cdot k \cdot Q}{T \cdot q}=\frac{30\times1.5\times1899.8}{240\times1.2}=296.84\mathrm{m}^2$$

同理可计算出碎石堆场的面积为 322.03m²。

(3) 模板、脚手架与钢筋加工及成品堆场

1) 模板：主要是组合钢模板，根据进度要求进场，对脚手架和组合钢模板现场加工的主要工作是，修理和清洁及少量的木加工，处理后的模板和脚手架成品按规格分散堆放在建筑物北面的空地及模板加工场的位置。

模板加工场面积为：$8\times14=112\mathrm{m}^2$

2) 钢筋加工场：钢筋加工量为 145 吨，成品按加工牌，分散堆放在加工场附近，根据钢筋调直和加工机械量及现场条件确定钢筋加工场面积为：$40\times9=360\mathrm{m}^2$

3) 机修房：现场主要是小型机械。机修房面积为 $6\times5=30\mathrm{m}^2$

(4) 临时设施布置

施工人员生活区设施在施工现场东北面，现场住宿能够满足高峰期的 70 余人的需要。临时生活区主要设置有宿舍、食堂、厕所；厕所设有带盖化粪池，大小便冲洗设备，厕所、淋浴室、墙壁贴 1.5m 高白瓷片，便沟底及两侧贴白瓷片，厕台铺马赛克等材料和脚踏砖。各设施所需面积计算如下：

总工日根据进度计划为 10535 工日

基本工人人数 $=10535\times(1-5\%)/8\times25.5$（有效工期）$=49$ 人

基本高峰人数 $=49\times1.1=54$ 人

施工办公室面积 $=54\times15\%\times3=24\mathrm{m}^2$ 　　按 $4\times7=28\mathrm{m}^2$ 布置

工人宿舍面积 $=54\times2.5=189\mathrm{m}^2$　　按 $5\times20\times2=200\mathrm{m}^2$

临时食堂面积 $=54\times2.5=189\mathrm{m}^2$　　按 $6\times30=180\mathrm{m}^2$

开水房面积 $=54\times0.04=2.16\mathrm{m}^2$　　按 $1.2\times2.1=2.52\mathrm{m}^2$

厕所面积 $=54\times0.07=2.78\mathrm{m}^2$　　按 $1.5\times2.4=2.6\mathrm{m}^2$

2.4.3 施工现场临时用水设计

(1) 供水方式

采用施工、生活和消防合一的供水方式，于可接处引入。见图 4-9。

(2) 用水量计算

1) 现场施工用水量 q_1 计算

取预计施工用水系数 $K_1=1.10$，用水不均匀系数查表 3-18，$K_2=1.5$

施工用水定额主要是混凝土养护用水，取 $N_1=400\mathrm{L/m}^3$，有效工作量 Q_1 按每班浇筑 $64\mathrm{m}^3$ 混凝土计。

$$q_1=K_1\times Q_1\times N_1\times K_2/8\times3600=1.10\times64\times400\times1.5/8\times3600=1.47\mathrm{L/s}$$

2) 本工程无大型用水机械，施工机械用水 q_2 可按下列方式考虑。

机械台数 Q_2 取 1，未预计的施工用水系数 $K_1=1.10$，$N_2=250\mathrm{L/m}^3$

K_3 查表 3-18 取系数为 2，则：

$$q_2=K_1\times Q_2\times N_2\times K_3/8\times3600=1.1\times1\times250\times2/8\times3600=0.02\mathrm{L/s}$$

3) 施工现场生活用水量 q_3

施工现场住宿的高峰期昼夜人数 P_1 为 200 人（本单位管理人员、施工人员与其他分包专业人员），每天工作班数取 2（大部分施工生活在工地），查表 3-15 $N_3=40$L/人班；查表 3-18 $K_4=1.5$，则：

$$q_3 = P_1 \times N_3 \times K_4/8 \times 3600 = 200 \times 40 \times 1.52/8 \times 3600 = 0.21 \text{L/s}$$

4）生活区用水量 q_4

考虑最高峰期人数，取区居民人数 P_2（本单位管理人员、施工人员与其他分包专业人员）为 200 人，查表 3-16 $N_4=100$L/人班；

查表 3-18 $K_5=2.0$，则：

$$q_4 = P_2 \times N_4 \times K_5/24 \times 3600 = 200 \times 100 \times 2/24 \times 3600 = 0.46 \text{L/s}$$

5）消防用水量 q_5：

根据现场条件，查表 3-16，按施工现场小于 25ha 考虑，则现场消防用水量为：

$$q_5 = 10 \text{L/s}$$

6）总用水量 Q 计算：

$q_1+q_2+q_3+q_4=(1.47+0.02+0.21+0.46)\text{L/s}=2.16<q_5$，施工现场小于 5ha，总用水量 $Q=q_5=10$L/s

7）管径选择

取管网中水流速 v 为 1.5m/s，则有

$$D = \sqrt{\frac{4Q \times 1000}{\pi \cdot v}} = \sqrt{\frac{4 \times 10 \times 1000}{3.14 \times 1.5}} = 92 \text{（mm）}$$

选取配水管为 $DN100$ 镀锌钢管。

（3）水源选择及临时给水系统

根据以上测算，采用 $DN50$ 镀锌水管从甲方提供的指定接水点将水引进现场后，用红砖砌一个 30m³ 消防水池，并安装高压水泵一台，用 $DN100$ 镀锌钢管连接楼层及生产临时设施消防管，确保消防安全。具体线路见施工总平面布置图。

2.4.4 施工现场临时用电设计计算

为了保证安全生产、文明施工，依据建设部颁发《施工现场临时用电安全技术规范》JGJ 46—88 及现场实际情况编制本临时用电组织设计。

（1）负荷计算

根据本工程主要设备用量确定用电负荷：

电动机额定功率：$\sum P_1 = 261.7$kW

电焊机额定功率：$\sum P_2 = 46+14$kVA$=60$kW

室内、外照明容量：$\sum P_3 = 10$kW，$\sum P_4 = 10$kW

取 $\cos\phi=0.75$，$k_1=0.6$，$k_2=0.5$，$k_3=0.8$，$k_4=1.0$

代入式（3-28），则：

$$P = 1.1\left(K_1 \frac{\sum P_1}{\cos\phi} + K_2 \sum P_2 + K_3 \sum P_3 + K_4 \sum P_4\right)$$

$$= 1.1\left(0.6 \times \frac{261.7}{0.75} + 0.5 \times 60 + 0.8 \times 10 + 1.0 \times 10\right)$$

$$=283.1\text{kAV}$$
$$P=K\left(\frac{\sum P_{\max}}{\cos\phi}\right)=1.05\times\frac{283.1}{0.75}\times1.1=435.97\text{kAV}$$

(2) 确定变压器

施工动力用电为380V，照明用电为220V，临时变压器容量为500kVA，在工地设配电房及发电机房，配电房中安装总配电柜，总配电柜向专业厂家定做，符合安全规范要求。

(3) 确定导线截面

在低压380/220V线路中，电杆间距按25～40m布置，距离建筑大于1.5m，在此条件下，按机械强度确定导线的最小截面是决定条件，配电导线采用橡皮绝缘、截面为10mm²的铝线。

2.4.5 现场道路布置

为满足施工过程中大型运输车行驶的需要，施工现场道路为5m宽硬化道路，由中间向两边放坡，在现场的东北面设回车场。

2.4.6 绘制施工平面图

将上述设计内容按要求和比例绘制在平面图上，如下图4-9。

2.5 质量安全保证措施

落实各级人员岗位责任制，现场施工人员必须认真学习设计图和施工组织设计，严格按规范施工，开工前，必须对工人进行技术和安全交底。

2.5.1 质量保证措施

(1) 模板工程质量保证措施

1) 模板安装前必须熟悉安装的模板图，模板要有足够的强度、刚度和稳定性，拼缝严密，模板最大拼缝宽度应控制在1.5mm以内。

2) 为了提高工效，保证质量，模板重复使用时应编号定位，清理干净模板上砂浆，刷隔离剂，使混凝土达到不掉角，不脱皮，表面光洁。

3) 注意墙、柱、梁、板交接处的模板拼装，做到稳定、牢固、不漏浆。

4) 对固定在模板上的预埋件和预留孔洞不得遗漏，安装牢固，位置准确，其允许偏差均应控制在允许值内。

5) 模板支模应按规定的作业程序进行，模板未固定前不得进行下一道工序。严禁在连接件和支撑件上攀登上下，并严禁在上下同一竖直面上装、拆模板。高处作业，应配置登高用具或搭设支架。

(2) 钢筋工程质量保证措施

1) 施工现场的钢筋必须要有出厂证明书或试验报告单、标牌，由材料员和质检员按照规范标准分批抽检验收，合格后方能加工使用。

2) 钢筋的规格、数量、品种、型号均应符合图纸要求，绑扎成形的钢筋骨架不得超出规范规定的允许偏差范围。

3) 钢筋的接头焊接必须按设计要求和规范标准进行焊接和搭接，钢筋焊接的质量符合《钢筋焊接及验收规范》规定。

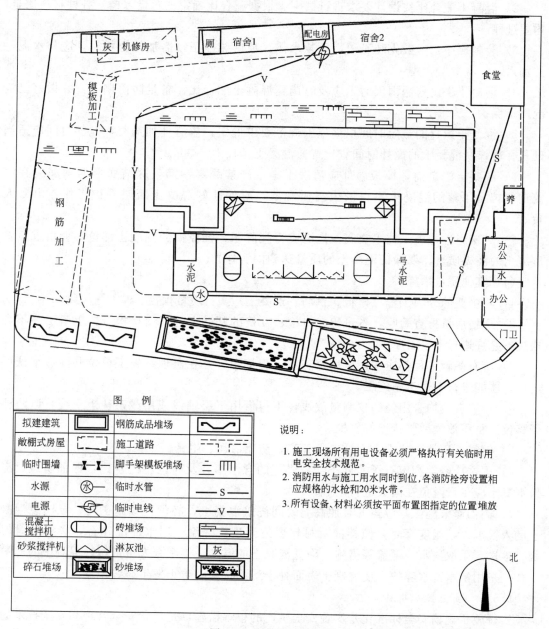

图 4-9 施工平面布置图

4）为了保证楼板施工时，上、下层钢筋位置准确，在梁中部区域每 3m 加设支撑和混凝土垫块，保证上层钢筋网不踩踏和变形。

5）独立柱钢筋固定方法：插筋前，在上、下层钢筋网上放置一定位箍筋并与承台筋点焊连接，插筋放置后再在底面标高以上 800mm 处扎三道箍筋将柱插筋固定。

6）混凝土浇筑时，对钢筋尤其是柱的插筋进行跟踪测量，发现问题及时纠正。

（3）混凝土工程质量保证措施

1）选择优质砂子、石子、水泥和外加剂，使用时严格按照砂、石、水泥、外加剂配合比配料过秤，以确保混凝土的质量。

2）混凝土配合比按设计要求进行试配。根据配合比确定的每盘（槽）各种材料用量，均要过秤。

3）装料顺序：一般先装石子，再装水泥，最后装砂子，需加掺合料时，应与水泥一并加入。

4）混凝土浇筑若遇雨天时，应及时调整混凝土配合比，备足防雨棚布，并做好已浇混凝土保护。

5）混凝土搅拌的最短时间根据施工规范要求确定，掺有外加剂时，搅拌时间应适当延长。粉煤灰混凝土的搅拌时间宜比普通混凝土延长10～30s。

6）混凝土浇筑前，模板内部应清洗干净，严禁踩踢钢筋，踩踏变形的钢筋应在浇筑前复位。下落的混凝土不得发生离析现象，应保证好混凝土面层养护工作，由专人负责。

7）对班组进行施工技术交底，浇捣实行挂牌制，谁浇捣的混凝土部位，就由谁负责混凝土的浇捣质量，要保证混凝土的质量达到内实外光。

（4）其他质量措施

1）对主要的分项工程（模板、钢筋、混凝土）实行质量预控。

2）严格质量检查验收，各班组在自检、互检的基础上进行交接检查，上道工序不合格决不允许进行下道工序施工。

3）所有隐蔽工程都应按规定填写隐蔽工程记录，并在监理、施工单位共同签字认可之后，才能进行下道工序施工。

4）每层放线均采用经纬仪测量放线，不得借用下层轴线或用线坠往上引线，以防柱子移位，每层放线后坚持做好复检。

5）钢筋要用枕木或木方、地垄等架高，防止沾泥、生锈。

6）雨季应经常测定石子、砂子、粉煤灰的含水率，及时调整配合比，保证质量。浇筑混凝土应尽量避免在雨天进行。

7）高温季节施工，应避开日照高温时间浇筑混凝土，必须连续施工时，要注意混凝土的入模温度，温度高时，搅拌前对材料要适当进行降温，用水冲洗碎石，必要时对模板、输送泵采取浇水、覆盖等措施，降低混凝土的温度。指派专人负责做好混凝土的养护工作，采用浇水蓄水养护，使混凝土表面处于湿润状态，防止发生裂缝现象。

2.5.2 安全技术措施

实行施工现场安全标准化是实现安全生产的根本措施，是强化安全管理和安全技术的有效途径。我们针对该工程的具体情况制定相应的安全技术防范措施：

（1）所有施工人员进入施工现场必须佩戴安全帽。工人在临边高处作业必须系安全带。

（2）预留洞口边长在50cm以下的洞口，用木盖板盖住洞口，并加以固定；边长为50～150cm的洞口，必须设置以扣件扣接的钢管网络，并在其上满铺脚手板；边长在150cm以上的洞口，四周设防护栏杆，洞口下张拉安全网。

（3）楼梯处用钢管搭设临时扶手，楼层临边部位亦用钢管搭设防护栏杆，并用立网围护。

（4）在建筑物底层，人员来往频繁，而立体的交叉作业对底层的安全防护工作要求更高，为此在建筑底层的主要出入口将搭设双层防护棚及安全通道。

(5) 施工期间密切注意天气预报，台风来临前，做好相应防护及加固措施。对钢井架的附墙杆件进行检查、加固；对外脚手架的悬挑、斜拉钢丝绳及附墙点进行认真检查加固。

(6) 当上方施工可能坠物或钢井架把杆回转范围之内的通道，在其受影响的范围内，必须搭设顶部能防止穿透的双层防护网。

课题3 多层楼房预制构件吊装工程作业计划的设计示例

3.1 工程概况

本工程由高层办公楼和低层附属工程组成平面轮廓为U形建筑，主楼为装配式钢筋混凝土框架，长125.6m；两端宽为13.5m，中部为12.6m；两端11层高为40.2m、中部为10层32.0m。附属建筑均为1～2层的砖混结构。其建筑平面如图4-10所示。

主楼框架部分的吊装构件多达6889件，如表4-5所示，是本工程施工中的重点项目。

3.2 施工方案

主楼预制构件吊装是本工程的核心内容，因此需作出具体吊装作业计划。

3.2.1 施工段划分与施工程序

由于主楼的平面布置基本对称，因此可以按轴线㉙分为两个施工段逐层上升。

因安装工艺内容较多，现以标准层为例，具体安排如下：

(1) 检查构件到位情况，并在柱、梁构件上放出中心线。预应力楼板进行堵孔。
(2) 逐层检查楼层标高和框架的纵横轴线，并弹出构件安装的位置线。
(3) 吊装柱：柱就位→校正→定位焊→校正主筋、复位→主筋焊接。
(4) 安装剪力支撑：支撑就位→校正→点焊→剪力撑、钢筋绑扎→柱脚支模板→节点二次浇筑混凝土→节点养护和拆模。
(5) 安装楼梯和电梯：就位→焊接→搭脚手架。
(6) 安装主梁：就位→定位焊→主筋校正、复位→焊接。
(7) 安装框架节点钢筋笼，抄好次梁主筋底的标高，并焊接预埋铁件。
(8) 安装次梁：就位→校正→定位焊→主筋校正、复位→焊接。
(9) 现浇剪力墙：支模→扎筋→浇混凝土→养护和拆模。
(10) 安装楼板。
(11) 安装墙板。
(12) 安装3号楼梯挑梁、楼梯平台、楼梯梁和踏步板。
(13) 捻豆石混凝土，外架子提升。
(14) 分层验收。

3.2.2 施工机械选择

根据单位工程施工组织设计，考虑基础及主体工程的需要，选用一台QT-10塔吊，

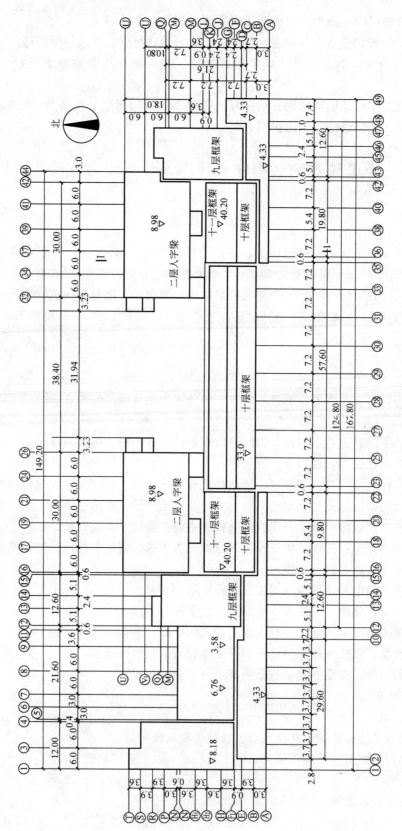

图 4-10 主楼建筑平面图

主要构件安装数量表 表 4-5

构件名称	规格 $a \times b \times l_{max}$(cm)	混凝土标号	最重构件(t)	标准层构件数量	总数量
框架柱	45×45×(275～400)	C20、C30、C40	2.49	104	1008
框架梁	61×25×(505～685)	C20	2.89	149	1446
预应力空心板	18×100×610	C20	1.67	313	3021
剪力支撑	360×25×410	C20	3.69	12	116
楼梯	415×25×525	C20	3.99	6	60
外墙板、女儿墙	356×42×381	C20	5.51	99	838
其他				41	400
合计					6889

但因最大起重量的幅度只有5m，即使中等起重量的幅度也只有20m左右，根据平面布置QT-10塔吊要距离建筑物南外墙10.6m。因此，最大起重量和中等起重量的幅度都不能达到建筑物北边墙，故需在北边再设一台塔吊，现选择QT-20塔吊，其最大起重量幅度为10m，中等起重量幅度20m，这样两台塔吊就可以满足施工的活动范围。

塔吊起重能力和吊装构件的安排如表4-6所示。

塔吊起重能力和吊装构件的安排表 表 4-6

塔吊型号	臂根铰点高度(m)	标准节数量	臂杆长度(m)	所需回转半径(m)	相对应的Q_{max}(m)	构件重量(t)	安装部位	超载数(t)	超载占起重量(%)
QT-20	46.4	6	30	30	3.7	2.85	主楼梁	0	
				20	5.5	5.51	墙板	+0.01	
	35.07	4		15	8.3	8.58	会议室人字架	+0.28	
				12	10.0	8.93	会议室外柱	0	
				30	4.2	1.793	会议室板	0	
QT-10	45.396	14	30	30	5.0	2.85	主楼梁、柱	0	
				25	6.0	5.51	墙板	0	
	50.396	16		30	5.0	Q<5.0	综合利用	0	

3.2.3 施工方法

(1) 模板工程：框架的节点采用定形钢模板，现浇钢筋混凝土剪力墙，采用预制大模板，楼板缝采用木板吊缝。

(2) 钢筋工程：所有钢筋均在加工厂配制成型运至施工现场，按规定进行绑扎。

(3) 混凝土工程：现场设2台100L混凝土搅拌机，小翻斗车运输，用0.8m³的铁簸箕由塔吊运至施工点。节点浇筑采用早强水泥，用φ30高频振捣棒振捣。

(4) 吊装工程：柱、梁、板等的吊装点，均应严格按操作规定；塔吊根据楼层施工高度采取多次顶升，QT-10分三次顶升，第一次高度为35m，第二次为45m，第三次为50m。当QT-10升至50m时，QT-20塔吊须降低使用。

3.3 施工进度计划

首先根据吊装工程的内容,编排出标准层第一施工段的时间坐标网络图如图 4-11 所示,第一施工段需要 8 天,第二施工段与其相等,则每一标准层为 16 天。

再根据单位工程施工组织设计的要求,编制出整个安装工程的施工进度计划,如图 4-12 所示。其中一、二层计划时间是参考标准层的计划时间而制定的。

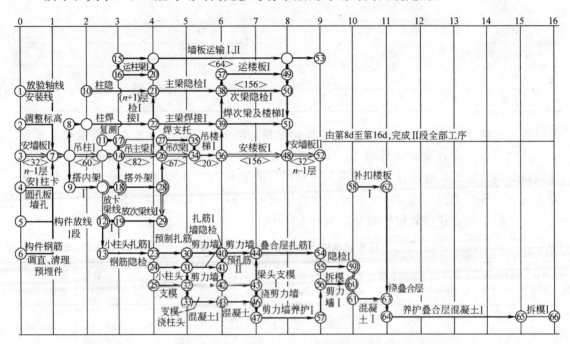

图 4-11 主楼标准层构件吊装时间坐标网络计划图

3.4 施工平面布置图

3.4.1 塔吊的位置布置

QT-10 塔吊根据单位工程施工组织设计的要求,布置在拟建建筑物的南边作为整个工程的垂直起重设施,但为了考虑尽可能获得较多的空地堆放预制构件,则将塔轨中心线定于 B 轴南 10.6m 处。塔轨轨距 6.5m、塔轨长 102m。

因有两台塔吊同时工作,则拟订以轴线 U 为分界线,分南北两个区,2 台塔吊的服务范围各负责一个区。

QT-20 塔吊的塔轨中心线设在 M 轴北 6.2m 处,负责北区的起吊工作。塔轨距 6.5m,塔轨长 68m。待主楼构件安装完毕即行拆除,以便腾出工作面进行其他工程的施工。

3.4.2 预制构件堆场的布置

所有预制构件均堆放在两塔轨旁边,北边构件堆放场地只堆放 QT-20 塔吊使用期的构件,一旦主楼安装完毕,该场地即腾出进行其他工程施工。

3.4.3 其他临时设施的布置

其他临时设施依照单位工程施工组织设计予以确定,详见图 4-13 所示。

序号	分项名称	工程量 单位 数量	汽车	人数	工作天数	施工进度(天) 10 20 30 40 50 60 70 80 90 100 110 120 130 140 150 160 170
1	施工准备工作				4	
2	构件运输	件 2944	4	16	2	
3	试用	件 17	8	34	1	
4	一层构件安装	件 617	8	34	22	
5	二层构件安装	件 673	8	34	21	
6	三层构件安装	件 740	8	34	16	
7	四层构件安装	件 740	8	34	16	
8	五层构件安装	件 740	8	34	16	
9	六层构件安装	件 740	8	34	16	
10	七层构件安装	件 740	8	34	16	
11	八层构件安装	件 740	8	34	16	
12	九层构件安装	件 740	8	34	16	
13	十层构件安装	件 402	8	34	14	
14	女儿墙安装	件 56		34	1	

图 4-12　主楼安装工程施工进度计划表

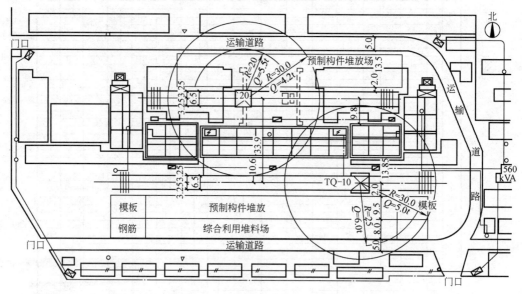

图 4-13 构件吊装平面布置图

3.5 质量、安全技术措施

3.5.1 质量措施

（1）预制构件出场时，应进行检查验收、分类编号，办理出场合格证，并与施工单位交接验收签字手续。

（2）构件堆放场地要平整夯实，尤其是墙板插放架和大模板，应垫实放稳。

（3）构件安装前应进行预检，不合格的不得使用。

（4）逐层验线并弹出柱、梁、板的安装位置线，各构件的标高只允许有负误差，以便用楔铁垫实找好标高。

（5）认真执行自检、互检、交接检、隐预检和逐层验收的制度，并按规定填写检验单，作好技术档案资料的积累工作。

3.5.2 安全措施

（1）为防止高空坠落物体，应在建筑物进出口、楼梯孔洞和交通要道处，搭设护头棚和护身栏杆。

（2）安全网除随施工层架设外，首层和以上每隔四层架设一道固定安全网。

（3）起重机械和吊钩在吊装前，应进行认真检查和试运转工作。并作好防雷接地装置。

课题4 某干部培训中心装饰工程施工组织设计

4.1 工程概况

4.1.1 建设概况

本工程为某干部培训楼，是集会议、办公、餐厅、娱乐、健身、客房于一体的综合性多功能的星级宾馆，属市重点工程。该工程总建筑面积为 11500m² （其中主楼 656m²），装饰造价 1200 万元，合同工期为 150 天，计划 6 月 25 日开工，同年 11 月 25 日竣工。

该工程位于市东郊，离市中心 3.5km，工地北门直通主干道，南大门即日可与环城路接通，有较好的交通运输条件。

4.1.2 装饰设计概况

宾馆室内装饰设计除具备一些公共建筑的共性外，要能体现"美观适用、朴实大方、突出重点"。从环境融合角度，它地处开发区，构思上应有现代感，从省级培训中心的功能看，它应具备博大、明敞、高技术的性格，这些都是设计人员应——融汇贯通的。

"突出重点"落眼点就放在大堂，我们对人口处的雨盖吊顶，采用了冷灰色的铝板，有变化的灯描和原造形的坚挺线条，显示出刚强有力。德国进口的金属转门在过厅处，有意压低使之与进入大堂的开阔地带形成了一个鲜明对比。大堂的墙、地、通道均选用西米黄大理石，梅花图案的地花，用大花绿镶嵌其中，形成了精细的点缀。具有迷人色泽的清水桦木包圆柱，共同营造了大堂亲切豪华的气氛。二楼回马廊，四周错落有序、宽窄有致的大理石挂落、柱帽和线脚，在色调、接缝和边角的处理上与坡、柱、地遥相呼应，流光溢彩，气度非凡，体现了统一协调、高贵典雅的美学特征，显示了创新、朴实而富于个性的装饰风格。回马廊护栏有宽厚的桦木扶手，与精致的黑色铸铁雕花，再次将软性的人情味，与硬性的高技术材料有机融合。二楼共享的空间设有音乐酒吧，向下通览整个大堂，举目远眺，透过大面积的玻璃幕墙，可观赏室外园圃、水塘和道路，大有"天人合一、心旷神怡"的博大情怀。东侧主墙面在高档灯具的光彩辉映下幽雅别致、落落大方，朗然而现的更是点睛之笔。被业主称为"店宝"的山水国画，将纯粹装饰提高到对艺术风格、文化特色和美学价值的追求及意境的创造，满足了业主突出重点的益求。配楼的地位无疑要低于主楼，材料选用的档次随之而降，我们仅在大会议室选用了气势磅礴的弧形吊顶，宴会厅选用了轻快的波浪形吊顶，造形各异的软包把大小会议室的气氛推向新的境界，这些无不体现设计师的精心和创意。

4.1.3 施工特点

该工程建筑平面呈"L"形。主楼七层，长 64m，宽 36m，总高 25m，配楼分别为三层、四层，由 A、B、C 区组成，主配楼之间设有变形缝一道，平面形状如图 4-14。

从项目分布表中可以看出施工特点三多一新。

(1) 工种多：本工程虽是民用建筑一般装潢，但目前尚有土建、给排水、暖通、强弱电、通讯、消防、装饰、幕墙、铝窗等专业队伍几乎是同时进场，这在安排流水作业时，难度很大，尤其是大堂和回马廊是各工种必经之处，各工种的放样、施工、检查、调试、整修将影响大理石的干挂和地面的铺砌、保养。施工时必须拿出可行的作业计划及成品保护措施。

(2) 吊顶多：在 11500m² 建筑面积里吊顶面积就占 9907m²，隐蔽工程验收是施工中的一大特点。吊顶内的水、电、消防、喷淋等器材的整体测试和整体验收环节多，部门多，影响装饰工程的流水作业。怎样处理这些问题要求项目部应有相应措施。

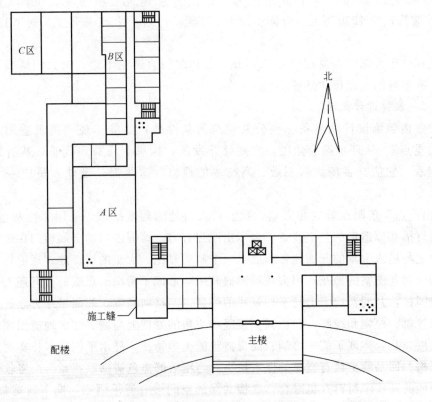

图 4-14 干部培训楼工程平面图

（3）大理石工作量大：该工程地面、楼梯铺贴达 2400m²，墙面干挂 1000m²，踢脚、镶边、弧形板 2000m；从品种上看有蒙古黑、印度红、大花绿、及进口的西班牙米黄超薄型（20mm 厚）板，需现场切割加工。

（4）采光天棚工艺新：该工程在大堂和回廊的上部屋面设计采用了进口镀膜中空夹胶玻璃，架空在迭落式的不锈钢骨架上，其坡度、标高、间距的施工精度很高，尤其是玻璃密封、防水性能要求很严。氢弧焊的工作量也比较大，在施工中要逐项隐蔽验收和测量签证，我公司尚属首次施工应考虑外包或聘请有经验的专业人员进行质量把关。

4.1.4 施工条件

该工程土建施工已近尾声，施工临时用的水电可满足装饰施工。外粉刷、铝合金窗和玻璃幕窗已经完工，室内装饰的防雨已无后顾之忧。土建的竖直运输设备已拆除，装饰材料只能采取人工搬运至各楼层。

已进场的队伍有土建、暖通、给排水、电梯、消防、强弱电和幕墙等十多个专业班子。这些队伍基本上是同时施工。交叉作业中的矛盾很多，应尽早提出分区分段的作业计划，以利业主统一协调。本工程除采光天棚等高空作业外，其他工种均实行 12 小时工作制的班次，以利交叉作业，分项工程施工完成后及时补休。

为迎接首批干部培训班的开学，业主要求所有进场的施工队伍争速度，抢时间，于 12 月 12 日退场交付验收，确保 12 月 18 日正式开业。

4.1.5 主要实物量一览表

主要实物量一览表　　　　　　　　　　　　　　　　表 4-7

序号	项目名称	单位	工程量	序号	项目名称	单位	工程量
1	纸面石膏板轻钢龙骨吊顶	m²	9907	11	榉木包圆柱手 φ1000φ900φ500	m²	319
2	墙面干挂大理石挂落及柱帽	m²	1012	12	大花绿、蒙古黑、印度红镶边及线脚	m	1455
3	花岗岩大理石地面及楼梯	m²	22368	13	木门(单双半玻)及门套线脚	套	344
4	橡木及水曲柳木地板	m²	498	14	木制窗套窗台板窗帘盒	m	980
5	地毯	m²	4988	15	卫生洁具,灯具,家具	套	83
6	地面防滑砖	m²	2393	16	Φ2400 金属转门	樘	1
7	九厘板,石青板,防火隔断	m²	204	17	镀膜中空夹胶玻璃采光顶棚	m²	302
8	各色软包木墙裙及木护墙	m²	2783	18	车边银镜	m²	238
9	12mm 厚玻璃隔断及固定窗	m²	113	19	不锈钢栏杆	m	157
10	木扶手铁花下木裹带	mg	314	20	卫生间地面 851 防水	m²	2015

4.2 主要施工方法

4.2.1 划分施工段,确定施工顺序

本工程主、配楼以变形缝为分界线。形成两个独立的施工段,分别由第三、第四项目部承担。与土建工程搭接施工的同时,组织两个项目部的平行流水施工,这样就可以消除劳动力窝工、或过分集中,便于均衡生产,又可避免作业面的空闲,这对材料部门来讲,也可实现均衡消耗,减少运输压力。

本分部工程的施工顺序总的要求是先上后下,先远后近,先湿后干,先顶后墙、地。两个施工段在组织分项工程施工时,应抢吊顶抓墙面,及时安排楼地面,限时完成楼梯间,穿插施工木制品。在具体实施时,在主楼大堂、回马廊施工同时,客房应从七楼向三楼流水施工。一、二层会议室等功能间,也应同时组织交叉作业。其中大堂、回马廊有金属转门、玻璃隔断、电梯间、服务台和采光顶棚、圆柱、护栏、挂眉等项目,在工种上几乎所有的专业工种都交汇或路过于此。所以工作面十分紧张,相互干扰多,形成了本工程的瓶颈地区,是生产指挥的重点,为此要求各工序都必须配足人力、物力,争时间抢速度进行立体交叉作业。为确保主楼地面的施工质量,在适当时候对东西楼梯突击限时封闭施工。对配楼三个大厅的吊顶应从三层开始向二层、一层大厅流水施工,地面大理石也应先三层再二层流水施工,各层的客房包厢应与地面流水作业,楼梯间的施工应先北后南交替封闭确保交通正常。为了加快工程进度,降低工程成本,本工程实行三统三分的管理办法。即材料、机具、劳力由公司有关职能科室统一调度管理。项目部对物资保管、流水施工、奖罚分配实行自主经营。

(1) 本分部工程的施工顺序见图 4-15。
(2) 各单元的施工顺序见图 4-16。

4.2.2 分项工程施工方法

本工程的装饰施工分吊顶、墙面、地面、楼梯、细木饰品等五个阶段,现把有关的施

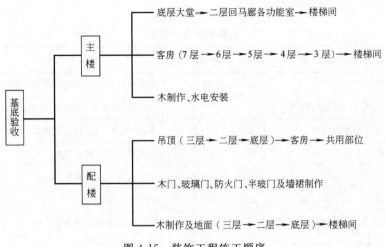

图 4-15 装饰工程施工顺序

工方法分述如下:

(1) 纸面石膏板轻钢龙骨吊顶施工方法

工艺流程:基底验收→标高(位置)弹线→吊杆锚固→隐蔽验收→主龙骨安装→次龙骨横撑龙骨安装→整体校正→罩面板安装→板缝及周边缝处理→刷浆。

1) 主楼 1~2 层,层高 4.2m,3~7 层层高 3.6m,由吊顶一班安排电工 3 人,管道工 4 人和吊顶工 8 人,进行流水施工,先楼上后楼下。脚手架采用活动高凳木脚手板。

2) 配楼有三个大厅,层高均为 4.5m,由吊顶二班安排电工 3 人,管道工 4 人和吊顶工 8 人,自 3 层开始向二层、一层依次施工,先大厅后走廊。脚手架全部采用满堂脚手,离墙距离在 60cm 以上。

3) 吊杆 $\phi 8$ 钢筋焊于三角铁侧面,用膨胀螺栓锚固于现浇板底,距中 900mm。主龙骨为不上人 Uc38 型,中间起拱高度不小于短跨的 1/200,安装前按设计标高在四周墙上弹线,作为水平定点的依据,悬臂距离不超过 300mm。二楼拱形顶应先放样测下矢高后再定标高。

4) 主龙骨安装后应校正位置和标高,随即紧贴主龙骨安装次龙骨,调整紧固连接件,形成平整稳固的龙骨网络。连接件应错位安装,边龙骨应与四周墙固定,龙骨安装后应校正水平度。

5) 纸面石膏板安装时,长边(包封边)应沿纵向次龙骨铺设,并且用自攻螺钉固定,钉距 150~170mm,钉与板边距以 10~15mm 为宜,钉头略埋入板面,并注意不使纸面破损,钉眼用石膏腻子抹平。

(2) 墙面干挂大理石施工方法

墙面干挂大理石的施工工艺流程为:基层清扫→墙上弹标高线,垫层上弹边带线、中带线→试排试拼→铺 1:3 干拌水泥砂厚 40mm→铺大理石反复检查密实性→压实砂面上灌 1:10 白水泥浆→反复敲击拉线修整→1:10 纯水泥浆灌缝→养护三日→缝内补嵌同色水泥浆→清理养护→打蜡。

本工程在主楼的大堂、回马廊走道、楼梯间和挂落、柱帽等处均设计为干挂西米黄薄

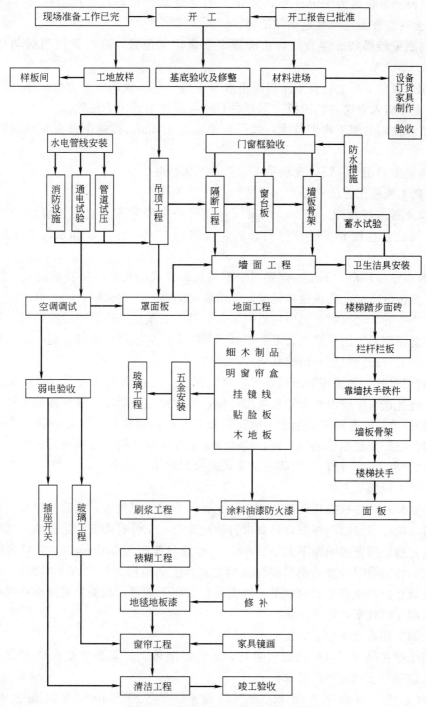

图 4-16 装饰工程各单元的施工顺序

壁大型块板,面积 1100m²。具体施工方法为:

1) 因框架填充墙均为粉煤灰砌块和砖基础,故设计采用与墙体全部脱离的简支金属构架作竖框,用 L50×5 作横梁,其间距为 1000mm×1500mm,用成套不锈钢挂件做连结件,用 ϕ4 不锈钢销插入板上下侧孔,用大力士石材胶锚固。

2）进口西米黄板均为 20mm 厚，需在工地专设二台切割机，按放样尺寸进行精加工。安装前会同监理做粘结性能小样试验。

3）现场测量经纬线、竖直线，正确固定金属构架位置，石材就位用活动马猫木脚手板。

4）墙面采取自下而上，自阳角向阴角水平排列十字接缝的施工方法。第一层为基准板，校正后上部插入钢销并锚固板，下部用 C20 混凝土填满板下空隙。

5）挂落和柱帽的施工难度较大，弧形板厚度为 40mm，挂落下部有悬挑线脚均需增加钢支点。

6）阴角接角采用 1/4 弧，现场手工成形，二次精磨。

（3）裱糊工程施工方法

1）裱糊工程应待顶棚、墙面、门窗涂料和刷浆工程完工后进行。墙面和顶棚裱糊前，要对基层的竖直度和平整度进行检查，合格后打点、弹边线和纸的宽度线，作相接依据。

2）墙面应整幅裱糊，不足一幅要用于不明显部位或阴角处，接缝应搭接，阳角处不得有接缝且要包角压实。在顶棚裱糊时，要沿着房间墙的长边裱糊。

3）对 PVC 壁纸在裱糊前先要用水润湿几分钟，在基层上涂刷一层胶粘剂。裱糊顶棚时，基层和壁面都要涂刷胶粘剂。复合壁纸严禁浸水，应先把壁纸背面刷一层胶粘剂，放数分钟后（基层表面同时刷一层胶粘剂）再裱糊。

4）裱糊墙布时，先清理干净其背面，再贴在已刷胶粘剂的基层上。带背胶的壁布裱糊时，要先将其在水中浸泡数分钟后取出裱糊，对顶棚还应刷涂一层稀释的胶粘剂。

5）对需要重帖对花的各类壁布，应先裱糊对花，然后再用钢尺对齐裁下余边。除标明必须按"正倒"交替粘贴的壁布外，其他壁布粘贴均应按同一方向进行。

6）裱糊过程中和干操前，应防止穿堂风劲吹和温度突然变化。

（4）护墙工程施工方法

护墙板安装时，应根据房间四角和上下龙骨，先找平、找直，按面板块大小由上到下做好木标筋，然后在空档内根据设计要求钉横竖龙骨，龙骨背面应涂防腐油，龙骨与墙之间应铺油毡防潮，横龙骨间距不大于 400mm，竖龙骨间距为 500mm。龙骨可用膨胀螺栓与墙面固定，钉完后要检查表面平整与立面垂直，阴阳角用方尺套方。用胶合板做板面，纵向接头应设在窗口上部或窗台以下，钉面层自下而上进行，面层宜竖向分格接缝，以防翘鼓，板顶应拉线找平，钉木压条。

（5）地面大理石干法施工方法

地面施工应在吊顶、墙面完成后进行，且应封闭施工。其顺序是底层大堂→底层走道→二楼走道→东楼梯间→西楼梯间。

1）基底验收：表面平整用 2m 靠尺，偏差不得大于 5mm，标高偏差不得大于 ±8mm。

2）板材 800mm×800mm×20mm，现场集中切割，并按标准验收质量，试拼后编号入座。

3）按设计标高在四周墙面和柱脚处弹出面层标高线，按材板规格和柱边、门洞及镶边弹出平面控制线，由中心向两边进行。

序号	分部分项工程名称	劳动量(工日)	劳动力配备		天数
			工种	人数	
1	轻钢龙骨、石膏板、扣板吊顶	2876	吊装	30	64
2	一、二层墙面干挂大理石	1824	石工	22	55
3	大理石地面	530	石工	18	20
4	大花绿、印度红镶边线脚	77	石工	4	13
5	木门	578	木工	30	13
6	木墙裙及护墙板软包	781	木工	30	17
7	门窗套、窗台板	860	木工	30	20
8	橡木、水曲柳木地板	344	木工	30	8
9	细木制品、线条窗帘盒	225	木工	30	5
10	楼梯扶手、栏杆、木襄带	234	木工	30	5
11	客房过道及壁画制品	2000	木工	30	45
12	磁砖墙面	671	瓦工	12	37
13	地砖 851 防水	346	瓦工	12	19
14	桦木包圆柱 $\phi1000$、$\phi900$、$\phi500$	162	木工	6	18
15	不锈钢栏杆	108	木工	6	12
16	金属转门 $\phi2400$	15	木工	18	2
17	12mm厚玻璃隔断及固定窗	152	安装	18	6
18	镀膜中空夹胶玻璃采光天棚	453	安装	18	25
19	卫生洁具及配套件	750	安装	18	27
20	车边镜及包边	384	安装	18	15
21	水电、灯具、家俱	2210	安装	18	82
22	顶棚、墙面水泥漆、乳胶漆	403	漆工	15	18
23	墙纸	578	漆工	15	26
24	油漆	1500	漆工	30	34
25	地毯、窗帘	1311	漆工	30	29
26	零星项目	5000		22	150

图 4-17 主楼施工进度计划表（天）

序号	分部分项工程名称	劳动量（工日）	劳动力配备 工种	劳动力配备 人数	天数	施工进度（天） 六月 5 10 15 20 25 30	七月 5 10 15 20 25 31	八月 5 10 15 20 25 31	九月 5 10 15 20 25 30	十月 5 10 15 20 25 31	十一月 5 10 15 20 25 30
1	轻钢龙骨、石膏板、扣板吊顶	26	20	27	75		3 2	1 客房	公用		
2	木墙裙及护墙板软包、木地板	1500	木工	16	63						
3	木门、玻璃门、半玻门、防火门	560	木工	14	27						
4	细木制品线条窗帘盒	420	木工	14	20						
5	门窗套、窗台板	532	木工	14	26						
6	楼梯扶手、栏杆、木裹带	154	木工	14	8						
7	防火隔断	93	木工	14	5						
8	大理石地面、楼梯及门套	3042	瓦工	25	80						
9	大花绿、蒙石黑、印度红镶边线脚	214	瓦工	12	12						
10	磁砖墙面、地面 851 防水	496	瓦工	12	28						
11	顶棚、墙面水泥漆、乳胶漆	540	漆工	12	30						
12	油漆	300	漆工	12	17						
13	墙纸、地毯、窗帘	580	漆工	12	32						
14	水电、灯具、家俱	1300	安装	12	72						
15	零星项目	3240		14	155						

说明：1. 表中采光天棚为高空作业，按 8 小时作业，其余均为 1.5 班；2. 零星项目主要包括客房内部过道、服务员值班室、储藏室共用厕所和材料运转的加工等

图 4-18　某配楼施工进度计划表（天）

4）铺板前先将基层上冲洗干净，刷带胶的素水泥浆，边铺边刷，不铺不刷，其上铺 1∶3 干拌水泥砂浆厚 40mm。操作时采用退步法，用木括尺赶平，铁抹修整，砂面超高 8mm，预摆板材，并压实砂层，对准拉线，木锤敲击，使板顶平整，板底密实。若遇不平，可揭开修补。平实后揭开石材，砂面上灌 1∶10 白水泥纯浆，以砂面浆不外溢为度，四角均匀安放块板，用四角尺、水平尺反复检修，直至合格为止。

5）板块铺完后养护 3 天再嵌缝，用篷布埋盖一周，并禁止通行，认真保养。

（6）楼梯工程施工方法

1）楼梯扶手应在楼梯间墙面、踏步饰面及金属栏杆和靠墙扶手铁件安装完毕，并经检验合格后进行。木扶手应按设计要求及现场实际情况就地放样制作并安装。扶手弯头应做整体弯头。扶手底开槽深度为 3~4mm，宽度同扁铁宽，扶手安装应由下往上进行，先按栏杆斜度，配好起步弯头，再接扶手，接头处做暗榫或铁件锚固，并用胶粘接，末端用扁铁与墙、柱连接。

2）金属楼梯栏杆、扶手安装应按设计要求，弹出栏杆立杆安装间距位置。楼梯起步处与平台处两端立杆应先安装，再拉通线用同样方法安装其余立杆。楼梯扶手采用焊接安装，扶手从起步弯头开始，后接直扶手，接口按要求角度套割正确，并锉平。安装时先将起点弯头与栏杆立杆点焊固定，检查无误后，方可施焊。弯头安完后将扶手两端与两端立杆临时点焊固定，同时将直扶手的一端与弯头对接并点焊固定，然后拉通线将扶手与每根立杆作点焊固定，检查合格后正式焊牢和抛光。

（7）细木制品施工方法

细木制品工艺流程：配料→基层处理→弹线→半成品加工→拼接组合→安装、整修刨光。

木制空腹式花格柜式隔断，可用半成品散料在现场按设计要求及实际情况，就地进行加工组合并安装。对复杂的有连续几何图形要求的隔断，必须做足尺样板进行加工，并拼装，其接头以榫接为主，接头应割角，并涂胶连接，角度应正确，接缝应平整吻合。为确保整体刚度，隔断中配有一定数量的条板，贯穿于整片隔断全高与全长两端，与墙、梁用预埋件或膨栓连接。

4.3 施工进度计划

施工进度计划表见图 4-17、4-18 所示。

4.4 资源需用量计划

4.4.1 主要材料需用量计划

主要材料需用量计划见表 4-8。

主要材料需用量计划　　　　　　　　　表 4-8

序 号	材料名称	单 位	数 量	进场时间
1	主次轻龙骨	m	92630	6.26
2	纸面石膏板	m²	10056	6.26
3	塑料扣板	m²	810	6.26

续表

序号	材料名称	单位	数量	进场时间
4	钢骨架	t	18	7.26
5	大理石板 20mm	m²	1218	7.26
6	花岗岩板 25mm	m²	2486	7.26
7	不锈钢管	m	1226	7.26
8	中空夹胶玻璃	m²	293	8.6
9	玻璃 12mm	m²	119	9.1
10	防火石膏板	m²	224	9.15
11	切片夹板	m²	1199	6.25
12	九厘板	m²	2499	6.25
13	细木工板	m²	1403	7.15
14	不锈钢镜面板	m²	100	9.6
15	地毯	m²	5487	10.26
16	木成材	m³	73	6.25
17	毛地板	m²	523	8.16
18	水曲柳、橡木地板	m²	523	8.16

4.4.2 机具需用量计划

主要机具需用量计划见表 4-9。

机具需用量计划　　　　表 4-9

序号	名称	规格	数量(台)	进场时间
1	电锤	博士 4DSC	16	6.26～11.25
2	电焊机	BX5-160	9	6.26～11.25
3	电锯	日立 C-13	10	6.26～10.25
4	空压机	意大利风力 255	7	6.26～10.25
5	钢材锯	国产 400mm	6	6.26～10.25
6	铝材切割机	牧田 355	3	6.26～10.25
7	云石机	良明 110	5	6.26～10.25
8	小型压刨	良明 AP-10A	4	6.26～10.25
9	修边机	牧田 3703	7	6.26～10.25
10	自攻枪	牧田 6800BV	9	6.26～10.25
11	曲线锯	牧田 4300BV	4	7.25～8.25
12	木工联合机床	齐全 Ml392	1	6.26～10.25
13	台钻	QZ-16	1	6.26～9.25

续表

序号	名 称	规 格	数量(台)	进场时间
14	雕刻机	牧田 3612BR	4	7.25～9.25
15	木线成型铣床	mX4012	2	7.25～9.25
16	氢弧焊机	NSA1-300	2	7.26～8.30
17	石材切割机	(租用)	2	6.25～10.15

4.4.3 劳动力计划

劳动力需用量计划见表 4-10 所示。

劳动力需用量计划 表 4-10

区号	序号	工种名称	人数	进场时间
主楼	1	吊顶工	30	6.26～8.25
	2	木工	22	7.5～9.25
	3	瓦工	30	6.30～10.25
	4	专业木工	12	8.6～9.25
	5	安装工	6	7.26～8.25
	6	油漆工	18	6.26～11.20
	7	杂工及其他工	30	8.26～11.25
配楼	1	吊顶工	30	6.26～9.10
	2	木工(一班)	30	7.16～9.15
	3	木工(二班)	16	7.16～9.30
	4	瓦工(一班)	14	7.26～10.15
	5	瓦工(二班)	25	8.6～9.20
	6	安装工	12	7.21～8.30 10.26～11.25
	7	油漆工	12	9.1～11.15
	8	杂工及其他工	12	6.30～11.25

4.5 施工现场平面布置图

施工现场平面布置图，如图 4-19 所示。

4.6 质量安全技术保证措施

4.6.1 质量保证措施

(1) 组织上明确质保体系和质检体系，做到分工明确，责任到人，定期开展质量检查活动。

(2) 把该工程列入创省、市优质工程的目标管理，成立现场型的 QC 质量攻关小组，确保管理目标的实现。

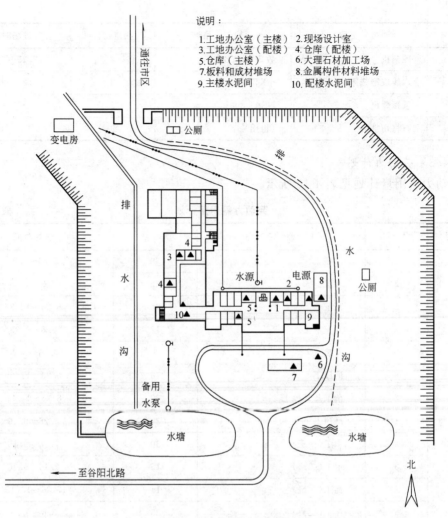

图 4-19 施工平面布置图

(3) 分项工程施工前,认真进行技术交底,针对特殊的主要的工序,编制有针对性的技术交底单,尤其是克服质量通病方面。

(4) 严把进场材料检验关,对进场的材料、构配件的质量,要核对进货与样品的真伪并提供可信的有效的原始质保书,坚决做到不合格材料不得在工程上使用。

(5) 样板引路。施工操作要优化工序,实行标准化操作,认真提高工序的操作水平,确保操作质量。每个分项工程或工种,在开始大面积操作前,做出示范样板,统一操作要求。

(6) 挂牌施工。各主要工种施工过程中,要在现场实行挂牌制,注明管理者、操作者,规范进行施工操作。

(7) 坚持过程三检制。分项工程施工时,要坚持自检、互检、交接检制度。自检要填写分项表,隐蔽工程要由监理、项目经理、质检员、班组长和相关专业人员到场验收,合格后,方可进行下道工序。

(8) 实行质量否决权,不合格分项必须进行返工。不合格分项工程发现流入下道工序，要追究班组长的责任。有关责任人员要针对创优计划，采取必要的改进措施。

（9）认真保护成品。所有现场工作人员，要象重视工序操作一样，重视成品的保护。项目经理要合理安排施工工序，减少工序的交叉作业。上下工序之间应办好交接工作，并做好记录。如下道工序的施工，可能对上道工序的成品造成影响时，应征得工序操作人员及管理人员的同意，并避免破坏和污染。

（10）建立工程技术经济资料。各类现场操作记录，材料检验记录，质量检验记录等，都要妥善保管并规范化管理。质保资料必须做到规范齐全，合格证和记录单内容应齐全、准确、真实。内容如下：

1）质量检验评定表、质量资料核查表；
2）图纸会审记录、工程变更通知及隐蔽工程验收记录；
3）电气测试记录，卫生洁具24小时盛水试验记录；
4）焊接试验报告、焊条（剂）合格证，原材料器具的质保书、合格证、复试报告；
5）施工日记，工程合同、分包合同、协议书；
6）工程开、竣工报告；
7）工程竣工验收证明；
8）报价书、预算书、决算书；
9）竣工图纸；
10）业主监理和主管部门补充规定资料。

（11）制定创优工程的奖励规定。对分项工程验收被评定为"优良"的按耗工嘉奖5%，工程被评为"市优"，对项目经理授予公司质量二等奖，获得"省优"工程的，项目经理和质量科授予公司质量一等奖。

4.6.2 安全保卫措施

（1）成立有领导参加的安全生产委员会，调配责任心强的人员，任专、兼职安全检查员。

（2）做好各项安全交底，施工班组班前讲安全，安全员巡视工地查安全。项目经理下达生产任务的同时，布置安全工作。全面落实安全责任制。

（3）严格执行安全生产制度，所有施工人员班前禁止喝酒。在施工现场醒目位置，设安全生产宣传牌。各类脚手架搭设，须经安全员验收合格后方准使用。

（4）各类电动设备和工具必须有可靠、有效的安全接地措施，禁止带病工作。传动部分应有防护罩，触电保安器应每天试跳，并做好记录。

（5）加强晚间施工照明管理，严禁乱拉乱接电线，遵守现场用电制度。

（6）特殊工种必须经过培训，并持有上岗证。教育全体职工遵章守纪执行安全规程。

（7）高空作业人员，不得向下抛掷工具、材料杂物，以免碰伤下面人员。高空作业应带安全带。

（8）主、配楼，隔层配置灭火器、消防桶，并挂于楼梯间醒目处，灭火设备应请专业消防人员进场指导使用，专人管理。

（9）施工现场和大小仓库均禁止吸烟。

（10）工地白天黑夜均设保卫人员，值班人员应经常巡视现场，发现可疑行踪应及时报告项目经理。

4.6.3 文明施工措施

（1）主配楼施工现场都应做到"五牌一图"齐全，构件、材料分门别类堆放整齐，临时设施整齐有序，争创文明施工样板工地。

（2）危险地段应设安全标志，施工现场切割机四周地面污水排放系统要完善畅通，石料堆场保持整洁。

（3）生产垃圾及废料，做到日产日清，统一运到指定的垃圾堆放场。污水要集中倒至室外排水沟或污水沉淀池。

（4）为减少噪音，不影响他人工作，切割工作应集中管理，设备安装在室外，有条件时可放在有门窗掩盖的房间内。

（5）为减少粉尘污染，对凿返工作和拆除项目，可先结合环境和地形，制定泼水、遮挡和控制通行等措施，禁止高空抛灰的野蛮施工。

（6）立体交叉作业时，各专业工种，要礼貌用语，互相谦让。发生矛盾及时反映，及时协调，教育职工遵守规章制度。

（7）生活垃圾要有人负责清扫，楼内设便桶三处，严禁随地大小便。

（8）工地食堂应做好卫生工作，生熟菜分开存放，做好餐具消毒，食堂环境清洁卫生。

4.6.4 成品保护措施

（1）施工作业前应熟悉图纸，制订多工种交叉施工作业计划，既要保证工程进度顺利进行，又要保证交叉施工不产生相互干扰，防止盲目赶工期，造成互相损坏，反复污染等现象的产生。

（2）提高成品保护意识，以合同、协议等形式明确各工种对上道工序质量的保护责任，及本工序工程的防护，提高产品保护的责任心。

（3）上道工序与下道工序应办理必要的交接手续，明确各方的责任。

（4）在工程收尾阶段，应有专人分层、分片看管，以防产品的损坏。

（5）施工中对地漏、出水口等部位应有临时堵口。木地板作业应注意施工污水的污染破坏。禁止在已完地面上，揉制油灰、油膏，调制油漆，防止地面污染受损。大堂的地面墙面和门厅均为西米黄，地面完成后要加以覆盖，防止色浆、油灰、油漆的污染，同时设置防护措施，防止磨、砸造成缺陷。

（6）不锈钢制品，铝合金制品易摩擦部位，应用塑料薄膜包扎。严禁将门窗、扶手等作为脚手板支点或固定点使用，防止被砸、碰损坏和位移变形。

（7）油漆、涂料施工前，首先清理好周围的环境，防止尘土飞扬，影响油漆质量。每次油漆完成后，都应将滴在地面上、窗台上、墙面上、及五金上的油漆清擦干净。

（8）卫生器具安装前，应全面检查规格、型号、质量是否符合设计要求，出水口方向端正，没有外伤裂纹，并清理干净，保证合格器具安装工程。安装过程中要有保护措施，紧松适宜。安装后要加以防护，防止后道工序掉下建筑材料、杂物砸损器具，防止浆水、油漆掉下污损器具，确保器具不受损坏。器具安装后要有专人负责管理，严格控制后道工序施工人员的行为，明确规定不准砸碰，坚决杜绝在器具内清洗污物、调制油灰、油膏等施工作法。

4.6.5 季节施工措施

按合同开工工期，本工程正进入雨期施工，开工前应做好雨期施工的准备工作。

（1）做好各种材料进场计划的安排。根据进度要求的储备工作，对较远地区的原材料应预先储存，避免因雨期运输困难而造成停工待料。

（2）做好现场的排水工作。开工时要进行有组织的检查，本工程三面陡坡，疏通路边水沟，防止堵塞，尤其大理石切割机和大理石板堆场，均在沟边，应列为重点，堆场地基应夯实并增垫木方，防止不均匀下沉导致石板倾倒。

（3）雨期到来前，对电源线路、机电设备、水泥库等，都必须进行检查，防止漏电、漏雨对物资、人力、安全造成不必要的损失。

（4）安排专人收听气象预报，及时掌握天气和气温的变化，防止气候突然变化影响施工生产。

4.6.6 推广应用数项新技术

（1）聚乙烯塑料管应用技术方面。要求在工程上全部应用PVC建筑电线穿线套管。

（2）建筑节能技术方面。要求使用楼道节能灯，和节水型卫生洁具。

（3）建筑防水工程新技术方面。要求在厕所卫生间，推广应用合成高分子防水涂料，在防水部位和门窗部位应用密封胶。

（4）现代管理技术与计算机应用方面。推广CAD制图，计算机报价，其他企业管理技术应用。

4.7 经济指标

（1）工期：150天；

（2）总工日数：40395工日；

（3）每天平均人数：179人；

（4）最高峰数：268人；

（5）单方用工：40395/11500＝3.51工/m²。

注：准备阶段的非生产用工未计算在内。

自 我 测 试

单元 1

1.1 填空题

(1) 一个建设项目按其复杂程度可分解为_____、_____、_____和_____。

(2) 一个建设项目从开始立项到竣工交付使用一般要经历_____、_____、_____和_____四个阶段。

(3) 按建设规模大小不同，建设项目可分为：_____、_____、_____和_____项目。

(4) 按建设项目的性质可分为_____、_____、_____、_____和_____项目。

(5) 建筑施工程序包括：_____、_____、_____、_____和_____五个阶段。

(6) 根据设计阶段的不同，施工组织设计可以分为两类：_____和_____。

(7) 施工准备工作一般包括_____、_____、_____、_____和_____等，其中_____是施工准备的中心。

(8) 施工准备工作主要概括为：_____和_____两个方面的内容。

(9) 原始资料调查分析内容主要包括建设地区的_____和_____两方面。

(10) "三通一平"的内容是_____、_____、_____和_____。

(11) 施工现场准备中的通水包括_____和_____两个方面。

(12) 熟悉、审查施工图纸的程序通常分为_____、_____和_____等三个阶段。

1.2 选择题

(1) 具有独立设计，可以独立施工，完工后能独立发挥工程效益或使用价值的工程项目，是指_____。
A. 单项工程　　　B. 单位工程　　　C. 分部工程　　　D. 分项工程

(2) 可行性研究属于我国建设项目建设程序中的_____工作。
A. 准备阶段　　　B. 计划阶段　　　C. 决策阶段　　　D. 设计阶段

(3) 初步设计是项目_____的工作。
A. 准备阶段　　　B. 决策阶段　　　C. 实施阶段　　　D. 施工阶段

(4) 根据作用和_____的不同，施工组织设计大致可分为：施工组织总设计、单位工程施工组织设计和分部分项工程施工设计三类。

A. 性质   B. 阶段   C. 编制对象   D. 内容

(5) 施工准备工作应该在_____进行。

A. 开工前   B. 开工后   C. 整个施工过程中   D. 投标前

(6) 全场性施工准备是以一个_____为对象而进行的各项准备工作。

A. 建设项目   B. 建筑物或构筑物   C. 单位工程   D. 分部工程

(7) "三通一平"是建筑工程施工准备工作的_____。

A. 技术准备   B. 物资准备   C. 施工现场准备   D. 人员准备

(8) 工程技术经济条件资料的内容包括_____。

A. 地方资源情况   B. 水文地质资料   C. 交通运输条件   D. 地形资料

(9) 下列哪项不属于工程自然条件调查内容_____。

A. 地形图   B. 工程水文地质   C. 交通运输   D. 气象资料

(10) 对于_____结构房屋，施工班组以混合班组的形式较好。

A. 砖混结构   B. 现浇钢筋混凝土结构

C. 钢结构   D. 装配式钢筋混凝土结构

(11) 下面几个施工项目中_____工程适合安排在冬期施工。

A. 外装修   B. 屋面防水   C. 吊装   D. 土方

(12) 下面几个施工项目中_____工程适合安排在雨期施工。

A. 砌隔墙   B. 屋面防水   C. 吊装   D. 土方

单元 2

2.1 填空题

(1) 组织施工的三种方式分别是：_____、_____和_____。

(2) 流水施工所需的时间比_____短，各施工过程投入的劳动力比_____少；各施工对的施工具有_____和_____。

(3) 组织流水施工的条件是_____、_____、_____、_____和_____。

(4) 根据流水施工的组织范围不同，流水施工可分为_____、_____、_____和_____。

(5) 根据流水施工节奏特征的不同，流水施工可分为_____、_____、_____和_____。

(6) 流水施工的主要参数有_____、_____和_____。

(7) 流水施工进度计划的表达形式主要有_____和_____。

(8) 在计算流水节拍，确定施工班组人数时，应考虑的主要因素有_____、_____、_____和_____等。

(9) 构成双代号网络图的三要素是：_____、_____和_____。

(10) 网络图中，交叉箭线的表示法有_____、_____

和_____。

(11) 施工网络计划的排列方式有_____、_____、_____和_____。

(12) 网络图中的两种逻辑关系是：_____和_____。

2.2 选择题

(1) 流水节拍是指一个专业队_____。
   A. 完成整个工作的持续时间　　B. 转入下一个施工段的间隔时间
   C. 最短的持续时间　　　　　　D. 在一个施工段上的持续时间

(2) 流水步距是指相邻两个专业队先后投入_____。
   A. 下一个施工段最短间隔时间　B. 下一个施工段的间隔时间
   C. 同一个施工段上施工的间隔时间

(3) 当组织楼层结构的流水施工时，为保证各施工班组均能连续施工，每一层划分的施工段数 m_0 与施工过程数 n 之间，应满足以下关系_____。
   A. $m_0=n$　　B. $m_0<n$　　C. $m_0 \geq n$　　D. $m_0>n$

(4) 在组织流水施工时，各施工过程可以安排的班组人数的最大值主要由_____决定。
   A. 劳动量　　B. 施工地点　　C. 工作面

(5) 流水施工的实质是_____。
   A. 分工协作与成批生产　　B. 各施工班组连续、均衡地施工
   C. 划分施工段

(6) 在网络计划中，工作的最早开始时间应为其所有紧前工作_____。
   A. 最早完成时间的最大值　　B. 最早完成时间的最小值
   C. 最迟完成时间的最小值　　D. 紧后工作最早开始时间的最大值

(7) 在施工网络计划中，如果某工作的自由时差刚好被全部利用时，则不会影响（　　）。
   A. 本工作的最迟完成时间　　B. 紧后工作的最早开始时间
   C. 某后续工作的最早完成时间

(8) 网络计划中_____的工作，称为关键工作。
   A. 总时差为零　　B. 自由时差为零　　C. 总时差最小　　D. 时间最长

(9) 在网络计划中，A 是 B 的先行工作，则（　　）。
   A. 工作 B 是工作 A 的后续工作，同时也是紧后工作
   B. 工作 B 是工作 A 的后续工作，但不一定是紧后工作
   C. 工作 B 不是工作 A 的后续工作，但可能是紧后工作

(10) 时标网络计划中虚箭线上波形线的长度表示（　　）。
   A. 工作的总时差　　B. 工作的自由时差
   C. 该虚箭线所连接的两项工作之间的时间间隔

单元 3

3.1 填空题

(1) 在单位工程施工组织设计时，对工程特点进行分析的内容有：_____、

_____、_____和_____。

(2) 在描述工程概况时，对现场自然条件分析的内容有_____、_____、_____、_____等。

(3) 多层钢筋混凝土框架结构，采用一次支模一次浇混凝土时，每层应先浇筑柱或墙，每排柱应按_____顺序进行浇筑。

(4) 建筑工程施工必须遵守_____、_____、_____和_____的施工程序。

(5) 确定施工程序时应满足以下要求：_____、_____、_____、_____和_____等。

(6) 确定施工起点的一般因素包括：_____、_____、_____、_____和_____等。

(7) 多层砖混结构屋面防水层的施工顺序是：_____、_____、_____和_____。

(8) 装饰工程的施工流向一般采用_____、_____、_____三种。

(9) 选择施工方法和施工机械需考虑主要因素有：_____、_____、_____和_____。

(10) 根据施工项目划分的粗细程度不同，单位工程施工进度计划可分：_____和_____两类。

(11) 施工定额一般有两种形式：即_____和_____。

(12) 施工进度计划检查调整的依据是：上级要求、_____、_____及_____等。

(13) 施工进度计划表可采用_____或_____。

(14) 施工平面图有_____、_____和_____等三种。

(15) 单位工程施工平面图设计首先应确定_____的位置。

(16) 施工平面图设计过程中，有轨式起重机轨道布置方式有_____、_____和_____三种。

(17) 为保证施工安全和方便操作卷扬机的位置距井架的距离不得小于_____或_____米，距外脚手架的距离不得小于_____。

(18) 井架、门架的位置一般布置在_____、_____为宜。

(19) 工地搅拌站布置的方式有_____、_____和_____三种。

(20) 施工临时用水包括_____用水、_____用水、_____用水、_____用水及_____用水。

(21) 单位工程施工平面图的临时水网的布置方式有_____、_____和_____三种。

(22) 工地内的消防栓离建筑物的距离不得大于_____。

(23) 选择导线截面时应同时满足_____、_____和_____的要求。

(24) 现场道路一般设置为_____或_____形。

(25) 施工总布置的场区划分和布局应符合_____、_____、_____、_____的原则。

3.2 选择题

(1) 下列_____属于结构特点描述的内容。
A. 建筑平面形状　　B. 预制构件类型　　C. 电梯安装工程　　D. 工程投资额

(2) 装配式单层工业厂房的施工特点是_____。
A. 基础施工复杂　　B. 砌砖工程量大　　C. 装饰工程量大
D. 土石方工程量大　　E. 构件预制量大

(3) 多层混合结构民用房屋的施工特点是_____。
A. 土石方工程量大　　B. 装饰工程量大　　C. 构件预制量大
D. 砌砖工程量大　　E. 便于组织流水施工

(4) 下列_____不属于施工方案的内容。
A. 施工方法
B. 施工顺序
C. 施工技术措施
D. 估算主要工程项目的工程

(5) 室外装饰工程一般采用_____的流水施工方案。
A. 自上而下　　B. 自下而上　　C. 自左向右　　D. 自右向左

(6) 下列施工过程是属于室内装饰的是_____。
A. 勒脚
B. 明沟
C. 水落管
D. 五金及各种木装饰

(7) 下列_____是叙述不正确的。
A. 屋面工程的施工顺序为：保温层→隔汽层→找平层→防水层→隔热层
B. 当室内为水磨石楼地面时，为了防止楼面施工时水的渗漏对外墙面的影响，应先完成水磨石的施工
C. 为了加速脚手架的周转，可采取先外装饰后内装饰的施工顺序
D. 在基础工程施工时，应先将相应的管道，沟墙做好，然后才可回填土

(8) 同一层室内抹灰施工，若考虑质量，一般应采用_____施工顺序安排。
A. 地面→顶棚→墙面
B. 面→墙面→顶棚
C. 顶棚→墙面→地面
D. 顶棚→地面→墙面

(9) 下列_____一般为最后一道施工工序。
A. 地层地面　　B. 楼梯间地面　　C. 门窗玻璃　　D. 门窗油漆

(10) 施工项目工作持续时间的计算方法一般有（　　）。
A. 经验估计法
B. 定额计算法（正排进度法）
C. 倒排进度法
D. 直接计算法
E. 间接计算法

(11) 施工进度计划检查调整的内容有（　　）。
A. 施工顺序　　B. 工期　　C. 施工方法
D. 资源均衡性　　E. 经济效益

(12) 单位工程施工平面图设计中，建筑物基础和第一施工层所用的材料宜（　　）布置。

A. 紧靠基槽的边缘　　　　　　　　B. 在本拟建建筑物的四周
C. 在施工场地以外集中　　　　　　D. 在生活福利用临时设施附近

(13) 编制单位工程施工平面图时,首先确定（　　）位置。
A. 仓库　　　B. 起重设备　　　C. 办公楼　　　D. 道路

(14) 单位工程施工平面图设计的内容包括（　　）。
A. 拟建和原有建筑物及其他设施的位置和尺寸
B. 起重机械的位置
C. 测量放线标桩的位置和取舍土地点
D. 临时设施的布置
E. 熟悉审查图纸

(15) 施工平面图设计的依据主要包括（　　）。
A. 当地自然条件资料　　　　　　B. 技术经济条件资料
C. 设计资料　　　　　　　　　　D. 主要施工方案
E. 施工进度计划

(16) 单位工程施工平面图设计过程中,消防栓距道路边的距离不应大于（　　）。
A. 3.5m　　　B. 2.5m　　　C. 2.0m　　　D. 3.0m

(17) 工程施工中,吊装设备的位置安排属于（　　）的内容。
A. 施工方案选择　　B. 施工平面图设计　　C. 保证措施　　D. 安全措施

(18) 施工现场布置石灰仓库和淋灰池的位置要接近砂浆搅拌站,并安排在（　　）。
A. 上风向　　　B. 下风向　　　C. 靠近堆场　　　D. 位置不限

(19) 单位工程施工平面图的正确步骤是（　　）。
A. 决定起重机械的位置→布置材料和构件的堆场→布置运输道路→布置各种临时设施等
B. 布置材料和构件的堆场→布置起重机械的位置→布置运输道路→布置各种临时设施等
C. 布置材料和构件的堆场→布置运输道路→布置起重机械的位置→布置各种临时设施等
D. 布置材料和构件的堆场→布置运输道路→布置各种临时设施等→最后确定竖直运输机械

参 考 文 献

1. 李宏魁主编．建筑施工组织．第一版．武汉：中国地质大学出版社，2005
2. 危道军主编．建筑施工组织．第一版．北京：中国建筑工业出版社，2004
3. 周国恩主编．建筑施工组织与管理．北京：高等教育出版社，2003
4. 中国建设监理协会组织编写．建筑工程进度控制．北京：中国建材工业出版社，2003
5. 李继业主编．建筑施工组织与管理．北京：科学出版社，2003
6. 张双华、孙晓维、高士信主编．建筑施工组织．哈尔滨：黑龙江科学技术出版社，2003
7. 赵香贵编著．建筑施工组织与进度控制．北京：金盾出版社，2002
8. 蔡雪峰主编．建筑施工组织．第二版．武汉：武汉理工大学出版社，2002
9. 田永复编著．怎样编制施工组织设计．第一版．北京：中国建筑工业出版社，1999